Japanese Economic Association

現代経済学の潮流 2021

宇井貴志・加納　隆・西山慶彦・林　正義［編］

東洋経済新報社

『現代経済学の潮流　2021』

はしがき

日本経済学会は，日本を代表する経済学の総合学会である．前身となったのは，理論経済学会（1934年に日本経済学会として発足，1949年に名称変更）と日本計量経済学会（1950年発足）という２つの学会である．両学会は1968年に統合され，新会則のもとで理論・計量経済学会が発足した．1997年に日本経済学会と改称され，現在に至っている．

1950年以来，理論経済学会によって発行されていた『季刊理論経済学』は，1960年より理論経済学会と日本計量経済学会の合同学会誌とされ，査読制度が導入された．1968年の両学会統合に伴い，同誌は理論・計量経済学会の学会誌となった．1950年以降1994年まで東洋経済新報社から発行されてきたが，1995年に *The Japanese Economic Review* と名称をあらため，全編英語化された．当初 Basil Blackwell 社（後に買収に伴い Wiley 社に変更）から発行された後，2020年１月からは Springer 社から発行されている．

『現代経済学の潮流』は，経済理論の現実的かつ実際的な応用が求められる環境のなかで，日本経済学会の公式の日本語刊行物として1996年から毎年出版されているものである．『現代経済学の潮流』は，かつて『季刊理論経済学』に発表された多くの優れた日本語論文の伝統を継承するとともに，新たに産学官民の共同の研究や情報交換の場ともなることを目指している．

本書『現代経済学の潮流　2021』は，日本経済学会2020年度春季大会（九州大学にて５月30日・31日にオンライン開催）・秋季大会（立正大学にて10月10日・11日にオンライン開催）で発表された論文から，会長講演，石川賞講演，および３つの特別報告論文を選び，さらにパネル討論を２つ加えたものである．巻末には，もう１つの学会賞である中原賞の受賞者である奥井亮（ソウル大学）の授賞理由を掲載した．

第１章「ナッジは人を救えるか？」は大竹文雄（大阪大学）による2020年度日本経済学会会長講演論文である．本論文は，大竹文雄会長が共同研究者と行ってきた効果的なナッジメッセージを探る研究成果をまとめたものである．特に，近年豪雨災害が頻発するなか，いかにして避難行動を誘発するか，また現下の新型コロナ感染症拡大の最大の対策と考えられているワクチン接種をいかに促進するかといった，罰則による対策に依り難く，実社会で現在進行している重要課題に対する処方箋を与える実践的研究である．基本的にアンケート調査ベースのRCTの枠組みによって，①社会規範と利他性，②損失回避，③感応度逓減性の３つの仮説のうちどれが効果的かを明らかにする実証分析である．さらに，その後のフォローアップ実験により，数カ月といった中期的な効果，特に実際にどのような行動につながっているか，やナッジメッセージを繰り返すことの効果なども調べており，数多くの社会実装に役立つ知見を含む．特に重要な結果は，ごく短期的には本人の行動が他者の行動を促進するという事実を損失フレームで伝えることの効果が大きく出るが，数カ月という時間幅で見ると，利得フレームで伝える社会的影響ナッジが効果的であることを発見したことである．ナッジはあまり大きなコストをかけずに適用可能な施策であることから実装の障壁も比較的低いため，さらなる研究蓄積，発展が望まれる．

第２章「経済理論と実証分析に基づく電力市場設計」は伊藤公一朗（シカゴ大学）による石川賞受賞講演に基づいている．本論文の目的は，電力産業におけるシステム改革と市場設計（マーケット・デザイン）に関する経済学研究の進展を概説することである．

本論文の序盤（１～４節）では，電力産業の概要が説明されるとともに，自然独占の典型例とされてきた電力産業においてシステム改革が進展してきた経緯が説明される．特筆すべき点として，３節における電力システム改革の進展に関する日本と欧米諸国の相違点を整理した議論が挙げられる．本議論は，電力システム改革に関する日本の政策を評価し，さらなる政策改革の必要性を指摘しているという点において，評価に値する．

本論文の中盤（５～６節）では，電力システム改革の影響について，理論研究と実証研究の双方に基づく考察が展開されている．重要なポイントとして，卸売市場を用いた自由競争による電力取引の導入は，発電コストを下げるという費用抑制効果を生み出す利点がある一方で，市場支配力を持つ大手電力会社が電力価格を引き上げるインセンティブを持つという市場の失敗の可能性が詳述されている．このような電力システム改革の利点と欠点の整理は，政策評価と経済学研究の双方のために有用といえる．

本論文の後半（7～10節）では，市場の失敗を是正するためのアプローチと今後の研究課題が論じられている．市場の失敗を是正するためのアプローチとして，筆者の研究において検証された「小売市場への動的価格導入」と「先物市場とスポット市場の活用」が紹介されており，研究成果を紹介することを通じて各アプローチの利点が解説されている．今後の研究課題としては，再生可能エネルギーと自動車市場を考慮した電力市場設計の必要性が議論されている．

第3章「社会・経済ネットワークの多様性は経済の発展や強靭性にどのように影響するか」は戸堂康之（早稲田大学）による特別報告である．近年ネットワーク科学の急速な進展のなかで，経済学においてもネットワーク分析の重要性が認識され始めている．本章は筆者がこれまで携わってきた多様な実証分析を詳細に回顧しつつ，ネットワークの経済分析に関する膨大な既存研究のコンパクトなサーベイを与える．

本章で中心となるネットワーク概念は「よそ者」とのつながりと「密」なつながりである．ここで「よそ者」とのつながりとは，自分が帰属する集団のメンバー以外の集団のメンバーとのつながりを意味し，一方「密」なつながりとは，自分とつながる他者同士がさらにつながる関係を意味する．前者の「よそ者」とのつながりが新たな知識や情報の源泉となり，イノベーションの質や売上高など企業パフォーマンスを促進する傾向にあることが，国際共同研究（2.1項）やサプライチェーン（2.2項）など様々な企業間ネットワークにおいて実証される．一方で後者の「密」なつながりは，知識の重複が大きいため企業パフォーマンスをむしろ下げてしまう傾向があるという示唆に富む実証結果が報告される．

サプライチェーンを通じた負の経済ショックの企業への伝播は，東日本大震災後や新型コロナ禍中の現在においても観察されている深刻な経済現象である．3.1項ではエージェント・ベースト・モデルを日本の企業レベルデータを用いて推定し，経済ショックが少数のハブ企業を通じてサプライチェーン全体に素早く伝播すること，あるサプライヤーからの部品調達が途絶えても，部品供給を代替できる他のサプライヤーがすぐに見つかるネットワークの場合，経済ショックの伝播は発生しにくいこと，またサプライチェーンの下流から上流へのループバックがある時，経済ショックの増幅が起こることが示される．3.2項の米国のデータを用いたグローバル・サプライチェーンに関する分析では，メンバー企業は，非メンバー企業よりも国内の負の経済ショックに対し強靱であり，国内に密なつながりを持つ企業ほど脆弱であることが示唆される．さらに災害支援を通じたサプライチェーンの正の経済効果（3.3項）やネットワーク構築における同類性と異類性などの心理的要因の役割（４節）など多様な実証分析からの経済的に有意義な成果が列挙される．

本章の結語において指摘されているように，そもそも眼前に存在する経済ネットワークがどのように形成されたのか，というネットワークの内生性の解明は，経済分析を完備なものにするために今後必須かと思われる．本章はネットワークの経済分析の今後の方向性を鮮明に指し示す秀逸な羅針盤の役割を果たしている．

第４章「国際課税制度が企業活動に与える影響：外国子会社配当益金不算入制度に着目した研究」は長谷川誠（京都大学）による特別報告である．企業の国際的展開に伴う政策課題は古くからさかんに議論され，財政研究においては国際課税の検討も重要かつ伝統的なテーマであった．また，近年のOECDにおけるBEPSプロジェクトにおける議論でも見られるように，GAFAに代表されるような国際的デジタル・プラットフォーマーの台頭は，国際課税の運営やその原則を大きく変えようとしており，国際課税の検討の重要性はさらに大きくなっている．

国境を越えて事業を展開する多国籍企業の事業から生じる所得は，複数の政府による課税の対象になる．たとえば，日本企業の米国子会社が米国で利益をあげ，その一部を日本の親会社に配当として送金する場合を考えよう．国境調整がない場合，米国が当該子会社の利益に対して法人税を課す一方で，日本も親会社が受け取る配当に課税する．つまり，二重課税が生じる．配当以外でも，海外子会社が本国の親会社の保有する無形資産を利用し，使用料（ロイヤルティ）を払う場合や本国親会社から借入した海外子会社が利子を払う場合も二重課税が生じる場合がある．このような課税が行われると，そうでない場合に比べて企業の税負担が重くなり，海外直接投資や国際商取引の障害となる恐れがある．そこで各国は，自国の税制に国際的な二重課税を排除する仕組みを取り入れたり，二国間の租税条約を通じて課税権の配分や投資所得への源泉徴収税率を取り決めたりしている．

国際課税における１つの潮流は国税額控除方式から国外所得免除方式への移行である．日本では2009年度の税制改正で外国子会社配当益金不算入制が導入されており，同年には英国とニュージーランドも同様の改定を行っている．2012年時点ではOECD34カ国のうち（チリ，アイルランド，イスラエル，韓国，メキシコ，米国を除く）28カ国が外国子会社の配当を非課税とし，2018年からは米国も外国子会社の配当を非課税にしている．本章では，このような国外所得免除方式が多国籍企業の事業活動に与える影響に関する研究をサーベイするとともに，日本の2009年度税制改正による国際課税制度の変更が，国内外での企業活動に与えた効果について議論を行っている．このように近年の研究から得られた知見を整理することは，国外所得免除方式の意義を考えるためにも重要である．また，2009年度税制改正にかかる研究の紹介は，実証研究の蓄積が少ない日本企業の国際課税制度への反応を知る上で貴重なものである．

第５章「バイアスを持つ個人によるベイズ学習」は山本裕一（一橋大学）による特別報告である．経済主体が誤ったモデルを用いて意思決定することをmodel misspecificationと呼ぶ．こうした経済主体の例として，自身の能力を過信している経営者，同僚の能力を過小評価している労働者，需要関数が線形であると誤認している企業，景気変動のシステムを正しく理解していない中央銀行，などがある．様々な応用があるため，近年，欧米の研究者を中心に注目を集めている分野の１つである．本章では，model misspecificationをバイアスとして持つ経済主体のベイズ学習について，筆者自身による研究を中心に近年の成果を解説する．この分野の平易な入門として読むこともできよう．

経済主体が行動を選び，その行動に依存してある結果が確率的に実現する状況を無限回繰り返す．経済主体は，行動を所与とした時の結果の確率分布がある確率分布族に属していると考え，毎期の結果の観測からベイズ的に学習を行って信念を形成する．model misspecificationとはその族が真の分布を含まないことである．model misspecificationのもとでは，まったく学習しない方が望ましい可能性や，形成した信念が永遠に収束しない可能性などがある．一方，モデルの一般的な解析は難しく，信念が収束するための条件など基本的な問題は未解決であった．筆者は信念の挙動を調べる問題を行動頻度の挙動を調べる問題に置き換え，その挙動を微分包含式で近似するという分析手法を提案し，基本的な問題に解答を与えている．さらに，既存のモデルに対して，より深い新しい分析が可能になることなどを議論している．

第6章「経済学を伝える」では，経済学を一般社会へ伝えるという観点から，出版や放送などのメディアで経済学の発信に携わってきた3名をパネリストとして招き，経済学の知見や魅力を広めるための方策や課題について議論して頂いた．パネリストのうち，尾崎大輔（日本評論社）は専門書籍や専門雑誌の編集，広野彩子（日経BP）はビジネス誌の企画，そして，吉村恵美（NHKエデュケーショナル）はテレビ番組の制作に携わっており，各々が，経済学を伝える取り組みに関連した自身の体験談を披露している．シンポジウムでの話題は，持続的な発信のための体制づくり，「伝える」から「伝わる」に変わるための工夫，メディアが求める経済学者の取り組み，日本経済学会へのアドバイスなど多岐にわたり，各々の発言は大変興味深い．

社会における学会の基盤を確固とするためには，経済学の「面白さ」や「有用性」が一般の人々に広く受け入れられることは望ましいことである．その意味で，アウトリーチ活動の推進は日本の経済学界が取り組むべき重要な課題ではある．また今以上に，経済学会が出版媒体や電子媒体とつながることも重要かもしれない．しかしその一方で，その「面白さ」や「有用性」が過大宣伝されるのは避けなければならないし，経済学のツールや命題が誤った形で伝わらないように細心の注意を払わなければならない．歴史をひもとけばわかるように，鳴り物入りで喧伝された考えが蓋を開ければ使い物にならなかった，もしくは，当初の意図とはまったく別の結果につながった例は多々ある．何事にも限界がある．しかも，その限界を見極めることは研究者にとっても簡単ではない．

第7章「神経経済学」は近年進展が著しい神経経済学とその関連分野に関する英語パネル討論の記録である．4名のパネリストは脳神経科学，経済哲学，経済理論，および臨床医学と多様なバックグラウンドを持つ．パートAでは神経経済学の紹介と最近の進展と研究例として3つの報告がなされ，パートB

ではデュアル・システム論とナッジ政策に関する３つの講演と討論が，座長の大垣昌夫（慶應義塾大学）の司会のもとで行われた．

春野雅彦（国立研究開発法人情報通信研究機構）は神経経済学を概説しその最近の成果を紹介する．神経経済学とは，経済行動がどのように脳活動の理解に結びつくのか，また脳神経科学的知見がどのようにより良い経済モデルの構築に役立つのかを探る学際的学問分野である．春野はその具体的な成果として，時間割引，不平等感の回避，および罪悪感の回避が，どのような脳神経基盤に関連付けられているか，近年の fMRI（磁気共鳴機能画像法）実験の結果を紹介する．

カーステン・ヘルマン＝ピラート（エアフルト大学）は神経経済学の経済哲学的考察を展開する．まず経済学と脳神経科学の最近までの分断を紹介し，その哲学的論点をコンパクトに俯瞰する．その後ハイエクの考察まで遡る「進化的神経経済学」を神経経済学の新しい仮説として提起する．このハイエク的アプローチは様々な経済哲学との包摂的な協働を促し，既存の古典的な神経経済学を代替すると主張する．

若泉謙太（ノースウェスタン大学，慶應義塾大学）は臨床医学の現場から，慢性疼痛における時間割引の役割に関する安静時 fMRI を用いた実証研究を紹介する．慢性疼痛患者の時間割引行動の脳神経メカニズムを識別するため安静時 fMRI を患者と健常者の脳に適用し，患者と健常者の時間割引においてそれぞれ異なった特有の脳内ネットワークが機能していることを明らかにする．

竹内幹（一橋大学）は形式科学としての経済モデルを再確認し，その経済分析における有用性を強調する．経験科学的に神経経済学で明らかにされる脳内ネットワークの相関構造は，必ずしも因果関係を明らかにはしない．脳神経データによってその存在が観察されないとしても，単一効用関数アプローチという論理的構造物は選択データの因果性を解釈する上で有益な道具である以上，放棄されるべきではない．その上で，アイ・トラッキングデータなど近年利用が可能になった選択プロセス経路での新しいデータに基づく経験科学的アプローチの重要性を主張する．

続くパネル討論の前半では，デュアル・システム論とナッジ政策が議論の中心となった．ヘルマン＝ピラートは脳神経データの多くがデュアル・システムに否定的であることを指摘し，さらにその政治的含意であるナッジを通じたパターナリスティックな介入主義に懸念を表明する．竹内も大衆操作の政治的手段としてナッジ理論が悪用される危険性を指摘し，やはりデュアル・システム論の政治的含意への懸念を共有する．ヘルマン＝ピラートと竹内と大垣はナッジ施作時に政策意図が透明性を持って情報開示されることが必須であることに合意する．さらにヘルマン＝ピラートはデュアル・システム論が現実には複雑な人格を「合理的な自分」と「弱い自分」に極端に単純化することを危惧し，竹内はこの単純化が複雑な人格を理解する際の有用な道具として認めつつ，それを普遍化することに注意を促す．

ナッジ政策をめぐる討論の後半はさらに熱を帯び，支持と懸念の相克がより明確になる．大垣は日本におけるナッジ政策の成功例を引用し，パターナリスティックな介入主義の多少の弊害を認めても，ナッジ政策が人間・社会に与えうる「善き」効果を支持する．一方，ヘルマン＝ピラートはいくつかの観点，正当なナッジ政策と人間の自立性と独立性への不当な侵入の間の境界の曖昧さ，時にナッジ政策が醸し出す上から目線のエリート意識がその政策対象の人間の尊厳を傷つけ社会的な分断を助長する危険性，からのナッジに対する批判を紹介する．

このパネル討論を振り返り，さらなる深掘りが期待される論点は，ナッジを通じたパターナリスティックな政策介入が目指す人間・社会の「善い」状態とは誰がどのように決定するべきなのか，という素朴ではあるが本質的な問いであろう．伝統的な経済学におけるパレート基準は個々の経済主体の選好の善し悪しに何も触れない．依存症に苦しむ患者の選好への医学的見地からの積極的介入は是認されてしかるべき賢い公共政策と言えるだろう．しかし，何らかの政治的意図を背景とした世論・思想操作の方法として権力に濫用される時，それが破滅的な結果につながりうることを我々は先の大戦の敗戦から深く学んだはずである．この教訓を銘肝すべきことを改めて確認したい．

“We can agree to disagree”という溜息は，この極めて意義深いパネル討論を通じて投影された伝統的経済学と神経経済学および行動経済学の間の深き相克を静かに，しかし雄弁に語っている．

本書所収の論文は，それぞれの分野における最新の研究成果であり，今後の経済学の新たな展開とさらなる発展を促すものである．最後に，出版にあたり『季刊理論経済学』の当時からお世話になっている東洋経済新報社，および同社出版局の中山英貴氏に感謝したい．

2021年10月

エディター　宇井貴志（一橋大学）
加納　隆（一橋大学）
西山慶彦（京都大学）
林　正義（東京大学）

目　次

現代経済学の潮流　2021

第1章
ナッジは人を救えるか？*

大竹文雄（大阪大学）

本論文では，共同研究者らと私が行ってきた研究のうち，豪雨時の避難促進ナッジ，COVID-19感染予防行動促進ナッジ，COVID-19ワクチン接種促進ナッジに関する研究結果を紹介する．いずれも人々の命を助ける行動を促進するものである．この3つのテーマには，人々の行動が他人の行動や健康に影響を与えるという外部性が存在するという共通点がある．多数派の行動を強調する社会規範ナッジは，行動変容を引き起こす効果が大きいことは知られている．本研究の貢献は，豪雨時の避難およびCOVID-19ワクチン接種の双方において，本人の行動が他の人の行動を促進するという事実を利得フレームで伝えるという社会的影響ナッジが効果的であることを見出したことである．ナッジメッセージの効果の持続性についてもこの分野の課題とされてい

*　本論文は，2020年10月11日に立正大学でオンライン開催された日本経済学会の会長講演をもとにしており，本論文は，*The Japanese Economic Review* に掲載された Ohtake［2021］“Can Nudges Save Lives?”を日本語訳したものである．本論文のもとになった共同研究をしてくださった黒川博文，松尾佑太，齋藤智也，坂田桐子，佐々木周作の各氏に感謝する．本研究は日本学術振興会から科研費（20H05632）の支援を得ている．

る．本研究では，利他的・利得メッセージが，豪雨時の避難促進，COVID-19感染対策としての接触削減行動促進の両方で，他のメッセージよりも効果の持続性が高い可能性を見出した．

1　はじめに

日本だけでなく世界各国で，豪雨災害が毎年のように発生するようになってきた．豪雨災害が発生する前に避難できず，命を失う人が多い．避難を促進するためには，従来，防災教育をすることによって，住民に避難場所や避難経路などの防災に関する知識を身につけてもらう手法が行われてきた．しかし，防災知識が高まったとしても，実際の災害時に避難していない人が多いと言われている．一方で，どこに誰がいるかを行政が完全に把握することは困難であり，罰則を規定することも現実的ではないため，災害時の避難を義務化することも難しい．このような知識と行動のギャップを埋めるような，政策的介入が必要とされている．

同様のことは，感染症対策でも生じている．2020年には世界中でCOVID-19による多くの感染者が発生し，感染対策のために行われた行動規制は世界経済に大きなマイナスの影響を与えた．感染症対策で必要なのは，手洗いやマスクといった基本的な感染対策に加えて，感染リスクの高い場所に行かないということを，人々にしてもらうことである．国によっては，マスクを義務化し，マスクを着用していない場合には罰金を取っている．また，外出規制がかかっているときに外出をした場合にも罰金が科せられる国もある．多くの国では，飲食店の営業規制を行った．しかし，日本の場合は，新型インフルエンザ等対策特別措置法に基づく緊急事態宣言が出されたとしても，事業者には休業要請しかできず，一般の人々には感染対策を取るように呼びかけることしかできない．感染対策に関する知識を提供することに加え，人々に感染予防行動を促す政策が必要となる．

このように，災害時や感染症蔓延時に，直接的な規制ができない状況でも望ましい行動を取る人々を増やすような政策ができれば，人の命を救うことになる．規制や金銭的インセンティブが使えない状況で，人々の行動変容をもたらすものがナッジである．本論文は，ナッジメッセージによって，災害時の避難行動や感染症への予防行動を促進することができるかどうかに関する私自身の研究を紹介するものである．

災害時の避難行動や感染症対策への応用に限らず，行動経済学の政策応用は進んでいる．特に，Thaler and Sunstein［2008］が出版され，Thalerが2017年にノーベル経済学賞を受賞したことが大きなきっかけになった．イギリスでは2014年に政策応用のためにBehavioral Insights Teamsが設立された．その後，各国に同様の組織が設立され公共政策への行動経済学の応用が進んでいる．2017年4月には，日本版ナッジ・ユニット（BEST）が設立された．

公共政策への行動経済学の応用は，ナッジと呼ばれる手法で行われる．Thaler and Sunstein［2008］は，ナッジをつぎのように定義している．「『ナッジ』は選択を禁じることも，経済的なインセンティブを大きく変えることもなく，人々の行動を予測可能な形で変える選択アーキテクチャーのあらゆる要素を意味する」（Thaler and Sunstein［2008］p. 6）．

ただし，Thaler［2018］は，望ましくない行動や本人の利益にならない行動を取らせるものはsludgeと呼んで，nudgeと区別している．Nudgeの目的は本人たちがよりよいものだと判断する選択ができるような良心的な選択肢の設計である．

ナッジについては，多くのフィールド実験でその有効性の有無が確認されてきた．Madrian and Shea［2001］をはじめとした企業年金加入について，加入をデフォルトにすると加入率が増加するという一連の行動経済学のフィールド研究の結果は，イギリスの個人年金のNESTにおいて政府の政策に取り入れられた（Department for Work and Pensions［2018］; Thaler and Benartzi［2004］）．

メッセージ介入についての研究も行われてきた．イギリスのナッジ・ユニットが初期に行った研究で最も有名なものは，申告をしたが納税していない人に対する督促状におけるメッセージについてのフィールドでのRCTである（Hallsworth et al.［2017］）．この研究では，多くの人が期限内に納税していて，納税していない人は少数派だという社会規範メッセージが効果的であった．現在では，世界各国で様々なナッジが政策的に採用されている（OECD［2017］）．

日本でもナッジが政策に使われ始めている．福吉［2018］は，大腸がん検診の受診勧奨メッセージに，今年度検診を受けないと検査キットが来年度送られてこないという損失を強調したメッセージが，今年度検診を受けると来年度検査キットが送られてくるという利得メッセージよりも，検診の受診率を7％ポイント高めたことをある自治体でのフィールドRCTによって示している．日本版ナッジ・ユニット（BEST）でも，電力使用量の表示に社会比較を用いることで節電行動が促進されたことが示されている．1)

ナッジについては，効果があるものもあれば，それほど効果がないものもある．また，短期的には効果があっても馴化が生じて効果が消失してしまうものもある．節電行動については，Ferraro et al.［2011］および Allcott and Rogers［2014］など社会比較は長期的にも効果があるという研究がある．しかし，節電を道徳的に呼びかけるというナッジメッセージは急激に効果が消失していくことを Ito, Ida and Tanaka［2018］が日本における RCT で明らかにした．一方，彼らはダイナミック・プライシングによる金銭的インセンティブを使った場合では，そのような効果の消失は見られないことを示している．

ナッジについては，様々な批判がある．ここでは，Sunstein［2015］の議論を紹介しておく．Sunstein［2015］は，ナッジについて，(1) ナッジは人々の選択を特定の方向に誘導する，(2) デフォルトで意思決定を変えるのは問題である，(3) アンカリングを使うことは問題である，(4) 人々の好みは多様である，(5) ナッジは人々から学習の機会を奪う，(6) ナッジを使う政府や官僚にバイアスや偏見が存在する，(7) ナッジは市場競争を歪める（ナッジによって特定の製品だけが好まれるようになると自由な市場競争に悪影響を与え，新製品・サービスの開発意欲が低下する），(8) 温情主義的政策は人々の自主性を失わせる，という8つの批判について検討している．

(1) の選択の誘導については，ナッジは選択の自由を確保していることを前提としており，人々の行動を特定の企業の利益獲得のために誘導するものは上

1）第3回日本版ナッジ・ユニット連絡会議（2018年5月24日）「環境省ナッジ事業の初年度の成果」．http://www.env.go.jp/earth/ondanka/nudge/renrakukai03/mat02_1.pdf

述したようにスラッジと呼ばれている（Thaler［2018］）.（2）のデフォルトを利用すること自体の批判については，すでに多くの選択は，社会保障の受給における申請主義や臓器提供の意思表示のように，オプト・インという形でのデフォルトが利用されている.（3）のアンカリングについての批判については，どのような表示の仕方を用いたとしても，いずれかの選択肢が最初に来ることは避けられないので，よりよい選択肢を選択しやすい工夫は許される.（4）の人の好みは多様であるという批判については，ナッジでは選択の自由が保障されていることが前提であることに加え，現在バイアスや選択肢過剰のように選択の自由が必ずしも本人の満足度を高めることにならない場合もあると反論されている.（5）のナッジが学習の機会を奪うという批判については，人生で何度も行わないような意思決定の場合にはそもそも学習の機会がほとんどない.また，ナッジの中には学習の機会を提供するものもあり，それであれば問題はない.（6）の政府や官僚のバイアスや偏見の存在については，ナッジを用いる政府に透明性と説明責任を課すことで対応可能だという.（7）のナッジが市場競争を歪めるという批判については，外部性や独占などで市場が失敗する場合に，市場競争を促進するためにナッジを用いるべきであるとしている.（8）の温情主義的政策が人々の自主性を失わせるという批判については，すべてのことに情報を得て自主的に意思決定しているわけではない.ルールや習慣に従うことで時間とエネルギーを節約し，より重要な問題を考えることで，自主的な意思決定が可能になると指摘している.

以上の Sunstein［2015］の観点から，豪雨災害における避難促進や感染予防対策にナッジを使うことの是非を議論しよう.少なくとも日本の法律では，どちらの場合にも，豪雨時や感染症の流行時に避難や感染対策などの措置を罰則付きで強制的に行うことができない状況にあった.[2] 対象者を正確に把握することが困難であるため，避難しなかった人や感染対策をしなかった人に罰則を与えたり，避難した人や感染対策をした人に補助金を与えたりするといった

2）　2021年２月の新型インフルエンザ等対策特別措置法の一部改正で，入院を拒否したり入院先から逃げ出したりした感染者や積極的疫学調査などの感染対策に応じない場合に罰則が設けられた.

経済的インセンティブを使うことは難しい．また，災害時や感染症流行時には冷静な判断が難しいのでそうしたことを考慮した情報提供が必要になる．さらに，感染症の場合には自分が感染するリスクは考慮しても自分の行動によって人が感染するリスクを完全には考慮しないという意味で負の外部性が存在する．同様に，災害時の避難行動についても，自分の避難行動が周囲の人の避難行動に影響する（大竹・坂田・松尾［2020］）．このような外部性が存在することは，ナッジの使用の合理的理由になる．さらに，避難や感染対策は，命に関わることであり，何度も経験して学習で改善することだけでは解決が難しい．つまり，避難促進や感染対策促進のための政策にナッジを用いることは，正当化できる．問題は，そうした行動変容を引き起こすようなナッジメッセージが存在するか否かということである．

本論文では，私自身がこの分野で行ってきたナッジメッセージの有効性に関する実証研究を紹介する．2節で，大竹・坂田・松尾［2020］の豪雨災害時の避難促進ナッジに関する研究結果を示す．3節では，新型コロナウイルス感染症対策の行動変容とワクチン接種にどのようなナッジメッセージが効果的かという一連の研究を紹介する（Sasaki, Kurokawa and Ohtake［2021］，佐々木・齋藤・大竹［2021］，Sasaki, Saito, and Ohtake［2021］）．4節で，結論を述べる．

2　豪雨災害時の避難促進ナッジ

2.1　仮説とナッジメッセージ

大竹・坂田・松尾［2020］は，豪雨災害時に早期避難を促すナッジメッセージの効果検証を行った．広島県民を対象にしたアンケート調査をもとに，仮想的に災害が発生した状況で，行動経済学的なメッセージが住民の避難意思に対して与える影響について分析している．また，8カ月後に行った追跡調査をもとに，メッセージが長期的な防災意識や防災行動に与えた影響についても検証している．

2014年に死者75名を出す土砂災害に見舞われた広島県は，その反省から防災教育に力を入れ「『みんなで減災』県民総ぐるみ運動」を推進してきた．この取り組みでは，県民一人一人があらゆる自然災害から命を守るために適切な行動を取ることができるようになることを目標としている．特に，災害・防災情報の教育に重点を置いてきた．その結果，避難所や避難経路を確認した住民の割合は2015年の13.2％から2018年には57.2％と大きく上がった.[3] しかし，2018年の豪雨時に実際に避難行動を取った人の割合はわずか0.74％であった．この結果から，従来の防災知識を重視した防災教育だけでなく，避難行動の心理的側面まで踏み込んだ政策の必要性が示唆される．

災害に関する正しい情報を得た上で，早期避難をしないという合理的な意思決定がされている可能性もあるが，避難すべきだと思いつつ避難行動を取ることができなかった人々もいると考えられる．後者のタイプの人がある程度多ければ，情報提供の仕方を工夫することで，早期避難者が増える可能性がある．

人々は避難することから得られる便益と避難することによる費用の大小関係を考えて，便益の方が費用よりも大きい場合に避難する．ここでの便益と費用には，金銭的なものに加え心理的費用などの非金銭的なものも含まれる．避難することから得られる便益には，災害の被害を避けられるということがある．

避難の意思決定時点においては，避難行動による便益は将来発生し，災害の発生は確実ではないので，避難しなくても被害がないという不確実性もある．一方で，避難すると避難場所への移動の手間，避難場所での不便な生活を強いられること，プライバシーが守られにくいといった金銭的・非金銭的費用が確実に発生する．このような意思決定には，時間を通じた意思決定と不確実性下の意思決定が含まれており，行動経済学的なバイアスによって避難行動が阻害される可能性がある．

それは第一に，現在から将来への時間割引率が将来からそれより将来への時間割引率よりも小さくなるという現在バイアスの影響である.[4] 豪雨が深刻に

3）　いずれも『防災・減災に関する県民意識調査』（広島県）の各年版．

4）　現在バイアスは，時点 t において消費 c から得られる効用を $U(c, t)$ とすると，時間割引率 $-[dU(c,t)/dt]/U(c,t)$ が $t>0$ の時，$t=0$ の時よりも小さいと定義される．また，先延ばし行動は，$t_2>t_1(>0)$ のとき，$-[d \mid U-(-c,t)/dt] \mid / \mid U-(-c,t) \mid (t=t_1) > -[d \mid U-(-c,t)/dt] \mid / \mid U-(-c,t) \mid (t=t_2)$ で表される．

なる前の段階では，避難勧告が発出されると避難すると決めていても，実際に避難勧告が発出された時点で避難を先延ばしするという行動による避難の遅れは，現在バイアスで説明できる可能性がある.

第二に，損失回避の影響である．絶対値で同じ利得と損失を比べると参照点からの厚生の変化の大きさは，損失の場合の方が大きいというものである.[5] 避難行動そのものを面倒な損失と考えるか，命を守るという利得と考えるかで，人々の行動が異なってくる．例えば，避難行動を損失と考えると避難しなくなる可能性がある.

第三に，感応度逓減性である．感応度逓減性とは，利得や損失が価値関数に与える限界的影響が，利得や損失の絶対額が大きくなるほど低下していくというものである．感応度逓減性という特徴から利得と損失における危険回避度の非対称性が生じる．すなわち，損失においては確実な損失よりも不確実な損失が好まれる（危険愛好的）が，利得に関しては確実な利得が不確実な利得よりも好まれる（危険回避的）.[6] つまり，被害の可能性があるのに避難しない人は，確実であるが小さな損失を意味する避難よりも，全く損失がない場合と大きな人的被害を被る場合という不確実な損失を伴う避難しないというリスクのある行動を選んでいると解釈できる.

損失回避や危険回避度の非対称性が原因で避難行動が阻害されているのであれば，避難することを損失と認識していることが原因となる．同じことを損失とみなすか利得とみなすかは，何を参照点とするか，ということに依存する．この場合には，参照点を変更するようなメッセージ，避難所に行くことの利得を強調するメッセージ，あるいは避難所に行かないことの損失を強調するメッセージによって人々の行動が変わる可能性がある.

---

5) 損失回避は，数学的にはつぎのように表される．絶対値で同じ利得と損失を比べると参照点からの厚生の変化の大きさは，損失の場合の方が大きいという特性は，Δx を参照点からの厚生の変化とすれば，プロスペクト理論の価値関数 $v(\Delta x)$ について，$v'(\text{for } \Delta x > 0) < v'(\text{for } \Delta x < 0)$ と表される.

6) 利得と損失で危険に対する態度が異なることについては，損失局面である $\Delta x < 0$ のとき危険回避度は $-v''/v' < 0$ であり，利得局面である $\Delta x > 0$ のとき危険回避度は $-v''/v' > 0$ であると表される.

避難行動を阻害するボトルネックには，情報提供のされ方や周囲の人々の行動からの影響も考えられる．柿本他［2014］は，災害リスクの認識と行動には，「警察・消防からの避難の呼びかけ」と「地区役員・消防団からの避難の呼びかけ」という公的な機関からの呼びかけが効果的だという分析結果を示している．つまり，情報提供が直接的に行われたかどうか，信頼できる主体からなされたかどうかが重要だということである．

2018年の災害や2017年の台風10号の避難行動について研究を行った安本他［2018］も周りの避難や他者からの呼びかけという理由から避難行動を取った人が多かったことを示している．周囲の人の避難行動が直接的に人々の避難行動に影響を与えるのであれば，人々の避難は周囲の人々の避難行動に正の外部性を与えることを意味する．[7)]

避難行動の外部性は，避難を促進することにもなれば，避難を抑制する方向にも働く．ある地域で，周囲の人が避難していないのであれば，危険を感じた人も避難しないことになるので，自分の判断だけで避難決定をしていた場合よりも，地域の避難率は低くなる．逆に，偶然，ある地域で避難をする人がいた場合に，その周囲の人も避難するため，この地域にいた人たちは，外部性がなかった場合よりも避難率が高くなる．宇田川他［2019］では，津波災害に関する避難意図のアンケート調査から「周りの人は私に対して『大きな地震のときはあなたも避難したほうがいい』と思っている」というような社会規範が成立していると考えている人ほど避難意思を持っていることを示している．

周囲の人の行動や社会規範が避難行動に影響するのであれば，社会規範を強調したメッセージによって，人々の避難行動を促進できる可能性がある．社会規範を行動変容促進のメッセージに使った研究として，Hallsworth et al.［2017］および Larkin et al.［2019］が納税促進に，Allcott［2011］が節電行動促進に有効性を示したものとして知られている．したがって，避難促進メッセージにもこのような周囲の人々の行動という社会規範が人々の行動に与える

7)　浦田他［2017］は，このような他者の避難行動が外部性を持つことを取り入れた理論モデルを構築し，データからそのパラメータ推定を行って他者の避難行動という外部性の影響を確認した．

影響を組み込んだメッセージが考えられる．つまり，「周りの人はほとんど避難しています」とか「避難していないのはあなただけです」という社会規範を伝えるメッセージが有効であると考えられる．しかし，実際に避難行動を取る人は少ないため，多数が避難していない状況で社会規範を利用したメッセージをそのまま利用することはできない．したがって，社会規範と利他性に訴えるように，自分自身の避難行動が他人の避難行動に与える外部性を示すメッセージが効果を持つかもしれない．

以上の議論をもとにすると，早めの避難行動を促進するためのメッセージに関する仮説としてつぎのものが考えられる．

仮説 1（社会規範と利他性） 自分の避難行動が他人の避難行動を促進するという情報提供をすることは，利他性を持った人の避難行動を促進する．

仮説 2（損失回避） 利得を強調するメッセージと損失を強調するメッセージでは，損失を強調するメッセージの方が避難行動を促進する．

仮説 3（感応度逓減性） 参照点を災害被害のない状況にして避難を損失で表現するよりも参照点を最大の被害の状況にして利得で表現した方が安全策としての避難行動を促進する．

これらの仮説をもとに，大竹・坂田・松尾［2020］では表1-1に示したＡからＥまでの５つのメッセージを作成し，従来から広島県で用いられてきたメッセージＦをコントロール用に加えて，アンケート調査による避難促進効果についてのRCTを行った．

表1-1のＡとＢのメッセージは，仮説１の社会規範と利他性に基づいたメッセージである．自らの避難行動が他人の避難行動を誘発するという外部性があることを認識させ，利他性に訴えかけることで避難を促進するメッセージである．つまり，自分の行動の社会的影響についての情報提供メッセージである．また，ＡとＢの２つのメッセージの効果を比較することで，仮説２の損失回避を検証することができる．Ａでは，回答者が避難することが周囲の人の避

表1-1　介入に用いられたナッジメッセージ

名称	メッセージ
A. 社会的影響・利得	これまで豪雨時に避難勧告で避難した人は，まわりの人が避難していたから避難したという人がほとんどでした．あなたが避難することは人の命を救うことになります．
B. 社会的影響・損失	これまで豪雨時に避難勧告で避難した人は，まわりの人が避難していたから避難したという人がほとんどでした．あなたが避難しないと人の命を危険にさらすことになります．
C. 参照点	豪雨で避難勧告が発令された際には，早めに避難することが必要です．どうしても自宅に残りたい場合は，命の危険性があるので，万一のために身元確認ができるものを身につけてください．
D. 救援物資（利得局面）	豪雨で避難勧告が発令された際に避難場所に避難すれば，食料や毛布などを確保できます．
E. 救援物資（損失局面）	豪雨で避難勧告が発令された際に避難場所に避難しないと，食料や毛布などが確保できない可能性があります．
F. コントロール	毎年，6月始め頃の梅雨入りから秋にかけて，梅雨前線や台風などの影響により，多くの雨が降ります．広島県でもこれまでに，山や急な斜面が崩れる土砂崩れなどの災害が発生しています．大雨がもたらす被害について知り，危険が迫った時には，正しく判断して行動できる力をつけ，災害から命を守りましょう．

難を促し「他人の命を救うことにつながる」ということを認知させ，避難することによって得られる利他的な利得を意識させることで避難行動を促す効果がある．[8)]

一方でBのメッセージは，Aとはフレーミングを変えて，回答者が避難しないことが「周りの人の命を危険にさらす」ことを認知させる．すなわち自分が避難しないことによる損失を意識させる．AとBのメッセージの本質的な意味は変わらないが，損失回避があるためBの方が避難意思に対して強い効

8）「釜石の奇跡」として知られ，防災教育で成果を上げた片田［2012］の「率先避難者たれ」という原則はAと似たナッジである．片田はその意味について次のように説明している．「人間はいざというとき，なかなか逃げるという決断ができない．例えば，火災の非常ベルが鳴っても，逃げずに周りの様子を見て留まっているだろう．非常ベルの意味は皆わかっている．しかし，逃げるという意思決定をできずにいるのだ．津波の場合，避難を躊躇していたら皆その犠牲になってしまう．自分が『率先避難者』となり避難することによって，皆の命を救うことができる」（片田［2012］）．単に「自分の命を最優先にしろ」ということだけではなく，自分の命を最優先にして逃げることが，社会規範に従う周囲の避難行動も同時に促すという外部性を持つことを意味しており，実際に津波被害を最小限に抑えることができた例だと考えられる．

果を持つことが予想される．

Ｃのメッセージは，仮説３の損失局面と利得局面で危険回避度が非対称になるという行動経済学的特性をもとに作成している．[9]「身元確認ができるものを身につけてください」という文言は参照点を変えることで，避難行動を損失局面から利得局面に変化させる効果を持っている．参照点が現在の状況，すなわち生きている状態にある場合，人は避難を損失局面で捉えるので危険愛好的になる．つまり，避難するという確定したコストを支払うよりも避難しないで大きな被害にあうというリスクがある状況を選びやすい．しかし，Ｃのメッセージをもらうと人は参照点を自分が死亡している状態にするので，避難行動を利得局面で認識する．利得局面では，避難せずに被害にあうリスクがある状態よりも避難して確実に生き残るという状況を選ぶことになると予想される．

避難所に移動することや避難所での環境が悪いことが，自宅からの避難を抑制している可能性がある．[10] そこで，避難コストを小さく認識させるために避難所に避難することの利得，あるいは避難所に行かないことの損失を強調するメッセージが避難促進に有効だと予想される．ＤとＥのメッセージは，そのために作成されたものである．Ｄのメッセージは避難所に行くことで食料や毛布などが確保できるという利得を強調したものである．一方，Ｅのメッセージは避難所に行かないことでそれらの救援物資が確保できないという損失を強調したものである．ＤとＥのメッセージは論理的には同じであるが，仮説２から，損失を強調したＥのメッセージの方が大きな避難促進効果を持つと予測される．Ｄは避難所に行く利得を伝えているのに対して，Ｅは避難所に行かなければ物資が手に入らないという損失を伝えている．

この研究では，ＡからＥまでのメッセージは，従来広島県が避難促進のための啓発に用いてきたメッセージＦに比べて，避難意図を短期的および長期的に高める効果が大きいのか否か，どのメッセージの効果が一番大きいのか，

9) Ｃのメッセージは，セイラー［2016］で紹介されている Tierney［2005］が提案した「避難しない場合は，社会保障番号をマジックで身体に書いて下さい」というメッセージを参考にして作成した．

10) 柿本ら［2014］は，避難移動や避難所で過ごすことなどのコストが避難行動の阻害要因として有意に働いていることを示している．

図1-1　メッセージによる避難意図の違い

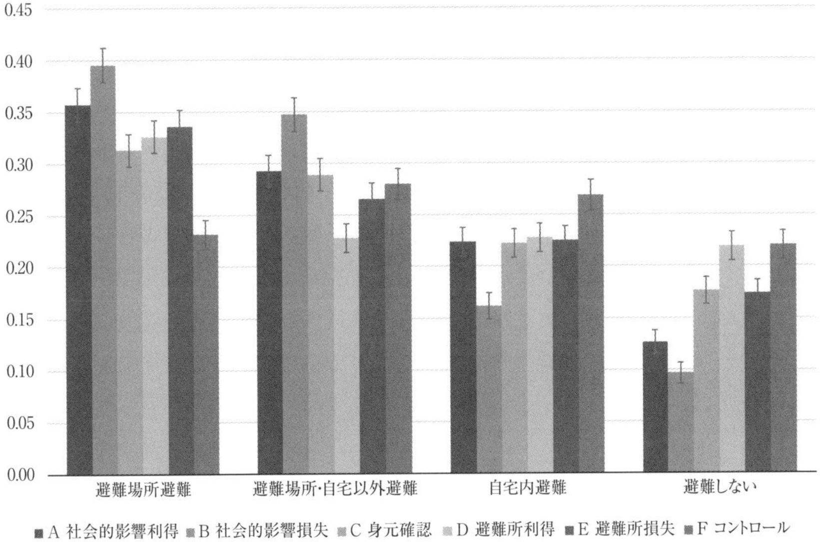

そして，メッセージの効果は対象者によって異質性があるのかを検証している．

メッセージが避難意図に与えた影響が図1-1に示してある．このグラフからAとBのメッセージが避難意図を高めるのに効果的であることがわかる．広島県が従来用いてきたFのコントロールメッセージでは，避難勧告が出された場合でも避難しないと答えた人の比率は22.0%であった．しかし，「あなたが避難することは人の命を救うことになります」というAのメッセージを受け取った人で避難しない人は12.7%，「あなたが避難しないと人の命を危険にさらすことになります」というBのメッセージを受け取った人では9.62%にまで下がる．A，B，Fの3つのメッセージで避難しないと答えた人の割合は，どの2つのグループの間でも統計的に1%水準で有意な差がある．

避難場所に避難するという意思表示をした人の比率もメッセージによって大きく異なる．コントロールのFのメッセージでは，23.2%の人が避難勧告で避難場所に避難すると回答しているが，他のメッセージでは避難場所への避難意図を持つ人はもっと多い．最も多くの人が避難場所に避難すると答えたのは，Bのメッセージであり，39.5%の人がそのような意図を持っていた．つぎに，

表 1 - 2　避難場所への避難意思に関する推定結果

	(1)	(2)	(3)	(4)
A	0.123***	0.131***	0.116***	0.109***
	(0.0228)	(0.0233)	(0.0285)	(0.0347)
B	0.161***	0.170***	0.149***	0.146***
	(0.0251)	(0.0258)	(0.0310)	(0.0348)
C	0.0816***	0.0832***	0.0681***	0.0610**
	(0.0226)	(0.0215)	(0.0239)	(0.0272)
D	0.0948***	0.107***	0.0788***	0.0799***
	(0.0234)	(0.0226)	(0.0270)	(0.0289)
E	0.103***	0.113***	0.106***	0.0940***
	(0.0251)	(0.0238)	(0.0230)	(0.0280)
定数項	0.233***	0.352***	0.382***	0.206
	(0.0169)	(0.0772)	(0.130)	(0.133)
観測数	5,268	4,874	2,920	2,648
R-squared	0.011	0.025	0.028	0.044
市町村数	5,268	4,874	2,920	2,648
属性	N	Y	Y	Y
世帯	N	N	Y	Y
住宅	N	N	Y	Y
信頼	N	N	N	Y
経験	N	N	N	Y
地域	N	N	N	Y
市町村 FE	Y	Y	Y	Y

(注)（　）内はロバスト標準誤差．＊は，p 値がそれぞれ，*** p <0.01，** p <0.05，* p <0.1を示す．

効果の大きなメッセージはＡのメッセージであり，35.7％の人が避難意図を持っていた．避難場所に行かないことの損失を強調するＥのメッセージは33.6％，避難場所に行くことの利得を強調するＤのメッセージは32.6％の人がそれぞれ避難意図を持った．身元が確認できるものを身につけるというメッセージＣでは31.3％の人が避難場所への避難意図を持っている．つまり，ＡからＥのメッセージはすべて，コントロールのメッセージＦよりも１％水準で統計的に有意に避難所への避難意図を引き上げる．

2.2　避難意思への影響

避難場所への避難意思を持つか否かを非説明変数として，有効回答者全員をサンプルとした推定結果を表１-２に示した．(1) 列には，RCT を行ったメッセージのみを説明変数にした場合，(2) から (4) 列には，ランダム化が完全ではない可能性を考慮するために，コントロール変数を説明変数に入れたモデルの推定結果を示している．

コントロールグループであるＦのメッセージと比較して，５つのナッジメッセージは，どの推定モデルでも避難所への避難意思を1％水準で統計的に有意に高めている．中でもBのメッセージが最も効果が大きく，コントロールグループと比較して約15%ポイント避難場所に避難する意思を高めた．これは周囲の人が避難すると自分も逃げるという特性を認識すると，多くの人は自分の避難行動の外部性を認識し，自分が避難しないことが周囲の人に損失を与えるということに大きく反応したと解釈できる．

Bのメッセージのつぎに，Aのメッセージの効果が大きく，約11%ポイント避難意思を持つ人の比率を高めた．Cのメッセージの効果が最も弱く，6％ポイント程度しか避難意思を高めなかった．救援物資の確保に関するメッセージは，A，Bのメッセージより効果は小さいが，D，Eでそれぞれ7.5%ポイント，10%ポイント程度，コントロールのメッセージより避難確率を引き上げる．A，BとD，Eの結果から，損失局面を意識させるメッセージの方が強く反応すると解釈できる．

表には示していないが，避難勧告が出された場合に避難する場所を問わず避難意思を持つ人を，どのメッセージが増やすのかを分析した場合でも同様の結果が得られている．具体的には，A，B，C，Eのメッセージは避難意思を持つ確率を高める効果を持っていた．ここでも最も効果的なメッセージはBであった．

2.3　メッセージが8カ月後の意識と行動に与える影響

2.3.1　追跡調査

前節までの分析では，避難促進メッセージを目にした直後の避難意識について分析してきた．緊急時にどのようなメッセージが避難意図を高めるかは，前節までの分で評価できる．しかし，防災意識の向上のための啓発メッセージとして使うためには，長期的な意識や行動の変容をもたらすことが必要である．そのような効果を持つのは，どのメッセージかを検証する必要がある．

そこで，メッセージの長期的効果を検証するために，2019年3月の第1回アンケート調査回答者5598人を対象に2019年11月に郵送法で追跡調査を行った．追跡調査の回答者数は4254人で回収率は76.0%である．追跡調査では，第1回調査でRCTに用いられた複数のメッセージに対する印象，第1回調査以降の災害避難行動，避難準備行動，避難意識などについて質問している．

2.3.2 メッセージの印象

追跡調査では，第１回調査で用いたメッセージのうちＡ，Ｂ，Ｃの３つのメッセージについての印象を質問している．具体的には，「避難したいと思う」，「責任感を感じる」，「改善の余地がある」，「意味がわからない」，「同調圧力を感じる」，「反発を感じる」に対して，「あてはまる，ややあてはまる，あまりあてはまらない，あてはまらない」の４段階で回答を求めた．

そのうち，メッセージ間で回答の分布に統計的に有意な差が見られたのは，「同調圧力を感じる」と「反発を感じる」というものである．「同調圧力を感じる」に対してあてはまると答えた比率はメッセージＡが８％，メッセージＢが17％，メッセージＣが12％であった．また，「反発を感じる」に対してあてはまると答えた比率はメッセージＡが３％，メッセージＢが11％，メッセージＣが９％であった．いずれも，メッセージ間の平均値の差は１％水準で統計的に有意である（t 検定）．つまり，メッセージＢはメッセージＡに比べて避難行動を促進させる一方で，同調圧力をより強く意識させ，人々に反発を感じさせる傾向が強い．

2.3.3 分析結果

(1) 記述統計

表１-３に追跡調査の主な変数の記述統計を示した．ＡからＦは，第１回調査のRCTにおいてどのメッセージを受け取ったかを示す．上段と下段がそれぞれ各変数の平均と標準誤差を表している．

ここで，メッセージの長期的影響を分析する際に，広島県がＡのメッセージを避難勧告が出された際に実際に使い始めたことの影響を考慮する必要がある．そのため，「あなたが避難することは人の命を救うことになります」というＡのメッセージを第１回調査以外で知っていたかどうかを質問している．Ａのメッセージを知っていた人の比率は，第（1）列に示されているように，回答者の40.6％になっていた．

メッセージ介入から８カ月後の避難意思や避難準備行動に与えた影響を分析するために，様々な質問項目で，効果の検証を行った．そのうち，５つの項目で，統計的に有意な影響が観察された．それらの変数について説明する．

表1－3　追跡調査の記述統計

	(1) 広島県のメッセージ認知	(2) 避難意識の高まり	(3) 避難勧告（ややor非常に思う）	(4) 必ず逃げる（非常に思うのみ）	(5) 避難タイミング	(6) 食料・水備蓄	(7) 非常持出品準備
観測数	4,210	4,220	4,221	4,221	4,188	9,722	9,667
メッセージ	0.406	0.604	0.735	0.239	0.681	0.666	0.720
全体	(0.0076)	(0.0075)	(0.0068)	(0.0066)	(0.0072)	(0.0073)	(0.0070)
A	0.414	0.627	0.759	0.263	0.706	0.702	0.764
	(0.0188)	(0.0183)	(0.0162)	(0.0167)	(0.0173)	(0.0174)	(0.0161)
B	0.432	0.615	0.734	0.244	0.702	0.677	0.721
	(0.0193)	(0.0189)	(0.0172)	(0.0168)	(0.0179)	(0.0184)	(0.0176)
C	0.406	0.573	0.748	0.230	0.663	0.651	0.715
	(0.0189)	(0.0190)	(0.0166)	(0.0161)	(0.0182)	(0.0184)	(0.0174)
D	0.393	0.620	0.740	0.250	0.663	0.648	0.682
	(0.0182)	(0.0181)	(0.0163)	(0.0161)	(0.0176)	(0.0179)	(0.0175)
E	0.401	0.603	0.721	0.232	0.681	0.676	0.734
	(0.0184)	(0.0184)	(0.0168)	(0.0158)	(0.0176)	(0.0176)	(0.0166)
F	0.392	0.583	0.711	0.219	0.671	0.645	0.705
	(0.0180)	(0.0182)	(0.0167)	(0.0152)	(0.0174)	(0.0176)	(0.0168)

（注）（　）内は平均値の標準誤差.

第一に,「避難意識の高まり」である. これは,「2019年６月から, 警戒レベルを用いた避難情報等が発令・発表されていますが, それ以前の避難情報等の発令・発表より, 避難する意識が高まりましたか」という質問項目を用いた. この質問に対し「５. 高まった, ４. やや高まった, ３. どちらともいえない, ２. あまり高まっていない, １. 高まっていない」の回答のうち,「高まった」「やや高まった」を回答した人に１,「どちらともいえない」「あまり高まっていない」「高まっていない」を回答した人に０を付した. この変数の平均は0.60である. Ａのメッセージを受け取った人は62.7％と一番高い.

第二に,「避難勧告時の行動意図」である. これは「もし, あなたのお住まいの地域で避難勧告が発令されたら, あなたは, 避難すると思いますか」という第１回目の調査と同じ質問についての回答から作成した. 具体的には, この回答を「非常に思う」と「やや思う」を１,「あまり思わない」と「まったく思わない」を０として集計した結果が第（3）列に示されている. 全体の73.5％が避難勧告で避難すると答えている. 第１回調査でＡのメッセージを受け取った人の避難意識が75.0％と高い. また, この質問への回答を「非常に思う」を１, それ以外の回答を０とおいた場合の記述統計が第（4）列である.

第三に,「避難タイミング」という変数であり, 避難行動に関するコミットメントに関する指標である．具体的には，「2019年6月から，警戒レベルを用いた避難情報等が発令・発表されていますが，あなたは，事前に避難のタイミングを決めていますか」という質問でなんらかのタイミングを決めていると答えた人の割合を算出したものが第（5）列である．全体では68.1％がタイミングを決めているが，第1回調査でAのメッセージを受け取った人は70.6％，Bのメッセージを受け取った人は70.2％とそれ以外のメッセージを受け取った人よりも高くなっている．

第四に，「食料・水備蓄」という変数である．これは，「あなたは，現在，3日分以上の食料や飲料水の備蓄を行っていますか」という質問への回答について，「十分にしている」「かなりしている」を1，「まったくしていない」「少しはしている」を0としたものである．全体の66.6％が食料・飲料水の備蓄行動を取っている．また，第1回調査でメッセージAを受け取った人がコントロールFに比べて，備蓄をしている傾向にある（Aは70.2％に対し，Fは64.5％）（第（6）列）．

第五に，「非常持出品準備」という変数である．これは，「あなたは，現在，食料と飲料水以外の非常持出品（携帯ラジオ，懐中電灯，医薬品など）の準備を行っていますか」という質問をもとに「十分にしている」「かなりしている」を1，「まったくしていない」「少しはしている」を0とするダミー変数を作成した．全体の72.0％が非常持出品を準備している．第1回調査でメッセージA（76.4％）を受けた人の準備の程度が，Fのメッセージを受けた人の70.5％よりも高い（第（7）列）．

（2）メッセージが意識に与える長期的影響

本項では，3月に配布したアンケートのメッセージが，2019年6月以降の避難意識に与えた影響の分析を行う．推定式は3.2項と同様のモデルを用い，市町村の固定効果モデルを用いて分析を行った．説明変数には，女性ダミー，年齢，教育年数，所得，世帯人数を設定した．

表1-4に分析結果を示した．（1），（2）から，広島県がメッセージAを広報に使っているという認知は第1回調査で配布されたメッセージの種類に依存していないことがわかる．このことから，実際に広島県がAのメッセージを使ったことによる影響は，第1回調査のメッセージの種類とは独立なので，追

表1-4　避難意識に関する推定結果（追跡調査）

	(1)	(2)	(3)	(4)	(5)	(6)
	メッセージ認知		避難意識の高まり		避難勧告時の行動	
A	0.0194	0.00479	0.0396*	0.0487**	0.0433**	0.0416*
	(0.0256)	(0.0252)	(0.0223)	(0.0232)	(0.0185)	(0.0205)
B	0.0390	0.0406	0.0308	0.0388	0.0201	0.0280
	(0.0291)	(0.0336)	(0.0270)	(0.0263)	(0.0145)	(0.0168)
C	0.0127	0.00142	−0.0121	−0.000862	0.0343	0.0361
	(0.0226)	(0.0232)	(0.0223)	(0.0219)	(0.0247)	(0.0270)
D	−0.000594	−0.00729	0.0336	0.0493**	0.0256	0.0364
	(0.0275)	(0.0277)	(0.0229)	(0.0234)	(0.0205)	(0.0246)
E	0.00786	−0.00247	0.0194	0.0234	0.00839	0.0137
	(0.0226)	(0.0252)	(0.0234)	(0.0228)	(0.0193)	(0.0190)
定数項	0.393***	0.162**	0.585***	0.264***	0.713***	0.615***
	(0.0151)	(0.0684)	(0.0138)	(0.0725)	(0.0116)	(0.0619)
観測数	4,202	3,803	4,212	3,811	4,213	3,811
決定係数	0.001	0.027	0.001	0.013	0.001	0.029
市町村数	30	30	30	30	30	30
属性・居住	N	Y	N	Y	N	Y

（注）（　）内はロバスト標準誤差，＊は，p値がそれぞれ，$^{***}p<0.01$，$^{**}p<0.05$，$^{*}p<0.1$を示す．

加調査から第1回調査のメッセージの長期効果を検証できると考えられる．

(3)，(4) から，属性や居住情報をコントロールしてもAのメッセージはFと比較して避難意識を3.9〜4.9％ポイント程度高めていることがわかる（有意水準5％）．また，属性・居住情報をコントロールするとメッセージDは4.9％ポイント程度Fよりも避難意識を高めていた（有意水準5％）．

(5)，(6) から，メッセージAは避難勧告発令時においてもFと比較して避難意思を4.1〜4.3％ポイント程度高めていることがわかる（有意水準5％あるいは10％）．これらの結果から，利得を意識させるメッセージAとメッセージDが長期的な避難意識や避難意思に対して正の効果を持っているため，長期的な防災意識を高めるためには利得局面のメッセージを使った教育を行うことが有効であると考えられる．

(3) メッセージが行動に与える長期的影響

表1－5　避難準備行動に関する推定結果（追跡調査）

	(1)	(2)	(3)	(4)	(5)	(6)
	避難タイミングの決定		食料・水の備蓄		非常持出品の準備	
A	0.0348*	0.0327	0.0537**	0.0513*	0.0577**	0.0475*
	(0.0197)	(0.0210)	(0.0229)	(0.0256)	(0.0213)	(0.0253)
B	0.0296	0.0374*	0.0322	0.0404*	0.0167	0.0168
	(0.0181)	(0.0211)	(0.0216)	(0.0217)	(0.0187)	(0.0185)
C	−0.00723	−0.00192	0.00413	0.00848	0.0111	0.00378
	(0.0218)	(0.0215)	(0.0218)	(0.0225)	(0.0273)	(0.0306)
D	−0.00986	−0.000498	−0.00106	0.0150	−0.0255	−0.0292
	(0.0192)	(0.0170)	(0.0232)	(0.0230)	(0.0250)	(0.0279)
E	0.00861	0.00999	0.0288	0.0359	0.0294	0.0198
	(0.0236)	(0.0230)	(0.0242)	(0.0249)	(0.0193)	(0.0194)
定数項	0.672***	0.458***	0.647***	0.161**	0.705***	0.163***
	(0.0114)	(0.0645)	(0.0144)	(0.0776)	(0.0136)	(0.0580)
観測数	4,180	3,784	4,168	3,774	4,167	3,774
決定係数	0.001	0.010	0.002	0.021	0.003	0.030
市町村数	30	30	30	30	30	30
属性・居住	N	Y	N	Y	N	Y

（注）（　）内はロバスト標準誤差，＊は，p 値がそれぞれ，*** p ＜0.01，** p ＜0.05，* p ＜0.1を示す．

つぎに，メッセージが「避難タイミングの決定」，「食料・水の備蓄」，「非常持出品の準備」という具体的な防災行動に与えた影響の分析を行った．

表1－5の（1）～（6）に推定結果を示した．第（1）列，第（2）列の結果から，メッセージA，Bを受け取ることでFのメッセージを受け取る場合と比較して，3.5～3.7%ポイント程度，事前避難のタイミングを決定する確率が高まることがわかる（10%有意水準）．

第（3）列，第（4）列から，メッセージA，Bを受け取ることで4～5%ポイント程度，食料や飲料水の備蓄行動を促すことがわかる（10%有意水準）．

第（5）列，第（6）列から，メッセージAは4.7～5.8%ポイント程度，非常持出品の準備行動を促していた（5～10%有意水準）が，メッセージBにはこの効果は観察されていない．

これらの結果から，メッセージAは防災行動に関してもメッセージFと比較して有意に正の効果を持っていたことから，長期的な防災行動を促す場合，防災意識と同様に利得を意識させるメッセージが有効であると考えられる．

一方で，実際に６月以降に起こった災害時に事前避難をした人は少なかった．表には示していないが，６月以降に，警戒レベル３以上の発令を受けた人は調査の対象者4214人のうち1882人であり，約45％であった．そのうち自宅外への事前避難を行った人は101人であり全体の約2.4％に過ぎなかった．また，３月調査で配布されたメッセージ間でこの事前避難行動には差が見られなかった．この理由として考えられるのは，2019年６月以降追跡調査が行われた2019年11月までの期間において，広島県では2018年７月豪雨のような大きな災害がなかったことや避難情報の発令が少なかったことが考えられる．

3　新型コロナウイルス感染症対策へのナッジメッセージの効果

3.1　感染予防行動ナッジ

感染予防行動を促すためのナッジメッセージに関する実験的研究が行われてきた．多くの研究は，ナッジメッセージが感染予防行動を取る意図に与える影響を分析している．Lunn et al.［2020］は２メートルの社会的距離を取るようにという指示よりも，指数関数的感染拡大が発生するということを強調するメッセージの方が感染予防行動を取る意図を取らせるのに効果的であることを発見した．Luttrell and Petty［2020］は，自分に焦点を当てたメッセージよりも他人に焦点を当てたメッセージの方が説得的だと思うことを示した．これらの結果は，利他的なメッセージが感染予防意図を高めることに効果的だということを示している．しかし，Jordan et al.［2020］は，利己的メッセージも公共的メッセージも利己と公共をあわせたメッセージも同じように効果的だとしている．一方，Barari et al.［2020］によれば，ナッジメッセージはすでに予防行動をしている人には効果がない．Favero and Pedersen［2020］もナッジメッセージには感染予防行動意図を高める効果がないと報告している．

感染予防意図ではなく，感染予防行動にナッジメッセージが影響を与えたことを示す研究は少ない．Falco and Zaccagni［2020］は，感染予防行動が

“you and your family” のためになることを強調するメッセージが，感染予防行動をする意図を高めるが，行動には結びつかなかったことを明らかにしている．Barari et al.［2020］および Everett et al.［2020］もそうした利他的メッセージが行動には影響を与えないことを見出している．感染予防行動を増加させるという研究例もある．Moriwaki et al.［2020］は，スマートフォンの位置情報データを用いて，ナッジメッセージが週末に３密の場所を避けることに効果的であることを示した．Krpan et al.［2021］は，ナッジメッセージが人との接触行動を減らす可能性を自己申告の行動情報から明らかにしたが，もともと人との接触を控えていた人には逆効果であることも示した．

Sasaki, Kurokawa, and Ohtake［2021］は，人との接触を控えることやマスク・手洗いなどの新型コロナウイルスの感染対策を促進するためのナッジメッセージを探し出すために，同一調査対象者に対する継続的なオンラインアンケートを用いて，RCT で効果検証をした．私たちは，2020年４月から2020年８月まで，コントロールメッセージに加えて５つの感染予防ナッジメッセージのうち１つを同一調査対象者に４回にわたって繰り返し提示した．[11] 提示した直後の感染予防行動に関する行動意図を調査するとともに，過去１週間に関する感染予防行動を自己申告で調査した．この研究は，一回限りの行動変容ではなく，繰り返して情報提供した際の行動意図と行動について分析したところに特徴がある．政府は，感染症対策のメッセージを繰り返して用いるため，メッセージを繰り返した場合の効果を検証することは重要である．４回のオンライン調査のうち最初の２回は，緊急事態宣言期間中であり，後の２回は解除後の期間である．最初の２回の期間は，政府がゴールデンウィーク中の外出や移動を控えるように強く広報していた時期にあたる．

私たちは，コントロールを含んだ６つのナッジメッセージの効果検証を行った．用いたメッセージはつぎの５つである．

11）　４回の調査期間はつぎのとおり．４月28日～４月30日（第１回），５月８日～５月13日（第２回），６月８日～６月12日（第３回），７月28日～８月３日（第４回）．調査は，マイボイスコムというオンライン調査会社に委託した．調査会社のモニターから20歳から69歳まで，年齢グループと性別が等分になるように実験参加者を集めた．４回すべての調査に回答した4241人を対象に分析を行った．

(SKO 1) コントロール：「感染を防ぐには，人との接触を減らすこと，密閉空間・密集場所・密接場面という「3密」を避けること，手洗いをすること，マスクをすること，が有効だとされています」

(SKO 2) 利他的・利得フレームメッセージ：「あなたが外出をやめ，「3密」を避け，手洗いやマスクをすることで身近な人の命を守れます」

(SKO 3) 利他的・損失フレームメッセージ：「あなたが外出をしたり，「3密」の場所に行ったり，手洗いやマスクをしなかったりすることで身近な人の命を危険にさらします」

(SKO 4) 利己的メッセージ：「あなたが外出をやめ，「3密」を避け，手洗いやマスクをすることで，あなた自身の命を守れます」

(SKO 5) 利己＋利他的・利得フレームメッセージ：「あなたが外出をやめ，「3密」を避け，手洗いやマスクをすることで，あなた自身と身近な人の命を守れます」

(SKO 6) シンプル・利他的・利得フレームメッセージ：「家にいてください．あなたの身近な人の命を守れます」

(SKO 2) から (SKO 6) のナッジメッセージは，(SKO 1) のコントロールで用いた感染予防対策に関する情報提供メッセージに加えて，調査回答者に提示された．

4回のメッセージ提示の前に，調査前1週間について，レストランやバーに行った頻度，仕事に行った頻度，旅行に行った頻度などの人との接触を避ける行動の程度を10の質問で計測し，マスク着用，手洗い，デリバリーの利用などの感染予防行動の程度を15の質問で計測した．それぞれの質問は，当該行動を一度も取らなかったを0，ほとんど毎日を7として，8段階で回答してもらった．人との接触行動，感染予防行動それぞれの点数を合計し，それぞれの質問数（10および15）で除した指標を行動指標とした．

さらに，ナッジメッセージの提示後に，それぞれの行動を取る意思を質問した．その際も，接触行動，感染予防対策について，その行動をやめるつもりはないを0，絶対にやめるを7とする8段階で質問した．この場合も接触行動意図と感染予防行動意図のそれぞれの平均値を指標とした．

人との接触抑制については，利他的・利得フレームのメッセージのみが，第2回調査で行動抑制に効果があったが，その後の第3回，第4回の調査では影響がなかった．この効果は，それまで人との接触行動が多かった人に観測された．人との接触が多かった人については，利他的・利得メッセージは，人との接触削減意図には毎回プラスの影響があった．

一方，ナッジメッセージは，感染予防行動を促進する方向には効果がなかった．むしろ，感染予防行動を取っていた人に，利他的・利得メッセージはマイナスの影響を与えた．

損失フレームは，損失回避からは利得フレームより大きな効果が予測されたが，接触回避行動に統計的に大きな影響を与えなかった．しかし，接触回避行動をしていなかったグループにおいて，第3回と第4回の調査の際に，損失フレームは接触回避行動の意図を引き上げる影響を与えていた．

利他的・利得フレームメッセージが，第2回調査では接触回避行動に影響を与えたが，第3回と第4回では影響を与えなかった点について考えられる原因を議論しておく．第一に，同じメッセージを繰り返し提示することで馴化が生じて効果がなくなった可能性である．特に，利他的・利得フレームは専門家会議をはじめ政府も似たメッセージを繰り返し用いていたことが影響しているかもしれない．第二に，第2回調査が第1回調査の1週間後であったため，メッセージの影響で行動変容が発生していたことを捉えていたが，第2回調査から第3回目調査の間には1カ月，第3回調査から第4回調査の間には1カ月以上の期間が空いていたため，メッセージの効果が1週間程度しか続かないことを反映していた可能性がある．メッセージ提示直後の意欲には，利他的・利得フレームはそれまで接触回避行動を比較的していないグループには，いずれの回もプラスの影響を与えていた．メッセージの提示から1週間程度は行動変容があるが，それを超えると行動変容が減少ないし消滅する可能性がある．この場合は，メッセージを繰り返し伝えることが，行動変容を維持することに有効になる．メッセージを受け取った直後では，行動変容が生じている可能性がある．

利他的・損失フレームは，損失回避からは，行動変容に影響を与えると予想されたが，メッセージそのものから便益を感じられにくいので，防災行動での長期的効果と同様に，繰り返し行うような行動変容にはあまり適していないメッセージなのかもしれない．損失メッセージが行動変容に効果がないわけではない．上述したように，Moriwaki et al.［2020］では，スマートフォンでメッセージを流して，その後の行動を位置情報で確認し，ナッジメッセージに行動変容の効果があったことを明らかにしている．しかも，最も効果が大きかったのは，コロナ感染拡大が失業を増やすという経済的損失メッセージだった．避難促進メッセージと同様，損失フレームと利得フレームは，一回限りの行動変容か継続的な行動変容か，短期的に効果が大きいか，長期に効果が継続するか，メッセージへの不快感などを総合的に判断して用いるべきである．

3.2　ワクチン接種の促進ナッジ

3.2.1　サーベイ実験の概要

新型コロナウイルス感染症は，感染すると感染した本人だけではなく，人に感染させて他人の健康を悪化させるという負の外部性を持っている．その意味で，感染予防行動の促進や発症・感染予防効果があるワクチン接種の促進にナッジを用いることは，正当化できる．特に，ワクチン接種の場合には，副反応のリスクがあるため，接種しないという自由を確保した上で，接種率を引き上げるという政策が必要である．では，どのようなナッジメッセージが，ワクチン接種意欲を引き上げることに効果的であろうか．この点について，Latkin et al.［2021］は，社会規範が人々の新型コロナワクチンについての信頼と関連していることを示している．Moehring et al.［2021］は，他人のワクチン接種意向を伝えるとワクチン接種意欲が高まることを示している．

日本で，新型コロナワクチン接種のナッジメッセージの研究を行ったものに，私も参加したTanaka et al.［2021］がある．この研究では，15歳から59歳の6232人について，心理的特性の調査とともに，利他的・利得フレーム，科学的根拠，社会規範とその組み合わせなどの９つのナッジメッセージのうち１つを読んでもらった後にワクチン接種意思を質問している．接種意欲を高めるナッジメッセージは，性別や年齢グループによって異なることを発見している．ワクチンの接種意欲は，10代から20代の男性で最も低い．10代，20代の男性および女性の接種意欲を高めるメッセージは，社会規範ナッジであった．若年層で向社会性が低い人にとっては，ワクチン接種の利己的なメリットは非常に小さいので，接種意欲が低い．したがって，このグループにワクチン接種の科学的根拠を伝えたとしても効果が得られないのは自然である．利他的メッセージは，向社会性が高いグループには接種意欲を高める可能性があるが，そうでない人には効果が期待できない．向社会性が低い場合でも社会規範メッセージは，自分の社会イメージにも影響するので，向社会性が低い人にも接種意欲を高める傾向があると考えられる．しかし，それでも若年層に対するナッジメッセージの効果は非常に小さい．

本論文では，ワクチン接種意向を高めるためのナッジメッセージとして，どのようなものが効果的かについてオンラインサーベイ実験で明らかにした，佐々木・齋藤・大竹［2021］，Sasaki, Saito, and Ohtake［2021］の研究結果を紹介する．

新型コロナウイルス感染症対策としては，ワクチン接種が一番有効な方法である．日本では，ワクチンの接種開始が遅れたが，2021年４月から高齢者への接種が始まった．重症化リスクの高い高齢者のワクチン接種率を高めることは，医療提供体制の逼迫を緩和し，感染による死者数を大きく減少させることにつながるので，非常に重要である．そこで，高齢者のワクチン接種希望が，情報提供によってどのような影響を受けるのか，どのようなナッジメッセージが有効なのかを明らかにすることが重要である．この研究では，２回のオンラインアンケート調査を用いて，ワクチンに関する様々な情報提供を行った際のワクチン接種意欲を支払意思額で計測している．アンケート調査は，第１回は2021年１月18日～22日の５日間で実施し，第２回は2021年３月16日～18日の３日間で実施した．どちらもインターネット調査会社の登録モニターを対象とした．仮想的実験質問を使用して，新型コロナの発症予防ワクチンに対する支払意思額を測定している．ここで，支払意思額とは，ワクチン接種に対して支払ってよいと考える上限の金額のことである．第１回調査では，性別・年齢・居住地域の観点において住民基本台帳の人口分布と一致するように割付を行い，回答データを回収した．第２回調査では，早期に接種対象となる高齢層標本（65～74歳）と遅れて接種対象となる若年層標本（25～34歳）に着目し，性別・年代の観点から標本数が均等になるように回収した．

3.2.2　感染状況とワクチン接種の進捗別の接種意向

まず，特に状況を設定しないで，無料で接種の機会があった際にワクチン接種の意向の有無と支払意思額を計測した．そのつぎに，同一回答者に対して下記の「新規感染状況」や「接種の進捗状況」に関する条件をランダムに追加しながら，それぞれの状況における接種意向を質問した．新規感染状況としては，「新規感染者数は減少傾向にあり，低水準で推移しています」というものと「新規感染者数は増加傾向にあり，高水準で推移しています」という設定がある．一方，接種の進捗状況については，「日本に住むあなたと同年代の10人中1人が，すでにこのワクチンを接種しています」と「日本に住むあなたと同年代の10人中5人が，すでにこのワクチンを接種しています」という設定がある．回答者は，状況設定がない場合のあと，感染状況と接種の進捗状況がそれぞれ2通りの合計4通りの場合の接種意欲を回答した．さらに，このワクチンが，感染症の発症予防効果だけを持つ場合と感染予防効果も持つ場合という設定でも調査した．

主な結果は，つぎのとおりである．高齢者の発症予防ワクチンに対する支払意思額の平均値は2016.5円で，高齢回答者の76.4％（10人中7～8人）はこのワクチンが無料提供されれば接種すると答えた．接種意向の強さは状況に応じて変化するものの，どの状況でも接種“する”意向自体は持っている高齢回答者が多数派であることを示した．具体的には，高齢回答者の接種意向は，新規感染者数が減少傾向にあって感染状況が落ち着いているときや，同年代の接種がまだ進んでいないときに低下する傾向がある．両方の条件が重なる状況の「無料提供時に接種する割合」や「支払意思額」は，それらの条件が付かないベースラインや他の状況に比べて最も低くなっている．逆に，新規感染者数が増加したり，同年代の接種者の割合が高まったりする局面で接種意向は上昇する．後者の結果は，自分の接種行動が他人の接種を促す，正のピア効果を持つ可能性を支持する．これらの結果は，ワクチンが発症予防効果という設定でも感染予防効果という設定でもほとんど変わらなかった．

第1回の調査の際には，利己的な便益と利他的な便益を強調するナッジメッセージの検証も行った．具体的には，利己的な便益を強調するものとして，発症予防効果のワクチンの際には「ワクチン接種は，あなたを発症や重症化から守ります」を用い，感染予防効果も持つワクチンの際には「ワクチン接種は，あなたを感染から守ります」を用いた．利他的な便益を強調するものとして，発症予防効果のワクチンの際には「ワクチン接種は，病床数に余裕をもたらし，人の命を救うことにつながります」を用い，感染予防効果も持つワクチンの際には，「ワクチン接種は，感染流行を抑制し，多くの人の命を救うことにつながります」を用いた．しかし，これらのメッセージは，接種意向にも支払意思額にも影響を与えなかった．

3.2.3　社会比較メッセージと社会的影響メッセージ

第１回の調査で接種状況の進捗が影響を与えていたことを踏まえて，第２回の調査では，第１回の調査結果を利用して作成した社会規範メッセージについて，接種意向と支払意思額の効果検証を行った．用いたメッセージはつぎの３種類である．

(SSO 1) 社会比較メッセージ:「あなたと同じ年代の10人中７～８人が，このワクチンを接種すると回答しています」

(SSO 2) 利得フレームの社会的影響メッセージ:「ワクチンを接種した人が増えると，ワクチン接種を希望する人も増えることが分かっています．あなたのワクチン接種が，周りの人のワクチン接種を後押しします」

(SSO 3) 損失フレームの社会的影響メッセージ:「ワクチンを接種した人が増えると，ワクチン接種を希望する人も増えることが分かっています．あなたがワクチンを接種しないと，周りの人のワクチン接種が進まない可能性があります」

まず，ベースラインでは，高齢者の84.4％が接種を希望しており，平均支払意思額は427.1円であった．第１回目の調査よりも接種希望が増えていたのは，医療従事者への接種が始まってワクチンの不確実性が下がっていたからだと考えられる．一方，平均支払意思額が第１回調査よりも大幅に下がっているのは，もともと接種の支払意思額がマイナスだった人が接種希望に変わった効果と，副反応の可能性をメッセージに明記したことが影響していると考えられる．

ナッジメッセージの効果としては，つぎのことが明らかになった．第一に，

「あなたのワクチン接種が周りの人のワクチン接種を後押しする」ことを伝える利得フレームメッセージは，ワクチン接種を受けるつもりのなかった高齢回答者の意向を強め，接種希望者数を増やす効果を持つ．

第二に，「あなたが接種しないと周りの人のワクチン接種が進まない」という損失メッセージや，「同年代の10人中7～8人が接種を受けると回答している」ことを伝える社会比較メッセージは，もともと接種を受けるつもりの高齢層の意向をさらに強化する．同時に，損失メッセージが人々に精神的な負担をかけてしまう可能性や，社会比較メッセージが接種を受けるつもりのなかった高齢回答者には意向を弱める方向に作用する可能性も示唆された．

第三に，これらのナッジメッセージは，若年層の接種意向に対しては，統計的に有意な促進効果を持たない．

4　結論

本論文では，共同研究者らと私が行ってきた研究のうち，豪雨時の避難促進ナッジ，新型コロナ感染予防行動促進ナッジ，新型コロナウイルスワクチン接種促進ナッジに関する研究結果を紹介した．いずれも命を助ける行動を促進するものである．この3つのテーマには，人々の行動が他人の行動や健康に影響を与えるという外部性が存在するという共通点があった．

多数派の行動を強調する社会規範ナッジは，効果が大きいことは知られている．しかし，社会的に望ましい行動が多数派になっていない場合には，社会規範ナッジは必ずしも有効ではない．望ましい行動が少数派である場合に，それを社会規範にしていくナッジも必要である．本研究の最大の貢献は，豪雨時の避難および新型コロナウイルスワクチン接種の双方において，本人の行動が他の人の行動を促進するという事実を利得フレームで伝えるという社会的影響ナッジが効果的であることを見出したことである．

ナッジメッセージの効果の持続性についてもこの分野の課題とされている．本研究では，利他的・利得メッセージが，豪雨時の避難促進，コロナ感染対策としての接触削減行動促進の両方で，他のメッセージよりも効果の持続性が高い可能性を見出した．行動経済学では，損失回避の特性から損失メッセージを重視することが多い．しかし，一回限りの行動変容ではなく，行動習慣を変更する必要があり，メッセージが繰り返し提示される場合には，利得フレームの効果が持続するという可能性がある．

公共政策のためにナッジを用いる場合，行動経済学の理論的予測から複数のナッジメッセージが考えられる．しかし，平均的な効果と対象による異質性は，実際に検証してみないとわからないことが多い．また，心理的に大きな負担をかけるメッセージも存在する．本論文で紹介したように，政府がメッセージを用いる前に，効果の検証と心理的負担について事前にテストすることは重要である．

【参考文献】

Allcott, H. ［2011］ "Social Norms and Energy Conservation." *Journal of Public Economics* 95(9-10): 1082-1095. https://doi.org/10.1016/j.jpubeco.2011.03.003

Allcott, H. and T. Rogers ［2014］ "The Short-run and Long-run Effects of Behavioral Interventions: Experimental Evidence from Energy Conservation." *American Economic Review* 104 (10): 3003-3037. https://doi.org/10.1257/aer.104.10.3003

Barari, S., S. Caria, A. Davola, P. Falco, T. Fetzer, S. Fiorin, L. Hensel, A. Ivchenko, J. Jachimowicz, G. King, G. Kraft-Todd, A. Ledda, M. MacLennan, L. Mutoi, C. Pagani, E. Reutskaja, C. Roth, and F. R. Slepoi ［2020］ "Evaluating COVID-19 Public Health Messaging in Italy: Self-reported Compliance and Growing Mental Health Concerns." *medRxiv*. Advance online publication. https://doi.org/10.1101/2020.03.27.20042820

Department for Work and Pensions ［2018］ *Automatic Enrolment Evaluation Report 2018*. December. Retrieved June 30, 2021, from https://assets.publishing.service.gov.uk/government/uploads/system/uploads/attachment_data/file/764964/Automatic_Enrolment_Evaluation_Report_2018.pdf

Everett, J. A., C. Colombatto, V. Chituc, W. J. Brady, and M. Crockett ［2020］ "The

Effectiveness of Moral Messages on Public Health Behavioral Intentions during the COVID-19 Pandemic."（Working paper）https://psyarxiv.com/9yqs8/

Falco, P. and S. Zaccagni［2020］"Promoting Social Distancing in a Pandemic: Beyond the Good Intentions." *OSF Preprints a2nys, Center for Open Science*. https://doi.org/10.31219/osf.io/a2nys

Favero, N. and M. J. Pedersen［2020］"How to Encourage 'Togetherness by Keeping Apart' Amid COVID-19? The Ineffectiveness of Prosocial and Empathy Appeals." *Journal of Behavioral Public Administration* 3(2). https://doi.org/10.30636/jbpa.32.167

Ferraro, P. J., J. J. Miranda, and M. K. Price［2011］"The Persistence of Treatment Effects with Norm-based Policy Instruments: Evidence from a Randomized Environmental Policy Experiment." *American Economic Review* 101(3): 318–322. https://doi.org/10.1257/aer.101.3.318

福吉潤［2018］「大腸がん検査における損失フレームを用いた受診勧奨」大竹文雄・平井啓編著『医療現場の行動経済学：すれ違う医者と患者』東洋経済新報社, 107–113.

Hallsworth, M., J. A. List, R. D. Metcalfe, and I. Vlaev［2017］"The Behavioralist as Tax Collector: Using Natural Field Experiments to Enhance Tax Compliance." *Journal of Public Economics* 148: 14–31. https://doi.org/10.1016/j.jpubeco.2017.02.003

Ito, K., T. Ida, and M. Tanaka［2018］"Moral Suasion and Economic Incentives: Field Experimental Evidence from Energy Demand." *American Economic Journal: Economic Policy* 10(1): 240–267. https://doi.org/10.1257/pol.20160093

Jordan, J., E. Yoeli, and D. Rand［2020］"Don't Get It or Don't Spread It? Comparing Self-interested versus Prosocial Motivations for COVID-19 Prevention Behaviors."（Working paper）https://psyarxiv.com/yuq7x

柿本竜治・金華永・吉田護・藤見俊夫［2014］「予防的避難の阻害要因と促進要因に関する分析：防護動機理論に基づいた予防的避難に関する意識構造分析」『都市計画論文集』49(3): 321–326. https://doi.org/10.11361/journalcpij.49.321

片田敏孝［2012］「子どもたちを守った『姿勢の防災教育』～大津波から生き抜いた

釜石市の児童・生徒の主体的行動に学ぶ～」『日本災害情報学会誌』10: 37-42. https://www.jstage.jst.go.jp/article/jasdis/10/0/10_37/_pdf

Krpan, D., F. Makki, N. Saleh, S. I. Brink, and H. V. Klauznicer［2021］"When Behavioural Science Can Make a Difference in Times of COVID-19." *Behavioural Public Policy* 5(2): 153-179. https://doi.org/10.1017/bpp.2020.48

Larkin, C., M. Sanders, I. Andresen, and F. Algate［2019］"Testing Local Descriptive Norms and Salience of Enforcement Action: AField Experiment to Increase Tax Collection." *Journal of Behavioral Public Administration* 2(1): 1-11. https://doi.org/10.30636/jbpa.21.54

Latkin, C. A., L. Dayton, G. Yi, A. Konstantopoulos, and B. Boodram［2021］"Trust in a COVID-19 Vaccine in the U.S.: ASocial-ecological Perspective." *Social Science & Medicine* 270, 113684. https://doi.org/10.1016/j.socscimed.2021.113684

Lunn, P. D., S. Timmons, C. A. Belton, M. Barjaková, H. Julienne, and C. Lavin［2020］"Motivating Social Distancing during the COVID-19 Pandemic: An Online Experiment." *Social Science & Medicine* 265, 113478. https://doi.org/10.1016/j.socscimed.2020.113478

Luttrell, A. and R. E. Petty［2020］"Evaluations of Self-focused Versus Other-Focused Arguments for Social Distancing: An Extension of Moral Matching Effects." *Social Psychological and Personality Science* 12(6): 946-954. https://doi.org/10.1177/1948550620947853

Madrian, B. C. and D. F. Shea［2001］"The Power of Suggestion: Inertia in 401 (k) Participation and Savings Behavior." *The Quarterly Journal of Economics* 116(4): 1149-1187. https://doi.org/10.1162/003355301753265543

Moehring, A., A. Collis, K. Garimella, M. A. Rahimian, S. Aral, and D. Eckles［2021］"Surfacing Norms to Increase Vaccine Acceptance." (Working Paper) https://psyarxiv.com/srv6t/

Moriwaki, D., S. Harada, J. Schneider, and T. Hoshino［2020］"Nudging Preventive Behaviors in COVID-19 Crisis: ALarge Scale RCT Using Smartphone Advertising." *Keio-IES Discussion Paper Series* 2020-021, Institute for Economic Studies, Keio University. Retrieved June 30, 2021, from https://ies.keio.ac.jp/en/publications/

13468/

OECD［2017］*Behavioural Insights and Public Policy*. OECD Publishing. Retrieved June 30, 2021, from https://read.oecd-ilibrary.org/governance/behavioural-insights-and-public-policy_9789264270480-en#page2

Ohtake, F.［2021］"Can Nudges Save Lives?" *The Japanese Economic Review*. (forthcoming). https://doi.org/10.1007/s42973-021-00095-7

大竹文雄・坂田桐子・松尾佑太［2020］「豪雨災害時の早期避難促進ナッジ」『行動経済学』13: 71-93. https://doi.org/10.11167/jbef.13.71

Sasaki, S., H. Kurokawa, and F. Ohtake［2021］"Effective but Fragile? Responses to Repeated Nudge-based Messages for Preventing the Spread of COVID-19 Infection." *The Japanese Economic Review* 72: 371-408. https://doi.org/10.1007/s42973-021-00076-w

佐々木周作・齋藤智也・大竹文雄［2021］「ワクチン接種意向の状況依存性：新型コロナウイルス感染症ワクチンに対する支払意思額の特徴とその政策的含意」*RIETI Discussion Paper Series 21-J-007*, Research Institute of Economy, Trade & Industry (RIETI). Retrieved June 30, 2021, from https://www.rieti.go.jp/jp/publications/dp/21j007.pdf

Sasaki, S., T. Saito, and F. Ohtake［2021］"Nudges for COVID-19 Voluntary Vaccination: How to Explain Peer Information?" *Graduate School of Economics Osaka University, Discussion Paper* 21-07. Retrieved June 30, 2021, from http://www2.econ.osaka-u.ac.jp/econ_society/dp/2107.pdf

Sunstein, C.［2015］"The Ethics of Nudging." *Yale Journal on Regulation* 32(2): 413-450. https://digitalcommons.law.yale.edu/yjreg/vol32/iss2/6

Tanaka, T., T. Nihonsugi, F. Ohtake, and M. Haruno［2021］"Age- and Gender-dependent Differences in Attitudes towards COVID-19 Vaccination and Underlying Psychological Processes." *medRxiv* 21257954. Advance online publication. https://doi.org/10.1101/2021.05.28.21257954

Thaler, R. H.［2018］"Nudge, not Sludge." *Science* 361(6401): 431. https://doi.org/10.1126/science.aau9241

セイラー，R［2016］『行動経済学の逆襲』早川書房.

Thaler, R.H. and S. Benartzi [2004] "Save More Tomorrow™: Using Behavioral Economics to Increase Employee Saving." *Journal of Political Economy* 112(S1): S164-S187. http://doi.org/10.1086/380085

Thaler, R. H. and C. R. Sunstein [2008] *Nudge: Improving Decisions about Health, Wealth, and Happiness.* Yale University Press.

Tierney, J. [2005] "Magic Marker Strategy." *The New York Times.* September 6. Retrieved June 30, 2021, from https://www.nytimes.com/2005/09/06/opinion/magic-marker-strategy.html

宇田川真之・三船恒裕・定池祐季・磯打千雅子・黄欣悦・田中淳 [2019]「平常時の避難行動意図に関する汎用的な調査フレーム構築の試み」『災害情報』17(1): 21-30. https://doi.org/10.24709/jasdis.17.1_21

浦田淳司・羽藤英二 [2017]「豪雨災害時の避難開始選択における他者避難と人的ネットワークの影響評価」『土木学会論文集 D3 (土木計画学)』73(1): 24-39. https://doi.org/10.2208/jscejipm.73.24

安本真也・牛山素行・関谷直也 [2018]「平成28年台風10号災害における岩泉町での避難行動の分析」『自然災害科学』37 (S05): 33-45. https://doi.org/10.24762/jndsj.37.S05_33

第2章
経済理論と実証分析に基づく電力市場設計

伊藤公一朗（シカゴ大学）

本稿では著者の研究も含めた近年の「電力市場設計の経済学」の発展をレビューする．近年まで電力産業は自然独占の良い例であるとみなされ，地域独占企業による垂直統合が維持されてきた．しかし1990年代を境に各国で電力システム改革が進み，発送電分離による公平な送配電網アクセスの確保，オークションをベースとした卸売電力市場による競争促進などが進んだ．電力産業の改革においては，価格理論，ゲーム理論，オークション理論，規制の経済学といったミクロ経済理論の考え方が随所に応用されている．同時に電力市場は需要，供給，入札，生産費用などのデータが豊富に入手可能な市場でもあるため，経済理論から生まれる理論的予測を統計的に検証する実証研究も世界中で行われてきた．経済理論と実社会のデータを結びつけ，実例を可視化して例示できるという点から見ると，電力市場はミクロ経済学を学ぶ上で有用な材料を提供してくれる市場と考えることもできる．本稿では電力システム改革の基盤となる発送電分離や電力卸売市場について概説した後，規制の失敗や市場の失敗を改善するために導入されてきた政策，およびそういった施策に関して行われてきた理論的・実証的研究の成果について紹介する.

1　はじめに

電力産業は経済学における「自然独占」の良い例であると長い間考えられてきた. 電力を家庭や工場へ送り届けるには広範囲な送配電網など大きな固定費用が生じる. そのため, 1つの企業が供給を独占した方が市場競争へ任せるよりも社会的総費用が小さく効率的な生産となると考えられてきたのだ. 実際, ミクロ経済学の教科書を開くと, 電力産業が自然独占の例として扱われていることが少なくない.

現に日本でも電力といえば東京電力や関西電力などの地域の大手電力会社が発電・送配電・小売部門の垂直統合をした上で供給を独占してきた. ところが, 1990年代から欧米諸国を中心に電力産業に対する見方が変化してきた. 確かに送配電ネットワークは1つの企業や組織が独占的に運営すべき自然独占的要素が強いが, 電力を生産する発電部門と, 消費者へ電力を売る小売部門は自然独占ではなく, 市場競争を導入すべきではないかという理論が展開され, 政策へも適用されてきたのだ.

もともと市場がなかった電力産業に「市場を創設する」. これこそが時折ニュースでも耳にする「電力システム改革」の目指すところだ. 市場設計（マーケット・デザイン）はまさに経済学がこの数十年で理論的にも実証的にも取り組んできた分野であり, 世界中の電力市場の設計においては価格理論, ゲーム理論, オークション理論, 規制の経済学といったミクロ経済理論の考え方が多用されている.

同時に電力市場は需要, 供給, 入札, 生産費用などのデータが豊富に入手可能な市場でもあるため, 経済理論から生まれる理論的予測を統計的に検証する実証研究も世界中で行われてきた. 入札データから実際の市場での需要曲線や供給曲線が観測でき, 企業の戦略的行動もデータで可視化できる. 経済理論と実社会のデータを結びつけ, 実例を可視化して例示できるという点から見ると, 電力市場は, ミクロ経済学を学ぶ上で有用な市場と考えることもできる.

本稿では著者の研究も含めた近年の「電力市場設計の経済学」の発展をレビューする．まず，第２節では「市場を創設する」電力システム改革の流れを概説し，第３節では市場の基盤インフラ「送配電網」への公平なアクセスを実現する設計について考える．第４節では，発送電分離後に導入される「電力卸売市場」の仕組みについて解説し，自由化前の料金決定方法である「総括原価方式」との対比を行う．

第５節と第６節では，電力システム改革は「発電コスト」や「電力価格」を下げるのかという問いに理論と実証の観点から答える．さらに，第６節での議論から，卸売市場を用いた電力取引は費用抑制効果という大きなメリットを生むと同時に，市場支配力の行使という市場の失敗を生む可能性があることが浮かび上がる．そのため，第７節から第９節までは，著者の研究の一部を紹介しつつ，「小売市場への動的価格導入」や「先物市場とスポット市場の活用」といった方法で市場効率性を改善し，市場支配力の行使を抑制することができるかどうかという議論を展開する．最後に第10節にて電力市場設計におけるこれからの研究課題に触れ，本稿を閉じたい．

2　電力システム改革の流れ

電力産業は，大きく分けて発電を担う発電部門，発電所から消費者まで電力を届ける送配電部門，そして，発電者から電気を買い消費者へ売る業務を担う小売部門，という３部門からなる．図２－１の左側に示したように，1990年代以前までは，多くの国でこの３部門が地域の独占企業によって運営されてきた．90年代から各国で始まった電力システム改革とは，この構造を図の右側へとシフトする動きである．

改革の手順は以下の通りである．まずは，送配電部門を地域独占の電力会社から切り離し，独立した組織とする「送配電部門の分離」を行う．適切な分離が行われないと，送配電部門を保持する電力企業が新規参入企業へ不公平なアクセスを強いるインセンティブを残してしまう．

そして，送配電部門の分離と同時に行われるのが，「発電部門の自由化」で

図2－1　電力システム改革の流れ

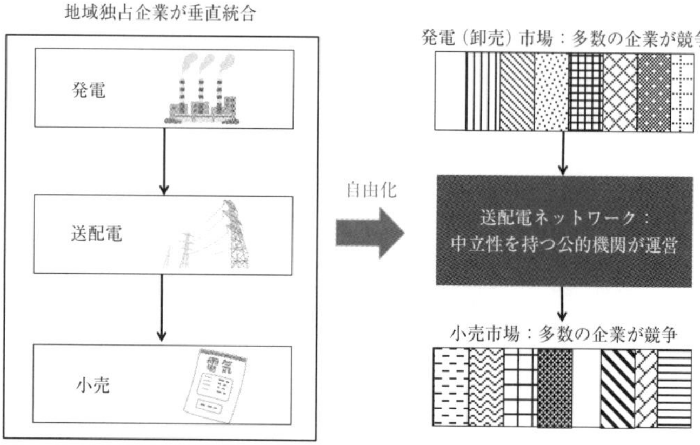

ある．つまり，誰もが発電所を建設し，電力を作ることを許すのである．発電部門の競争促進で発電コストが大幅に下がることは，世界中の経済学者がデータ分析で実証している．自由化以前の総括原価方式では電力を売る発電所はコスト削減のインセンティブが非常に少ない．しかし自由化による競争が進むと，高コストなら発電しても売れない，という状況に陥るため，全ての発電所が効率的な運営を行うようになるのだ（本稿の第4節を参照）．そして，通常は最後に行われるのが「小売部門の自由化」である．

3　市場の基盤インフラ「送配電網」への公平なアクセスを実現する設計とは

電力システム改革の根幹となる改革は，市場の基盤インフラである「送配電ネットワーク」への公平なアクセスを実現することである．図2－1で見たように自由化前の電力産業においては，送配電ネットワークは地域独占の大手電力会社が所有と運営を行っている．この送配電部門を発電部門と小売部門から分離させることをアンバンドリング（unbundling）と呼び，日本語では「発送電分離」と訳されることが多い．厳密に言えばアンバンドリングは「送配電

表2-1　欧米と日本の発送電分離政策の違い

	欧米諸国	日本
発送電分離時期	1990年代	2020年
改革の順序	発送電分離→市場創設	市場創設→発送電分離
送配電システムの運営	ISOなど公的機関	地域独占企業の子会社

部門」を「発電部門」と「小売部門」から分離させることであり，発送電分離という訳は若干曖昧ではあるが，本稿でもこの呼称を用いる．

日本政府は2015年に第2次安倍政権のもと発送電分離の計画を立て，2020年4月に計画が施行された．一方，欧米諸国は約20年前に発送電分離を終えており，各国の経験やデータ分析結果が蓄積されている．その知見をもとに日本政府の計画を検証すると，重大な懸念材料とさらなる改革が必要である点が見えてくる（表2-1）．

第1の懸念点は改革の順序である．通常の電力システム改革では，発送電分離を行って基盤インフラへの公平なアクセスを確保したのちに卸売市場が開設される．ところが日本における電力システム改革の流れは真逆であり，発送電分離前に市場が創設された．1990年代に行われた経済学研究では，発送電分離を行わずに市場創設をしても競争は進まないことが強調されている（Joskow［1997］；［2006］）．なぜなら，発電や小売も抱える大手電力会社が自ら送電網運営を行えば基盤インフラへの公平なアクセスが阻害され，基盤インフラへの公平アクセスがない限り，卸売市場や小売市場での自由競争が起こり得ないためである．

第2の懸念点は発送電分離の手法である．下記で詳述するように，日本の方法は「法的分離」と呼ばれるやり方であり，また地域に点在する発電部門をそのまま残すという手法である．電力網のような公共的インフラ（社会基盤）を運用する上で重要となる「独立性」と「網羅性」という2点から鑑みると，様々な懸念点が浮かび上がり，さらなる改革が必要であることが見えてくる．

冒頭でも述べた通り，自由化前の電力産業では電柱や電線といった送配電網の系統運用は，大手電力会社が地域独占的に手掛けている．例えばある時間帯

図2-2　発送電分離における「運用分離」と「法的分離」

● 公的機関を設立し，独立性と網羅性を確保する「運用分離」が国際的な主流

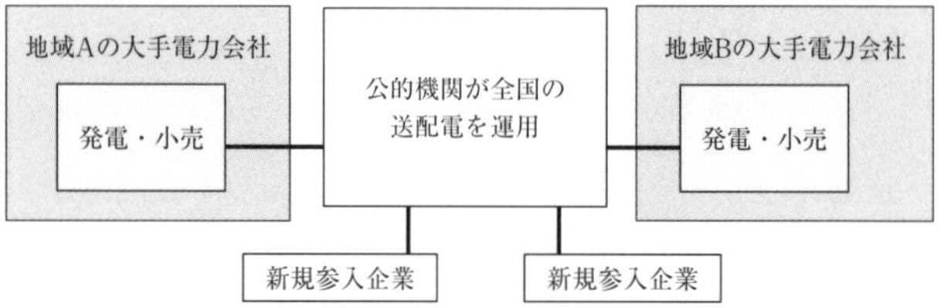

● 日本の「法的分離」は独立性と網羅性確保に課題が残る

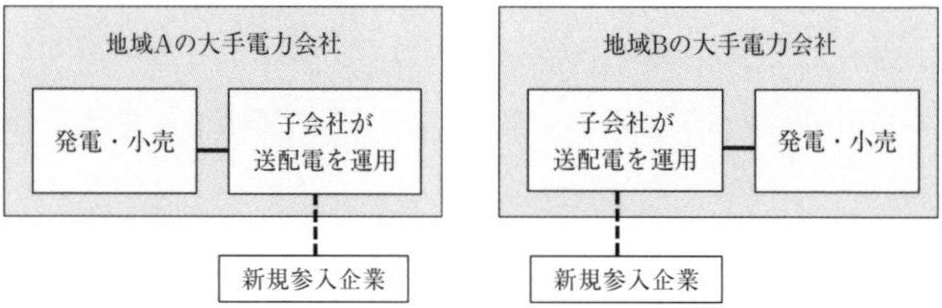

に誰に送電線を使わせるか，どんな使用料金を課すか，どこに新規の送電線を引くかという決定は地域独占企業が担っている．だが大手電力会社は発電部門や小売部門も抱えている．そのため自社の利益追求の手段として，新規参入の発電事業者や小売業者が送配電網を利用することを制限したり，送配電網の利用料金を高く設定したりする懸念が生じる．

この懸念を払拭するには系統運用の独立性を確保する必要がある．2020年に日本で施行された方法は法的分離と呼ばれる方式だ．大手電力会社は，自社の送配電部門を子会社化し，その子会社は持ち株会社の傘下に置かれる．その上で政府は監視と規制により，親会社と子会社の独立性を目指すという（図2-2）．

しかし経済理論，各国の経験および学術的データ分析結果に鑑みると，この方法で独立性を確保できる可能性は非常に低い．

第1に営利企業である大手電力会社は持ち株会社一体としての利益を追求するため，親会社と子会社のつながりが消える保証はない．第2に政府の監視と規制には「情報の非対称性」の問題がつきまとう．送配電網の運用では運用者

しか知り得ない緻密な情報が付随する．また営利企業は情報を政府に示さないインセンティブ（誘因）がある．情報を直接持たない政府が適切な監視・規制をするのは難しく，監視精度を高めようとするほど莫大な税金が投じられることになる．以上の理由から，欧米のほぼ全ての地域で法的分離は採用されていない．現在世界的に主流なのは，公的な第三者組織である独立系統運用機関（ISO = Independent System Operator）を設立し，送配電網の系統運用を完全移行する方式だ．大手電力会社には送配電を運用する組織はなくなり，系統運用は公的組織に任せられる．

同方式のもう一つの特徴は，送配電網の所有権は大手電力会社に残したままでもよい点だ．英国は所有分離という最も強い発送電分離を実施し，大手電力会社から送配電網の所有権を奪った．しかし所有分離は財産権を巡る訴訟を生む可能性があり，大手電力会社の財務的ダメージも大きい．そのため送配電線の所有権は大手電力会社に残し，運用だけを独立系統運用機関へ移行する方法が最善との見解が有力になっている．

送配電運営の独立性に関連する研究の例として挙げられるのがNewbery［2001］である．この研究では，発送電分離を行ったイングランドと，行わなかったスコットランドを比較している．適切な発送電分離が行われたイングランドでは新規参入の発電事業者が多数誕生したが，スコットランドでは新規参入者があまり生まれなかった．

「独立性の確保」と並んで電力網運用でもう一つの重要な要素は「網羅性の確保」だ．政府案では，法的分離後も10社の送配電会社が各地域の大手電力会社の子会社として存続する．だが世界的には，電力網のような公共的ネットワークを運用する際は狭い地域ごとでなく，広域的運用が望ましいとの見解が一般的だ．実際に欧州，北米，南米では電力網の系統運用統合が進んでいる．

日本でも電力網の系統運用を全国的に一括する便益は大きい．第1に東日本大震災や北海道地震などの災害時，電力が過剰な地域から不足地域へスムーズに送電できる．第2に全国的に見て低コストの発電所から優先的に発電させる「広域的メリットオーダー」という方法を採ることで，電力価格を低下させられる．

第3に再生可能エネルギー拡大に向けても全国的な電力網の運用が鍵になる．

再生エネの弱点は気候条件に左右される発電量の不安定性だ．だが近年のデータ分析結果によれば，地域間で多様な日本の気候条件は発電量の不安定性を是正できる可能性を秘めている（Gowrisankaran, Reynolds, and Samano［2016］）．

太平洋側で風力が弱いとか，太陽が出ていない場合でも，日本海側では風が吹き太陽が出ている場合がある．そのとき，電力網が広域的に運用されていれば，ある地域で落ちた発電量を別地域からの電力で調整できる．国土が広くない日本で10社もの送配電会社を残すことは合理的ではない．

以上のような独立性と網羅性の確保を考えた場合，日本でも公的な独立系統運用機関を設立し，全国的な送配電網を一括して運用することが望ましい．有識者や政府内にもこの認識はあり，電力システム改革の第１段階として電力広域的運営推進機関が2015年に設立された．今のところ同機関の業務の中心は独立系統運用機関が手掛ける業務の一部に限られる．政府はできる限り早い段階で公的な独立系統運用機関を設立し，全国的な送配電網の系統運用を実施すべきだ．

日本政府案では法的分離を進める根拠として，法的分離を採用したフランスの事例を挙げる．だがフランスは実質的国有企業である１社が全国の電力供給網を担っている．従って法的分離で送配電部門が子会社化した際には，国有の１企業が全国の送電網を運用することになり，実質的には公的な独立系統運用機関が設立されたのと近い形態だった．

また電力システム改革に反対する意見として，発送電分離を行うと安定供給が失われる，送電設備への投資が低下する，発電費用が上昇するという論考がある．しかし，この主張を裏付ける科学的エビデンス（証拠）は存在しない．伊藤［2017］で解説しているように，これらの主張は相関関係を因果関係と誤って解釈しているものが多く注意が必要だ．例えば，発送電分離をした地域としていない地域を単純比較した分析があるが，気候，発電所の形態，燃料費，環境規制など地域間の様々な違いが考慮されておらず，因果関係を示していない．

では適切な発送電分離が行われた後，どのような市場が創設され，電力の取引が行われるのであろうか．以下では，電力卸売市場で行われるオークション

（入札）の仕組みを概説し，自由化前の価格決定方法である「総括原価方式」との比較を行う．

4　発送電分離後に導入される電力卸売市場の仕組み

自由化後の電力卸売市場の仕組みを理解するためは，自由化前の価格決定方法である「総括原価方式」の特徴や問題点を把握する必要があるため，下記で簡単な解説を行う．

電力システム改革前においては，電力供給は地域独占の１社によって行われる．そのため，電力価格は市場競争によって決まるのではなく，独占企業と規制当局の間で決まることになる．一般的に用いられる「総括原価方式」のもとでは，企業側は発電によって生じた費用（原価）を規制当局に報告し，その原価に一定の事業報酬を加えたものを収入として得る．

経済学的に重要なのは，総括原価方式下では「価格＝平均費用」が電力価格設定の柱になるということだ．例えば，地域独占企業が原子力，水力，火力，風力など多岐に渡る発電所を稼働している場合，全ての発電所費用の「平均費用」が価格に影響を及ぼすことになる．

総括原価方式には少なくとも２点の問題がある．１点目は費用を抑えて発電しようという経営効率化へのインセンティブが働かない点である．２点目は原価や自己資本に関する情報は事業者に偏在しているため，事業者と規制当局の間に情報の非対称性が存在する．そのため，規制当局が監視や規制によって発電費用を最小化するのは難しいとの考えが1990年代から一般的になってきた．冒頭でも述べた通り，その解決策として世界各国の電力市場で導入されてきたのが電力システム改革であり，通常は発送電分離の後に創設されるのが「電力の卸売市場」である．

卸売市場は通常，取引前日に行われる前日市場と取引当日のリアルタイム市場によって形成される．どちらの市場でも電力は入札によって取引される．売り手である発電所は発電量と希望価格を入札し，買い手も需要量と希望価格を入札する．すると図２－３のように，限界費用で見て低コストである電源から

図2-3　電力卸売オークション市場の概要

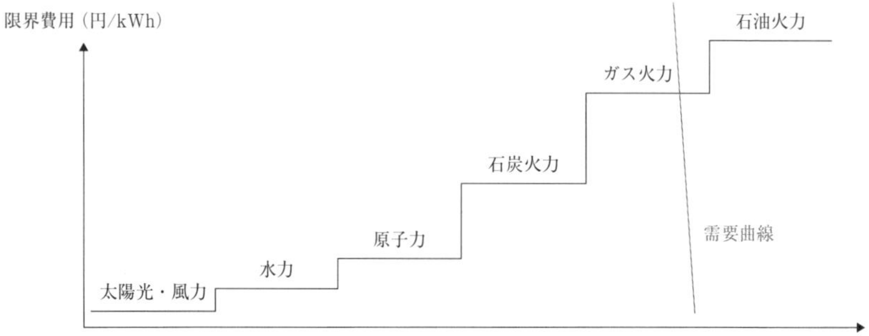

高コストである電源までが並び，需要と供給が交差する点で市場価格が決まることになる．まさに経済学の教科書に出てくるような価格決定の基本が電力市場では実際に採用されているわけである．

ここで重要なのは，総括原価方式と対照的に，卸売市場方式では「価格＝限界費用」が電力価格設定の柱になるということだ．例えば，市場参加者が原子力，水力，火力，風力など多岐に渡る発電所を稼働している場合，全ての発電所費用の「平均費用」ではなく，あくまでも需要との交差点に位置する「限界電源」の「限界費用」が価格決定を行うことになる．

5　電力システム改革は「発電コスト」を下げるのか

入札制度による取引の強みは，先に挙げた総括原価方式の問題を解決できることだ．仮に経営効率化を怠り高コストでの発電を行う事業者がいた場合，総括原価方式下では発電が可能だが，入札市場のもとでは発電コストが市場均衡価格以上の場合は電力の販売ができない．発電費用に関する情報の非対称性も，規制当局の監視ではなく市場の見えざる手の作用によって解決することができる．

以上の議論はあくまでも経済学の理論に基づく理論的予測である．では，実際の電力市場では，発送電分離と卸売市場導入による電力システム改革は発電コストを下げたのだろうか．この20年間，経済学の実証研究ではこの問いに答える研究が盛んに行われてきた．各国で行われた研究を見ると，総じて電力システム改革は「発電コスト」を下げるという結果が得られている．例えばナンシー・ローズ米マサチューセッツ工科大（MIT）教授らの研究グループは，発送電分離を進めた上で発電部門の総括原価方式を廃止し，卸売市場取引での自由競争を導入すると，発電所の生産効率性が向上し，発電費用が下がることを示した（Fabrizio, Rose, and Wolfram［2007］）．

さらにスティーブ・シカラ米シカゴ大助教授は，全米の各発電所の毎時発電データと費用データを分析し，発送電分離後の卸売市場を通じた電力取引は高コストの発電所の生産量を減らし，低コストの発電所の生産量を増やすため，社会全体での発電費用も下がることを示した（Cicala, Forthcoming）．いずれも国際的学術誌『アメリカン・エコノミック・レビュー』に発表されたもので，慎重に因果関係を検証した分析結果だ．

6　電力システム改革は「電力価格」を下げるのか

では電力システム改革は「電力価格」も下げると言い切れるのだろうか．新聞などで電力システム改革が議論される場合，費用への影響と価格への影響が混同される場合が多く注意が必要だ．電力価格への影響を考える場合，ミクロ経済学の基本に基づいた以下の３点の理解が鍵になる．

１点目の重要な点は，電力システム改革は「価格＝平均費用」から「価格＝限界費用」というパラダイムシフトをもたらすということである．厚生経済学の点から考えると，「価格＝限界費用」は社会厚生を最大化するため，効率性の観点から見て自由化後の設計が理論的には優れていると言える．しかし，社会厚生の最大化と価格の最小化は一対ではない．自由化によって価格が下がるか上がるかは，自由化を導入する地域における電源の平均費用と限界費用がどのような関係にあるかに依存する．

つまり「平均費用＞限界費用」である地域で自由化が行われれば，価格が下がる可能性が高く，「平均費用＜限界費用」である地域で自由化が行われれば，価格が上がる可能性が高いということだ．そのため，電力システム改革は必ず価格を下げる，もしくは必ず価格を上げる，という議論はどちらも正しくない．

2点目の重要な点は，自由化後の価格決定で鍵となるのは「限界電源の」限界費用であるということだ．例えば，図2-3では天然ガス火力が限界電源（需要と交差する電源）である．すると，天然ガス価格の上下は電力価格へ直接的な影響を及ぼすことになる．一方，自由化前の価格決定は全ての電源の平均費用に基づいて行われるため，単一電源の費用だけではなく，電源全体の費用の上下が価格へ影響を及ぼすことになる．例えば，Borenstein and Bushnell［2015］は米国で行われた電力システム改革は，電力価格が限界電源である天然ガス価格との相関を強めることになったことを示している．

3点目の重要な点は，卸売市場は万能ではなく，市場の失敗を解決する手法との併用が必要だという点だ．電力の卸売市場における市場の失敗として最重要なのは大手電力会社による市場支配力（マーケット・パワー）の行使だ．市場シェアを多く持ち価格に影響を与える力がある事業者は，需給逼迫時に供給量を下げて価格を上げるインセンティブを持つ．まさに教科書的な独占企業行動の様子が実際にデータからも観測できる．そのため，各国の電力卸売市場では，市場の導入と同時に市場支配力の行使を阻止する様々な手法が併用されている．次節では，万能ではない卸売市場の市場メカニズムを是正する方法として模索されている手法のうちのいくつかを紹介する．

7　小売市場への動的価格導入による3つの経済的便益

電力の卸売市場では毎時間の取引が行われるため，卸売価格は時間ごとに変動する動的価格（ダイナミック・プライシング）となる．つまり，発電事業者と小売事業者は動的価格をもとにした取引をしている．図2-4で示されているように，電力需要はピーク時とオフピーク時で大きな差が出るため，限界電源となる発電所も時間に応じて変わってくる．そのため，動的価格が導入されている卸売市場では，ピーク時の価格は高く，オフピーク時の価格が低くなる．

ところが，小売事業者が電力を最終的に提供する相手である消費者は「動的でない」小売価格を支払っていることが依然として多い．例えば日本の一般家

図2-4　ピーク時・オフピーク時における電力需要と限界電源の例

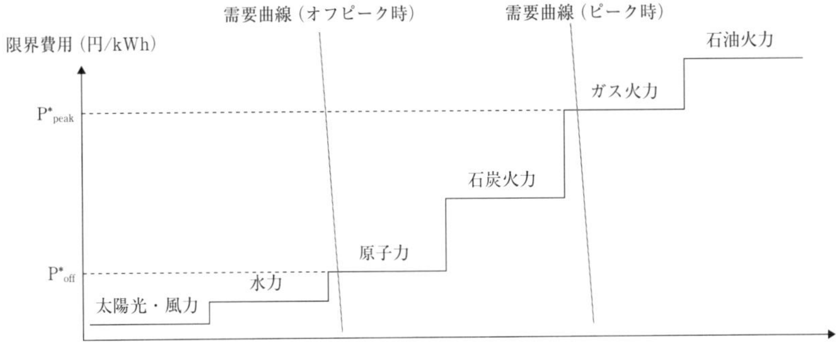

図2-5　動的価格導入により改善される死荷重

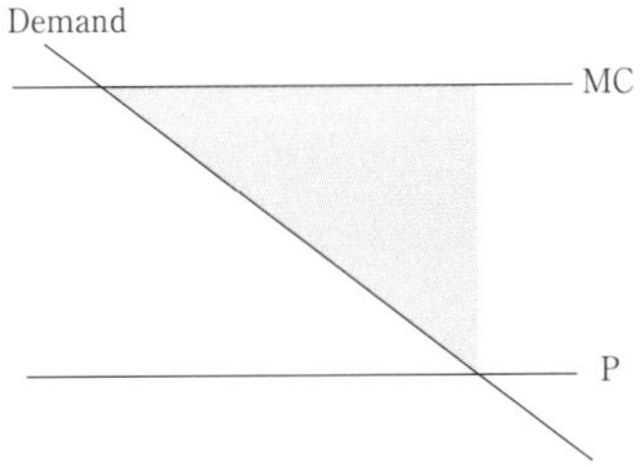

庭需要家を考えた場合，多くの消費者が時間によって変動しない電力価格を支払っている．スマートメーターの導入により，一般家庭需要家へも動的価格を導入する技術的準備は整っている．小売市場へ動的価格を導入すると，少なくとも3つの経済的便益を期待することができる．

第1に，図2-5で示したように動的価格の導入は限界価格が限界費用から乖離することによる「死荷重」を減らすことができる．図2-4で示したように限界費用が時間に応じて変動する電力市場では，価格も動的に変動することで「限界価格＝限界費用」を達成することが可能だ．しかし，動的価格が導入されていない小売市場では，消費者はピーク時の限界費用とオフピーク時の限界費用の間の価格を常に支払う形となる．するとピーク時には「限界価格＜限界費用」となり，オフピーク時には「限界価格＞限界費用」となるため，常に図2-5で示した死荷重が発生する．もしも，「限界価格＝限界費用」となる動的価格が導入されれば，毎時間の死荷重を減少させることができるのだ．

図2-6　動的価格の導入の効果

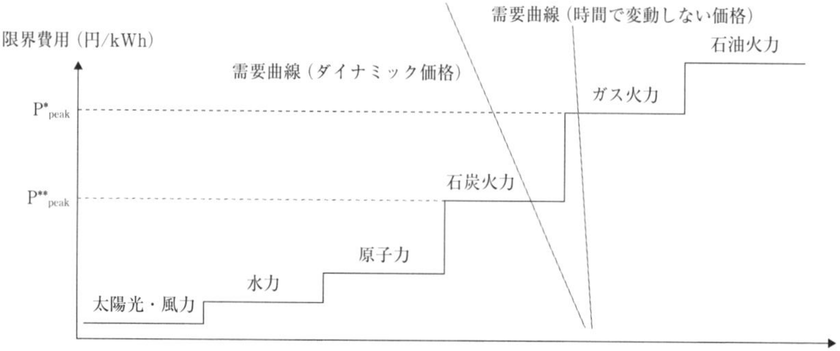

第2に，動的価格の導入は時間ごとの価格インセンティブを生み出し，特にピーク時での需要を抑制する効果をもたらす．つまり，図2-6で示したように需要曲線の傾きを変化させることが期待できる．すると，動的価格導入以前には稼働が必要であった高コストの発電所を稼働する必要がなくなり，短期的には発電コストの減少をもたらし，長期的には発電設備への過剰な投資を抑制することができる．

最後に，動的価格の導入は市場支配力行使を防ぐことができる．ミクロ経済学の価格理論が示すように，需要が弾力的なほど独占・寡占企業の市場支配力は弱まる．なぜなら需要が弾力的であれば独占・寡占企業が「生産量を減らすことで得られる価格の上昇」は小さくなるためである．逆に，動的価格が小売市場に導入されていない場合は，消費者は動的に変化する卸売価格に反応すべき術がなく，実質的には動的な需要の価格弾力性はゼロに近い状態にある．すると，独占・寡占企業は生産量を若干減らすだけで価格を大きく上昇させることができるため，市場支配力行使による利益が大きくなってしまうのである．

この点をデータ分析によって示した論文が Borenstein and Bushnell［1999］である．著者らはカリフォルニア電力市場における費用データを収集し，クールノー競争モデルを用いて市場均衡価格の政策シミュレーション分析を行った．反実仮想シミュレーション分析の一つとして行われたのが「需要の価格弾力性を変化させることで市場均衡価格がどのように変化するのか」という分析である．その結果の一部を図2-7に示した．横軸は需要レベルを示しており，ピ

図2-7　Borenstein and Bushnell [1999] による分析結果

1）需要が非弾力的な場合の市場均衡価格推定値　　2）需要が弾力的な場合の市場均衡価格推定値

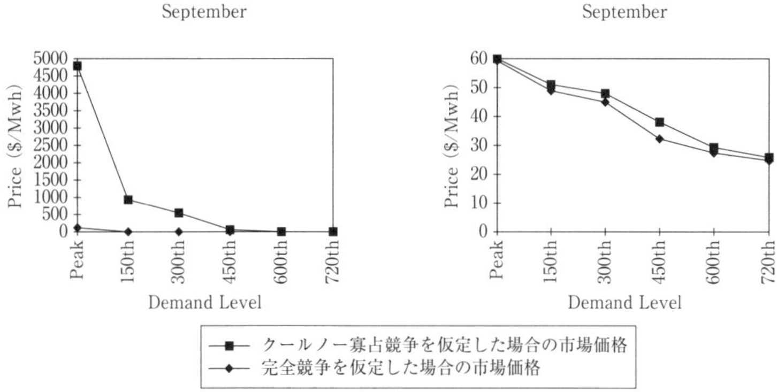

（出典）　Borenstein and Bushnell [1999].

ークが横軸の左側，オフピークが横軸の右側となっている．

需要が非弾力的な場合のシミュレーションでは，特に需要がピークに近い時間帯には市場均衡価格が跳ね上がることが見て取れる．これは，ピーク時に寡占企業が市場支配力を行使するためである．一方，需要が弾力的な場合のシミュレーションでは，ピーク時とオフピーク時の市場均衡価格が極端には変わらないことが示されている．つまり，仮想的に価格弾力的な需要を想定した場合，市場支配力の影響は大きく軽減されることが示されたということだ．

8　小売市場への動的価格導入は本当に消費者行動を変えるのか

以上述べた動的価格導入のメリットは，あくまでも消費者が動的価格に反応して行動変化を起こすことを前提としている．では実際に，小売市場への動的価格導入によって消費者は行動変化を起こすのだろうか．

この点をフィールド実験によって実証したのが Ito, Ida, and Tanaka [2018] である．以下の解説は伊藤 [2015] および，依田・田中・伊藤 [2017] による日本語での解説の一部を抜粋し加筆したものである．

フィールド実験が行われたけいはんな学研都市は，京都，大阪，奈良の３府県にまたがる京阪奈丘陵において文化・学術・研究の拠点形成を目指した関西文化学術研究都市の通称である．2012年夏期と冬期に行われた本実験は経済産業省・一般社団法人新エネルギー導入促進協議会（New Energy Promotion Council ; NEPC）から支援され，論文執筆者である学者と京都府，関西電力，三菱重工などとの共同研究として行われた．

実験対象者は，京都府京田辺市・精華町・木津川市在住の一般世帯であり，最終的に選ばれた691世帯が以下の３グループにランダムに割り振られた．

- コントロール・グループ：このグループの実験協力世帯へはスマートメーターが設置され，時間帯別の電力消費量を確認できるインホーム・ディスプレイ（In Home Display; IHD）が無料で貸与された．

- 節電要請グループ：このグループの実験協力世帯へはスマートメーターが設置され，時間帯別の電力消費量を確認できるインホーム・ディスプレイ（In Home Display; IHD）が無料で貸与された．さらに，2012年夏期，2013年冬期において，経済的インセンティブを伴わない「節電要請」を実施した．

- 動的価格グループ：このグループの実験協力世帯へはスマートメーターが設置され，時間帯別の電力消費量を確認できるインホーム・ディスプレイ（In Home Display; IHD）が無料で貸与された．さらに，2012年夏期，2013年冬期において，経済的インセンティブである動的価格を実施した．

図２-８で示しているのが，動的価格グループへ割り付けられた価格である．平常時の価格は25円/kWh であるが，需給が逼迫すると予測された日には，ピーク時間の料金のみ65円，85円，105円/kWh へと引き上げられた．３段階の価格はランダムに発動され，夏期合計15回の５サイクル，冬期合計21回の７サイクルの発動が行われた．コントロール・グループと節電要請グループの電力価格は，実験期間中，25円/kWh のまま一定であった．

図２-９では，トリートメント（政策介入）実施日における各グループの平

図２－８　動的価格グループへ割り付けられた価格

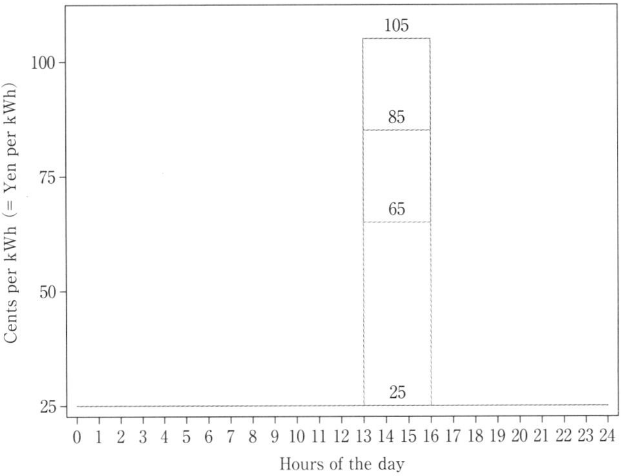

（出典）　Ito, Ida, and Tanaka [2018].

図２－９　トリートメント実施日における各グループの電力消費量

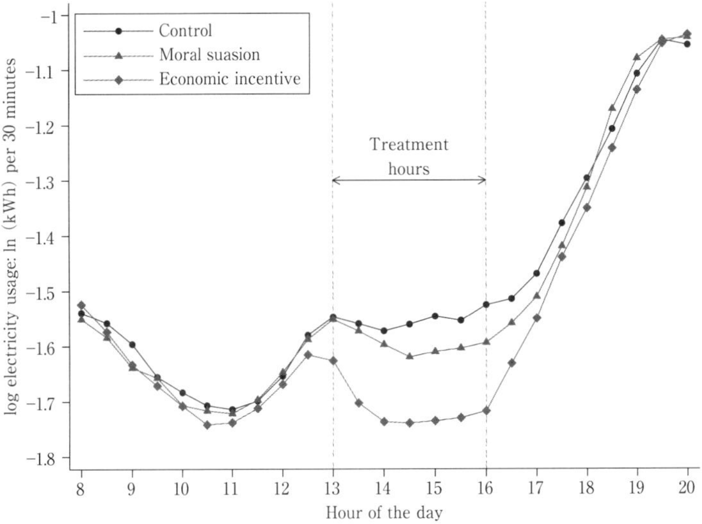

（出典）　Ito, Ida, and Tanaka [2018].

表２-２　トリートメント効果の推定結果

	Summer		Winter	
	(1)	(2)	(3)	(4)
Moral suasion	−0.031	−0.031	−0.032	−0.032
	(0.014)	(0.014)	(0.020)	(0.020)
Economic incentive	−0.167		−0.173	
	(0.021)		(0.022)	
Economic incentive (price=65)		−0.151		−0.163
		(0.022)		(0.024)
Economic incentive (price=85)		−0.168		−0.164
		(0.023)		(0.023)
Economic incentive (price=105)		−0.182		−0.189
		(0.024)		(0.024)
Observations	123,106	123,106	244,891	244,891

（出典） Ito, Ida, and Tanaka [2018].

均電力消費量を示している．トリートメントが行われた13時から16時の間に着目すると，コントロールと比較して，２つのトリートメントグループの消費量が減少していることがわかる．つまり，両グループとも政策介入に反応して節電を行ったことが示されている．また，図からは，動的価格グループの節電量の方が，モラルに訴える政策のグループの節電量よりも大きいことがわかる．

表２-２では最小二乗法によるトリートメント効果の推定結果を示している．夏と冬を通じての全体的な効果を見る限り，モラルに訴える政策が約３％の電力消費量削減をもたらし，経済インセンティブに訴える政策が平均約15％の電力消費量削減をもたらすことが示された．また，動的価格グループの結果からは，電力価格を上げるほど節電効果も統計的有意に高まることがわかった．推定された電力消費量への需要の価格弾力性は，−0.14である．

さらに，実証実験では，政策介入を行う「トリートメント日」を夏，冬ともに複数回実施した．３回の実施を１サイクルと考え，各サイクルにおいて政策介入の効果が変化するか（例えば消費者の疲れによる減衰効果が現れるか，それとも学習による効果などが現れるか）を検証した．

図２-10および表２-３は，各サイクルの２つの政策介入の効果を推定している．モラルに訴える政策は最初のサイクルでは約８％もの節電効果を示した．しかし，第２サイクル以降は，効果が急激に減少し，統計的には有為でない効

図2-10　各サイクルの2つの政策介入の効果

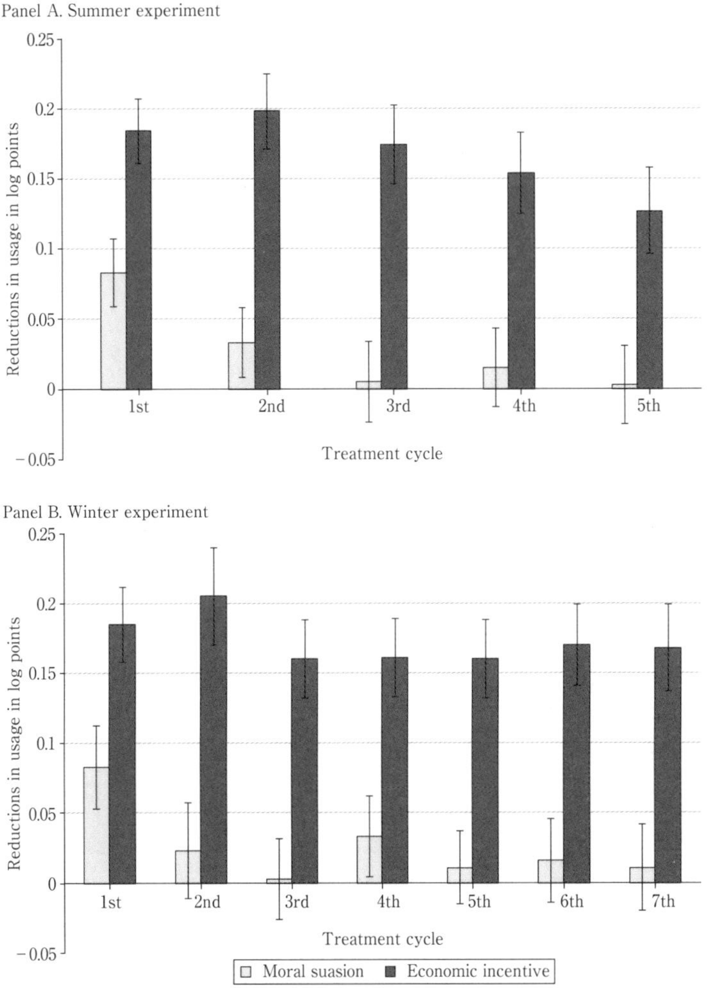

（出典）　Ito, Ida, and Tanaka [2018].

表2-3　各サイクルの2つの政策介入の効果

	Summer		Winter	
	Moral suasion (β_c)	Economic incentive (γ_c)	Moral suasion (β_c)	Economic incentive (γ_c)
1st cycle	−0.083	−0.184	−0.083	−0.185
	(0.024)	(0.023)	(0.030)	(0.027)
2nd cycle	−0.033	−0.198	−0.023	−0.205
	(0.025)	(0.027)	(0.034)	(0.035)
3rd cycle	−0.005	−0.174	0.003	−0.160
	(0.029)	(0.028)	(0.029)	(0.028)
4th cycle	−0.015	−0.154	−0.033	−0.161
	(0.028)	(0.029)	(0.029)	(0.028)
5th cycle	−0.003	−0.127	−0.011	−0.160
	(0.028)	(0.031)	(0.026)	(0.028)
6th cycle			−0.016	−0.170
			(0.030)	(0.029)
7th cycle			−0.011	−0.168
			(0.031)	(0.031)
p-values of the differences in the treatment effects relative to the effects in the 1st cycle				
2nd cycle	0.075	0.474	0.124	0.522
3rd cycle	0.024	0.678	0.026	0.394
4th cycle	0.054	0.120	0.194	0.428
5th cycle	0.030	0.050	0.041	0.409
6th cycle			0.080	0.626
7th cycle			0.069	0.608

（出典）　Ito, Ida, and Tanaka [2018].

果しか見られなかった．一方で，経済インセンティブに訴える動的価格政策については，効果が第1サイクルから最後まで持続していることが窺える．

つまり，モラルに訴える政策は短期的には効果を持つが，数回の政策介入後には効果がゼロに近づく可能性が高い．一方，経済インセンティブに訴えかける動的価格政策は，モラルに訴えかける政策よりも大きな効果を生み出し，またその効果が持続する．

ではこの2つの政策を考えた場合，社会厚生にはどのようなインプリケーションがあるのだろうか．表2-4では社会厚生についての分析を行い，モラルに訴える政策（自発的な節電を促す政策）と経済インセンティブに訴える政策（電力価格に対する動的価格政策），それぞれの政策が日本の電力市場にどのよ

表２－４　社会厚生への影響

	Economic Incentive	Moral Suasion	
	Efficiency Gain ($M)	Efficiency Gain ($M)	Efficiency Gain + Warm Glow ($M)
Short-Run Treatments (3 days)	35.78	23.51	29.10
	(4.21)	(5.47)	(8.70)
Repeated Treatments (15 days)	162.65	49.50	53.89
	(19.18)	(20.41)	(24.12)

（出典）Ito, Ida, and Tanaka [2018].

うな経済的便益をもたらすかを示している．表から読み取れるように，経済インセンティブに訴える動的価格政策は持続的な効果を持ち，大きな経済的便益をもたらすことが期待できる．

さらに，表２－４の社会厚生分析には，動的価格がもたらす追加的便益である「市場支配力抑制による便益」は含まれていない．もしも日本の電力卸売市場が Borenstein and Bushnell [1999] が分析したカリフォルニア市場と同様の市場構造を持った場合，市場支配力の行使は重要な懸念となる．そのため，Ito, Ida, and Tanaka [2018] で示された「消費者は動的価格に反応して消費量を柔軟に変化させる」という結果は潜在的な市場支配力抑制効果も持つということができる．

9　先物市場とスポット市場の活用によって市場支配力を抑制できるか

前節では小売市場への動的価格導入によって市場支配力の抑制効果が期待できることを解説した．この方法は需要側へ適切なインセンティブを施し行動変容を促す政策と言える．一方，供給サイドへ向けた市場設計の工夫で市場支配力の抑制を図る方法も複数存在する．

その一つが先物市場とスポット市場の活用である．世界中のほとんどの電力市場においては，市場効率性を高めるメカニズムとして，先物市場（電力提供の１日前に取引が行われる市場）とスポット市場（電力提供の数時間前に行わ

図2－11　スペイン・ポルトガル市場の先物市場とスポット市場の制度設計

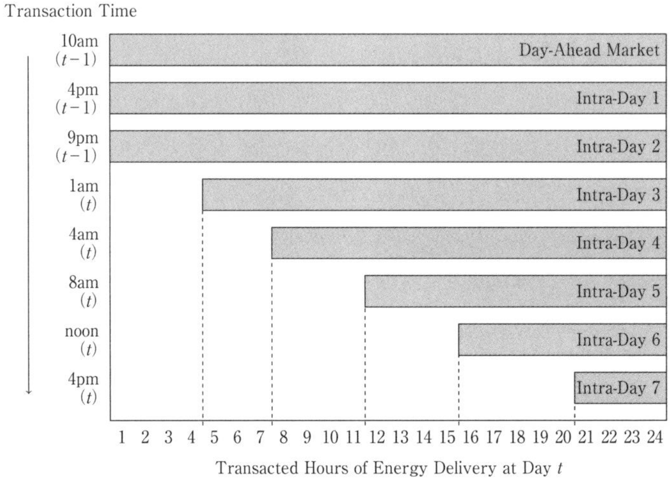

（出典）　Ito and Reguant [2016].

れる市場）が形成されている．例えば図2-11で示しているのはスペイン・ポルトガル市場の先物市場とスポット市場の制度設計である．

例として21時に消費者に電気が届けられる取引を考えてみよう．需要側と供給側は前日10時に行われる最初の先物市場（前日取引市場）で最初の取引を行うことができる．もちろん，この時点で電力の実際の取引が行われるわけではなく，あくまでも「明日の21時に一定量の電力を取引する」という契約を結ぶわけだ．しかし，この前日取引市場だけが取引の場ではない．その後に開かれる6つの追加的な先物市場（同日市場）と最後のスポット市場においても，前日取引市場において行った契約分を買い戻したり，需要量・供給量を増やしたりすることができる．つまり，需要側も供給側も連続的な市場（sequential markets）に接することとなるのだ．

通常，先物市場とスポット市場は不確実性の伴う市場取引に対してリスク・ヘッジを可能にすることがメリットであると理解されることが多い．しかし，Allaz and Vila［1993］は「たとえ不確実性が存在しない市場でも，先物市場とスポット市場がもたらす経済的便益があり得る」ということを理論的に証明した．

Allaz and Vila［1993］では，不確実性は存在しないが，不完全競争が存在する市場が想定される．このモデルでは，供給側は完全競争ではなく，クールノー不完全競争をしている．もしも市場がスポット市場のみであれば，この財を取引する市場は1つだけであり，ミクロ経済学の教科書で説明されるようなクールノー均衡下における社会的損失が発生する．

ここで同じ財を取引できる先物市場を導入する．すると，不完全競争をしている企業は先物市場とスポット市場の最適行動をバックワード・インダクションによって解くことになる．すると各企業は先物市場とスポット市場の両方で財を得ることが最適戦略となり，最終的な財の供給量は先物市場が存在しない場合に比べて「完全競争」に近づくことになる．さらにAllaz and Vila［1993］は先物市場が無限に存在する場合，たとえ市場が不完全競争状態であっても，市場の均衡は完全競争均衡に近づいていくことを理論的に示した．

Allaz and Vila［1993］では電力市場が理論モデルの例として挙げられているわけではない．しかし，本論文でのモデルは，電力市場の実情と非常に近い．なぜなら，電力市場は①電力という単一財の市場であり，②電力供給を行うタイミングに合わせて先物市場とスポット市場の両方が設けられているケースが多いためである．

他の市場と同様，電力市場でも先物市場とスポット市場の存在はリスク・ヘッジ目的であると考えられることが多かった．しかし，Allaz and Vila［1993］が理論的に示したように，電力市場における先物市場とスポット市場の存在は「市場支配力の抑制」効果も持つ可能性がある．この点に着目した理論・実証分析を行ったのがIto and Reguant［2016］である．

図2-12に示したように，通常の理論では，連続的な市場の価格は市場間で収束し同一価格になる．なぜなら，同じ財の取引契約に対して市場間で価格差がある場合，Arbitrage（裁定取引）によって利ざやを稼ぐことができ，利ざやがなくなる地点までの価格収束が起こることが予想できるからである．

ところが図2-13に示したように，多くの電力市場のデータを見ると，こういった理論的予測が実際の市場では成り立っていないことがわかった．図2-13ではスペイン・ポルトガル市場のデータを示しているが，ここでは先物市場の価格が高いという，Day-ahead Price Premiumが見受けられる．通常の経

図 2－12　通常の理論予測される市場間での価格均一化

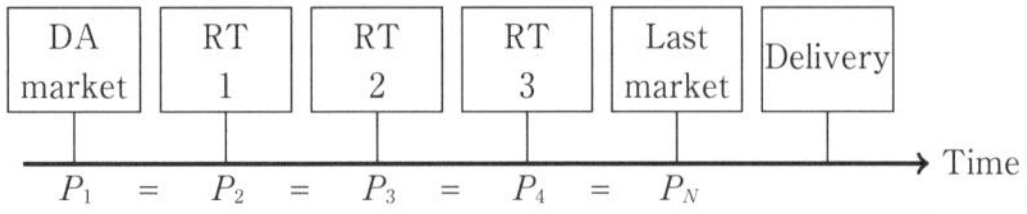

図 2－13　スペイン・ポルトガル市場平均価格

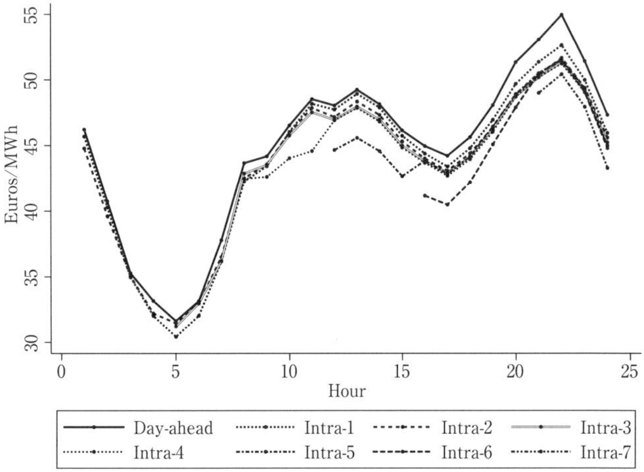

（出典）　Ito and Reguant [2016].

済理論から予測される理論的予測がデータと整合性を持たない，という発見からスタートしたこの研究では，著者と共著者の Mar Reguant（ノースウェスタン大学）が理論的・実証的分析によってこの問題に取り組んだ．

まず，本論文の理論パートでは，市場支配力が存在する場合，通常の経済理論から得られる理論的帰結が成立しないことを示した．ここでは図 2 -14を用いて理論分析の概要を説明する．独占力を持つ企業行動を，先物市場およびスポット市場の 2 つの連続市場に直面する「動的独占企業」としてモデル化する．すると，図で示しているように，複数回の市場に直面するこの独占企業は，先物市場では販売量を q_1 に制限することで先物価格を p_1 まで価格を釣り上げ，スポット市場で新たに q_2 の販売量を加えることでスポット価格を p_2 にすることで，動的な利益最大化を行うことができる．つまり，こういった市場独占力の行使が存在すると，先物価格がスポット価格よりも高くなる，Day-ahead

図2-14　動的独占企業の最適生産量と利潤

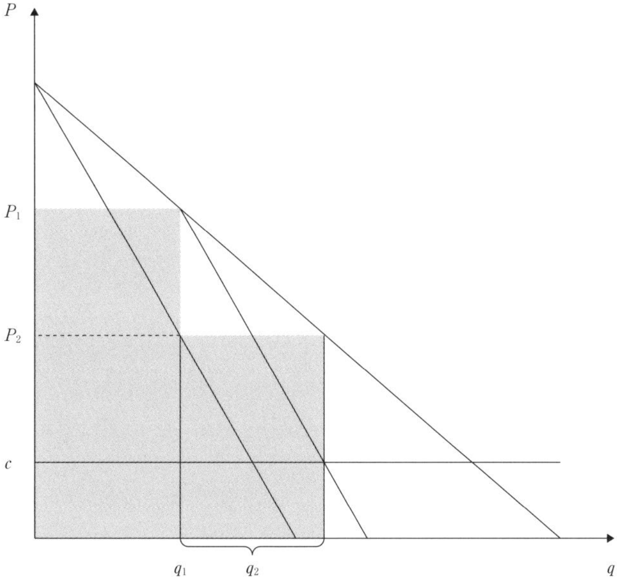

（出典）　Ito and Reguant [2016].

Price Premium を生む可能性がある.

この理論的予測をテストするため，著者らはスペイン・ポルトガルの電力市場の詳細なデータを収集した．表2-5の（5）列に示した回帰分析の結果は，市場支配力を持つ企業の戦略的行動が Day-ahead Price Premium を形成している主要因であることを示している．この回帰分析では，Residual demand curve（残余需要曲線）の傾きが Day-ahead Price Premium へ与える影響について分析している．産業組織論の理論では，残余需要曲線の傾きが市場支配力を説明できることが知られている．表2-5の（5）列から得られるインプリケーションは，先物市場での市場支配力が大きくなるほど Day-ahead Price Premium が拡大し，スポット市場での市場支配力が大きくなるほど Day-ahead Price Premium が縮小するという関係性だ．

では，市場支配力を持たない競争的な新規参入企業はこういった Day-ahead Price Premium から利益を受けるような戦略的行動をしていないのだろ

表2-5　前日価格プレミアムと市場支配力の関係

	(1)	(2)	(3)	(4)	(5)
Demand forecast (GWh)	0.132	0.135	0.103	0.098	−0.002
	(0.025)	(0.025)	(0.025)	(0.024)	(0.039)
Slope of residual demand		−0.019	−0.024	−0.040	−0.090
in day-ahead market		(0.003)	(0.003)	(0.003)	(0.014)
Slope of residual demand			0.050	0.065	0.241
in intraday market			(0.008)	(0.009)	(0.050)
Wind forecast (GWh)				0.365	0.786
				(0.039)	(0.121)
Observations	26,145	26,145	26,145	26,145	26,093
IV	No	No	No	No	Yes

（出典）Ito and Reguant [2016].

うか．それを実証的に検証したのが図2-15である．電力プラントの種類別に見ると，Arbitrage（裁定取引）において有利な点を持つ風力発電プラントが最も裁定取引をしていることが示された（Panel A）．さらに，そういった裁定取引は「市場支配力を持つ企業」の行動からは見られないことも示された．

この結果は，全ての種類の電力プラントのデータを合計しても変わらない（Panel B）．市場支配力を持たない新規参入企業は裁定取引を行っている一方，市場支配力を持つ電力会社は市場支配力を行使して先物市場の価格を釣り上げていることがわかった．

論文の最終章では，クールノー競争に基づいた構造推定と反実仮想シミュレーションによって，連続市場や裁定取引が社会厚生にどのような影響を及ぼすのかを分析している．表2-6の結果から得られるインプリケーションは大きく分けて3点である．

まず第1に，スポット市場だけの場合と先物市場・スポット市場が並存する場合を比較すると，先物市場創設が市場支配力の行使を弱め，社会厚生を高めることが確かめられた．これは先述したAllaz and Vila［1993］による理論的予測が実証的にも認められたことを示す．

第2に，市場間での裁定取引を許すことが社会厚生を改善するか否かについての理論的検証を行った．理論的には，完全競争市場では裁定取引は必ず社会厚生を高めるものの，市場支配力が存在する市場ではこの法則が必ずしも成り

図2－15　裁定取引行動

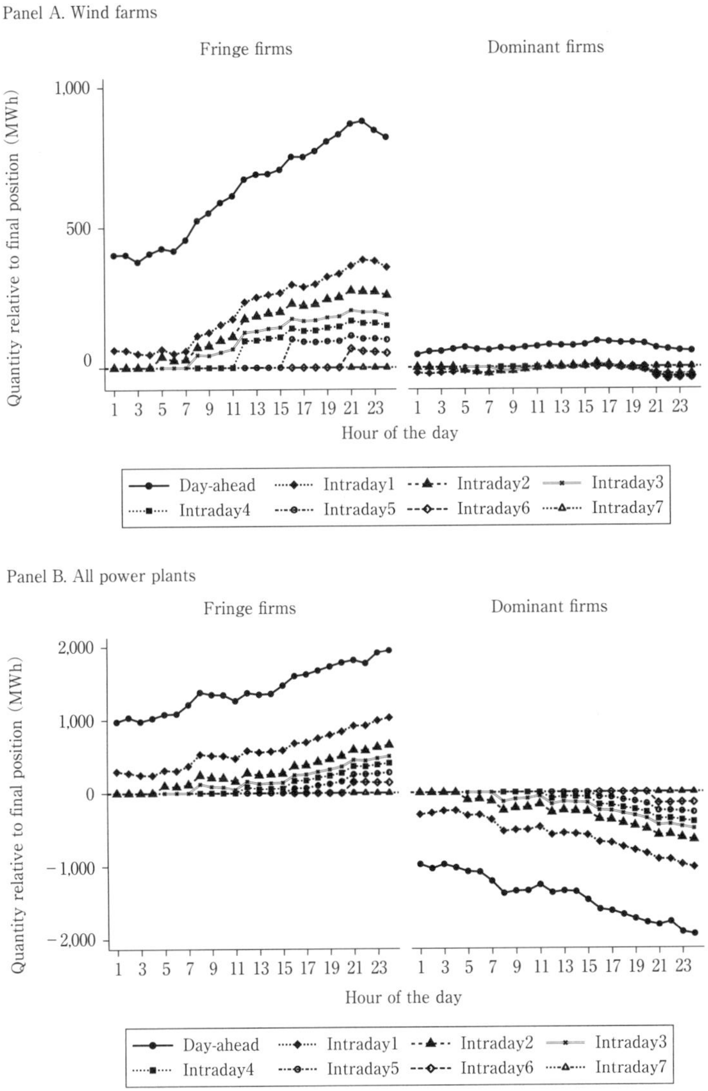

（出典）　Ito and Reguant [2016].

表 2－6 構造推定と反実仮想シミュレーションによる社会厚生分析

	p_1 (E/MWh)	p_2 (E/MWh)	Premium (E/MWh)	Q_1 (GWh)	Q_1+Q_2 (GWh)	Dominant profit (000s E/h)	Deadweight loss (000s E/h)	Δ Cons. cost from FB (000s E/h)
First-best (b_1)	—	38.2	—	—	15.3	60.5	—	—
Spot only (b_1)	—	46.5	—	—	12.8	123.2	17.2	265.5
Case $b_2 = b_1$								
No arbitrage	45.1	39.5	5.6	13.2	14.9	122.0	1.3	221.8
Str. arbitrage	44.6	40.2	4.4	12.0	14.7	119.0	1.7	204.3
Wind 20%	44.7	39.9	4.9	12.4	14.8	116.4	1.5	210.3
Full arbitrage	42.5	42.5	0.0	7.7	14.0	100.7	4.8	138.0
Case $b_2 < b_1$								
No arbitrage	44.0	38.7	5.3	13.6	13.9	112.3	5.8	186.1
Str. arbitrage	43.8	40.3	3.5	13.1	13.8	111.4	6.2	180.8
Wind 20%	43.7	41.5	2.2	12.7	13.8	110.0	6.4	178.4
Full arbitrage	43.5	43.5	0.0	12.2	13.7	108.3	7.1	170.3
Original data	46.0	44.8	1.3	12.1	13.8	—	—	—

（出典） Ito and Reguant [2016].

立たないことを示した．これは先述した動的独占企業の行動を考えた場合，複数回の市場の存在は独占企業の生産量を上げる（社会厚生上は望ましい）インセンティブを与えるが，裁定取引による価格均一化は，複数回の市場を実質1つにすることになるためである．

最後にこの理論的予測が成り立つかどうかを，表2－6における構造推定・反実仮想シミュレーションによってテストした．結果は，市場支配力が存在する市場においては，理論的予測の通り，裁定取引が社会厚生を下げる可能性があるというものだ．

この結果は世界各国でのエネルギー政策で現在重要な話題となっている電力市場での裁定取引政策に直接的な示唆を与える．多くの国では，電力市場に金融機関の参加を認め，先物市場・スポット市場間での裁定取引を許すかどうかが議論になっている．例えばスペイン・ポルトガル市場では電力事業を行わない金融機関の参加は不可となっているが，米国のニューヨーク電力市場，カリフォルニア電力市場では，近年，金融機関の参入を開始している．金融機関の参入後，先物市場・スポット市場間での裁定取引が増加し，価格は均一化へ向かっているとの研究もある（Jha and Wolak［2020］）．Ito and Reguant［2016］の結果は，先物市場・スポット市場間での価格は均一化が必ずしも社会厚生最大化へはつながらないことを示した意味で，上記の政策議論へ重要な示唆を与えると解釈できる．

10　電力市場設計におけるこれからの研究課題

最後に電力市場設計におけるこれからの研究課題について触れて本稿を閉じたい．まず今後各国でますます重要になってくる課題は「再生可能エネルギーを電力システムに取り込むための設計」をどのように考えるべきかである．太陽光や風力といった再生可能エネルギーは，従来の電源と異なる経済的インプリケーションを持つ．その例が発電の不確実性と不連続性である．火力や原子力といった従来の電源は，発電が必要な際には人為的に稼働を開始し，連続的な稼働が可能であった．一方，再生可能エネルギーは発電量の予測が難しく，また，天候による影響で発電量が不連続になる場合が多い．従来の電力システムはこういった電源への対応を想定していない．そのため，今後再生可能エネルギーの容量を増やしていく場合は，工学的な対応に加えて，経済学の視点から市場設計をどのように変化させていくべきかの検討が必須になる．

同様に重要になってくる課題は，「電力市場と自動車市場との融合」である．電気自動車・ハイブリッド車が今後普及を続ければ，多くの自動車と電力網がつながることになる．従来の電力システムは点在する消費者が夜間などの同時刻に自動車を充電し送配電に負荷をかけることや，充電池として機能し得る自動車からの売電を行うことは想定していない．この点についても上記の再生可能エネルギー資源への対応と同様，工学的な対応に加えて，経済学の視点から市場設計をどのように変化させていくべきかの検討が必須になる．

【参考文献】

依田高典・田中誠・伊藤公一朗［2017］『スマートグリッド・エコノミクス：フィールド実験・行動経済学・ビッグデータが拓くエビデンス政策』有斐閣.

伊藤公一朗［2015］『モラルに訴える政策と経済インセンティブに訴える政策の効果持続性：電力需要のフィールド実験を用いた実証研究』経済産業研究所ノンテクニカルサマリー.

伊藤公一朗［2017］『データ分析の力　因果関係に迫る思考法』光文社新書.

伊藤公一朗［2020］「系統運用、公的機関へ移行を　発送電分離の課題」日本経済新聞　経済教室.

Allaz, Blaise and Jean-Luc Vila［1993］"Cournot Competition, Forward Markets and Efficiency," *Journal of Economic theory* 59, no. 1: 1-16.

Borenstein, Severin and James Bushnell［1999］"An Empirical Analysis of the Potential for Market Power in California's Electricity Industry," *Journal of Industrial Economics* 47, no. 3: 285-323.

Borenstein, Severin and James Bushnell［2015］"The US Electricity Industry After 20 Years of Restructuring," *Annual Review Economics* 7: 437-463.

Cicala, Steve. "Imperfect Markets versus Imperfect Regulation in U.S. Electricity Generation," Forthcoming, *American Economic Review*.

Fabrizio, Kira R., Nancy L. Rose, and Catherine D. Wolfram［2007］"Do Markets Reduce Costs? Assessing the Impact of Regulatory Restructuring on US Electric Generation Efficiency," *American Economic Review* 97, no. 4: 1250-1277.

Gowrisankaran, Gautam, Stanley S. Reynolds, and Mario Samano［2016］"Intermittency and the Value of Renewable Energy," *Journal of Political Economy* 124, no. 4: 1187-1234.

Ito, Koichiro and Mar Reguant［2016］"Sequential Markets, Market Power, and Arbitrage," *American Economic Review* 106, no. 7: 1921-1957.

Ito, Koichiro, Takanori Ida, and Makoto Tanaka［2018］"Moral Suasion and Economic Incentives: Field Experimental Evidence from Energy Demand," *American Economic Journal: Economic Policy* 10, no. 1: 240-267.

Jha, Akshaya and Frank Wolak［2020］"Can Forward Commodity Markets Improve

Spot Market Performance? Evidence from Wholesale Electricity," SSRN April 4.

Joskow, Paul L.［1997］"Restructuring, Competition and Regulatory Reform in the U. S. Electricity Sector," *Journal of Economic perspectives* 11, no. 3: 119–138.

Joskow, Paul L.［2006］"Markets for Power in the United States: An Interim Assessment," *Energy Journal* 27, no. 1: 1–36.

Newbery, David M.［2001］"Regulating Electricity to Ensure Efficient Competition," CEPR/ESRC Workshop on *the Political Economy of Regulation*, London, November 1.

第3章
社会・経済ネットワークの多様性は経済の発展や強靭性にどのように影響するか

戸堂康之（早稲田大学）

本稿では，地域外や国外の「よそ者」とのつながりを中心に，多様な企業とのつながりが企業のパフォーマンスや強靭性を向上させることを実証したいくつかの研究を紹介する．これらの研究の多くは，つながった相手同士もつながっている「密な」ネットワークが企業のパフォーマンスや強靭性を必ずしも向上させないということも示している．利用されたデータは，世界の共同研究ネットワーク，日本国内のサプライチェーン，グローバル・サプライチェーン，途上国の中小零細企業の情報交換ネットワークなど多岐にわたる．これらの結果を踏まえて，今後の経済ネットワークにかかわる研究の展望についても触れる．

1　はじめに

近年，ネットワーク科学が急速に発展する中で（Barabási［2016］），経済学においてもネットワーク分析の重要性が認識されるようになってきた．社会学分野でのネットワーク研究の大家である Granovetter［2005］が *Journal of Economic Perspectives* に経済学徒向けに概説を掲載し，Jackson［2010］がネットワークの経済学に関する教科書を発表したことなどが，その普及の一翼を担った．今では，経済のトップジャーナルにもネットワーク分析を利用した研究が当然のように掲載されるようになっている．逆に，Banerjee et al.［2013］のように経済学の成果が *Science* のような科学一般のトップジャーナルに掲載されることも増え，経済学がネットワーク科学全般の発展に寄与するようにもなっている．

このような経済学におけるネットワーク分析の隆盛を背景として，本稿はこれまで筆者が行ってきたネットワークに関する経済分析をいくつか紹介したい．特に，主として企業のネットワークを対象として，企業が多様に他の企業とつながっていることで，そのパフォーマンスや強靭性が改善されるかどうかについて実証的に検証したものを取り上げる．ここで，「多様につながる」というのは，例えば自社が基本的に帰属する集団（関連会社グループや地域の企業団体など）のメンバーと密につながるだけではなく，それ以外の集団のメンバー，言ってみれば「よそ者」とつながることを指す．

よそ者とのつながりが新たな知識や情報の源になって個人のパフォーマンスを高めることは，以前から社会学におけるネットワーク研究によって見出されていた．例えば Granovetter［1973］は，求職時の有益な情報は親しい友人からではなく，たまにしか会わないような知り合いから得られることを見出し，「弱い紐帯（つながり）の強さ」という概念を提唱した．この論文は，社会科学分野で最も引用されているものの 1 つである．Burt［1992］は，ある集団に属しながらも別の集団ともつながっていて集団間を橋渡しするような，彼の言葉で言えば集団間の「構造的空隙」を埋めるような人が知識の伝播にとって重要であると主張した．Burt［2004］では，そのような人は自身のパフォーマンスも高いことを実証的に示した．総じてこれらの研究は，よそ者から新しい知識や情報が流入することによる利益を提唱していると言える．

このような考え方は，経済学においても理論的・実証的に分析されてきた．Romer［1990］の内生的経済成長理論では，人々が知識を共有できることが成長の原動力となっている．Rivera-Batiz and Romer［1991］はそれを拡張して，国際的な知識の共有によって経済成長率が上昇することを理論的に見出している．国際経済学では，輸出を通じた学習（learning by exporting）や外国直接投資からの技術のスピルオーバーがしばしば実証されているが（Atkin, Khandelwal, and Osman［2017］, Crespi, Criscuolo, and Haskel［2008］, Haskel, Pereira, and Slaughter［2007］, Keller and Yeaple［2009］など），これはよそ者の一種である外国人，外国企業からの知識の伝播を実証していると解釈できる．ただし，これらの経済学の実証分析では，個々の企業同士のネットワークを把握していたわけではなかった．

しかし，よそ者とのつながりにプラスの効果があるとは言え，集団内の密なつながりがパフォーマンスや強靭性に常にマイナスに働くかと言えば必ずしもそうではない．例えば系列関係のような密な企業ネットワークでは，長期的で強い関係性から生まれた信頼関係が強固であるがために，情報や技術のやり取りが活発であることはよく知られている（Dyer and Nobeoka［2000］）．信頼関係を基にしたつながり，すなわち社会関係資本は，経済や社会の発展の要因の1つとも考えられている（Coleman［1988］, Putnam［1993］）．社会実験によっても，新しい行動様式は多様なネットワークよりもむしろ密なネットワークにおいての方が伝播しやすいことが見出されている（Centola［2010］）．これは，新しい行動様式の伝播は感染症の伝染などとは異なり，密なネットワークの中で繰り返し接することが必要であるからだと考えられている．

おそらく，現実にはよそ者とのつながりも密なつながりもどちらも経済的なパフォーマンスに対して有効であり，どちらがより有効かはその時々の条件によって変わってくるのかもしれない．両者がむしろ補完的であるという実証的な結果も出されている（Phelps［2010］, Rost［2011］）．本稿では，企業のサプライチェーンや共同研究ネットワークの文脈で，よそ者とのつながりと密なつながりが企業の業績や強靭性にどのように作用するかについて，筆者とその共著者による論文の結果を中心に現時点でわかっていることをまとめてみたい．

なお，次節に進む前に本稿で使う用語を定義しておきたい．「よそ者」とはあいまいな言葉であり，必ずしもネットワーク科学で厳密に定義されているわけではないが，本稿で特によそ者として考察の対象とするのは，自社が所在する地域外，特に国外の企業である．これは，地理的に離れた企業は自社とは異なる属性や知識を持っていることを想定しているためである．反面，「密なつながり」というのはネットワーク科学では厳密に定義されていて，ある個人や企業とつながったもの同士もつながっているような状態を指す．同様の属性を持つもの同士は密につながりやすく，その結果，ピア効果やスピルオーバー効果によってさらに行動や性質が似通ってくることはよく知られているので（Duflo and Saez［2003］, McPherson, Smith-Lovin, and Cook［2001］），このような密なネットワークでは属性や知識の面での多様性が欠如していることが多い．本稿では，密なつながりとよそ者とのつながりの両方を含むつながりを「多様なつながり」と定義するが，これは前述のように（またこの後詳述するように）これら２つのタイプのつながりにはそれぞれ異なった役割があるからである．

ただし，本来は「よそ者」をネットワークの構造から定義すべきところ，本稿では特に地理的に定義しているため，密なつながりとよそ者とのつながりとが概念的にオーバーラップしてしまうことがある．例えば，ある企業が海外の企業数社とつながっていて，しかもその海外企業同士もつながっている場合には，この企業の持つよそ者とのつながりは同時に密でもある．また，同じような属性を持つ者同士が密なつながりを構築することや，密なつながりが信頼関係を伴う「強いつながり」となることも多いため，同類同士のつながりまたは強いつながりとよそ者とのつながりの共存を「多様なつながり」と称することもある．これらの点について，前もって注意を喚起しておきたい．

2　企業ネットワークが業績に及ぼす効果

2.1　共同研究によるイノベーションの質の向上

近年になって，企業のネットワークを特許の共有関係，サプライチェーンにおける取引関係，資本所有関係などで詳細に把握できるデータベースが整備されるようになった．そのため，これらを使った研究が急速に進んでいる．Iino, Inoue, Saito, and Todo［2021］もその１つで，特に共同研究によるイノベーションの質の向上を分析している．企業間もしくは企業と大学による共同研究は，自社では得られない知識をよそ者から得ることができる場であり，知識の伝播の重要な経路であると考えられている（Owen-Smith and Powell［2004］）．これは，複数の企業・機関によるオープン・イノベーションが有効であるとするChesbrough［2003］の考え方とも合致する．特に，国際共同研究ではそのような「よそ者効果」が強いと考えられ，国際共同研究の効果は，多くの研究で分析されている（Chen, Zhang, and Fu［2019］）．ただしこの分野でも，共同研究ネットワークは企業に対するサーベイによって把握されているものが多く，大規模かつ網羅的に捕捉されたものは少ない．

Iino et al.［2021］は，Belderbos et al.［2014］やBriggs［2015］の手法を踏襲して，特許の共同所有を共同研究に基づくものであると解釈し，全世界の企業の共同研究ネットワークを特許データによって識別した．その上で，1特許当たりの引用数で測った各企業のイノベーションの質が，どのような共同研究ネットワークによって決定されているかを実証した．特に，国内共同研究と国際共同研究の効果の違い，共同研究相手の数や関係性の密度，多様性の効果に注目した．

データは，Bureau van Dijk社が世界各国の企業データを接続して構築した非常に大規模なデータであるOrbisを利用している．Orbisは，OECDが構築した網羅的な特許データであるPATSTATをも接続しており，世界知的所有権機関（WIPO）や主要国の特許庁によって付与された特許の情報を含む．Orbisでは，各特許の所有者（企業を含む）に企業データと同一のID番号が振られているために，企業レベルで特許の共同所有ネットワークを識別することが可能で，これを共同研究ネットワークと定義する．ただし，共同研究が必ずしも特許の共同研究として公表されない場合もあるために，ここでは共同研究が過少に計上されていることは留意する必要がある．さらに，Orbisでは特許の引用データも収録されているために，各企業に付与された特許の平均引用数を計算することができるが，Nagaoka, Motohashi, and Goto［2010］などに基づき，これを各企業のイノベーションの質の代理変数とみなす．なお，特許の申請から付与までに平均4，5年かかること（Harhoff and Wagner［2009］），その引用まではさらに時間がかかることを考慮して，1991年から2010年までに申請されてその後に付与された特許に焦点を当て，この期間を4

つの5年期にわけて分析を行う．また，古い特許ほど引用数が多くなるために，各期間で特許引用数は平均が1となるように標準化する．

さらに，この共同研究ネットワークのデータを利用して，3つのネットワーク指標を構築する．第1の指標は，単純に各企業の共同研究相手の数である．この指標はネットワーク科学では次数（degree）と呼ばれている．

第2の指標は，（ローカル）クラスター係数と呼ばれるもので，各企業の共同研究相手同士の実際の共同研究関係の数を潜在的にありうる共同研究関係の総数で割ったものである．例えば，ある企業の共同研究相手が3社で，この3社のうち2社のみが互いに共同研究をしているとしよう．3社の潜在的なつながりの総数は${}_3C_2=3\times2/2=3$であるので，この企業のクラスター係数は1/3となる．クラスター係数は，自分のネットワーク・パートナーが互いにどのくらい密につながっているかを表すと解釈することができる．

第3の指標は，バートの制約指標（Burt［1992］）と呼ばれるもので，企業iについて以下のように定義される．

$$C(i)=\sum_{j\in V_i, j\neq i}\left(p_{ij}+\sum_{q\in V_i, q\neq i,j}p_{iq}p_{qj}\right)^2.$$

ここで，V_iは企業iとつながった企業の集合であり，その総数はN_iで表される．p_{ij}は企業iとjのつながりの相対的な強さであるが，最も単純には各リンクの重みが同じであると仮定して，$1/N_i$で定義され，ここでもそれを利用する．簡単に言えば，この指標は集約度を測るハーフィンダール・ハーシュマン指標（$\sum_j j$のシェア^2）の拡張版のようなもので，カッコ内の第1項は企業iが多くの企業とつながっていればこの指標が小さくなることを示している．第2項は互いにつながった企業iとjが別の企業を通じて間接的につながっていなければ0であるが，企業qを通じて間接的にもつながっている時には正の値をとる．したがって，企業iの制約指標は企業iが多くの企業とつながっており，しかもつながった企業同士がつながっていない時に小さくなる．つまり，バートの制約指標は，企業が互いにつながっている時にはその知識が重複していることを考慮した上で，ある企業がネットワーク上でアクセスできる知識の多様性の減少関数となっている．

これらの指標を利用して，以下の推計式を固定効果モデルで推計した．

$$\ln(CITATION_{it}/PATENT_{it}) = \beta_0 + \beta_1 \ln PATENT_{it} + \beta_2 NETWORK_{it} + \lambda_i + \mu_{c(i)k(i)t} + \varepsilon_{it}.$$

ここで，$\ln(CITATION_{it}/PATENT_{it})$ は企業 i の期間 t におけるイノベーションの質の代理変数であり，標準化した引用数 $(CITATION_{it})$ を特許数 $(PATENT_{it})$ で割ったものである．最初の説明変数 $\ln PATENT_{it}$ は，イノベーションの規模がその質に及ぼす効果をコントロールするためのものである．$NETWORK_{it}$ はネットワーク変数を表しており，実際には (1) 共同研究を行っているかどうかのダミー変数，(2) 国際共同研究を行っているかのダミー変数，(3) 共同研究の相手企業数，(4) クラスター係数，(5) バートの制約指標が使われる．λ_i は，企業の固定効果，$\mu_{c(i)k(i)t}$ は国 c × 産業 k × 期間 t の固定効果である．これらの固定効果を利用することで，できる限り内生性を緩和している．なお，さらに内生性を緩和するために1期前の被説明変数をしても結果は実質的に同じであった．

推計の結果は表3-1に示されている．(1) の結果は，共同研究を行うことで企業の特許当たり引用数が平均13%，国際共同研究を行うことで平均36%上昇することを示している（国際共同研究ダミーが1であれば，共同研究ダミーも1である）．したがって，よそ者，特に外国企業からの知識の伝播がイノベーションの質の向上に大きく貢献していると言える．

表3-1 (2) 以降は，共同研究を行っている企業に限って，どのようなネットワーク指標が特にイノベーションに有効であるかを見ている．(2) は，共同研究の相手が多いほど，おそらく伝播する知識量が増えるために，イノベーションの質もより向上することを示唆している．(3) は，クラスター係数が小さいほど，すなわち自社の共同研究相手同士が共同研究をしておらず，自社の共同研究ネットワークが密でないほどイノベーションの質が向上することを示している．これは，共同研究ネットワークが密であれば，共同研究相手の知識が重複していることが多く，獲得できる知識量が必ずしも増えないからだと考えられる．ただし，この結果は他の変数の結果とくらべると頑健でなく，効果の大きさも小さい．(4) は，バートの制約指標が小さいほど，つまり自社が多くの企業とつながっており，さらにそれらの企業も多くの企業とつながっている

表 3-1 共同研究ネットワークがイノベーションの質に与える効果

被説明変数：特許当たりの標準化された引用数（対数値）

	(1)	(2)	(3)	(4)
共同研究ダミー	0.133***			
	(0.0129)			
国際共同研究ダミー	0.226***			
	(0.0246)			
共同研究相手の数（対数）		0.140***		
		(0.0119)		
クラスター係数			−0.100***	
			(0.0244)	
バートの制約指標				−0.504***
				(0.0500)
企業固定効果	Yes	Yes	Yes	Yes
国－産業－期間固定効果	Yes	Yes	Yes	Yes
観測数	356,397	48,910	48,910	48,910
調整済みR^2	0.765	0.885	0.884	0.885

（注） Iino et al.［2021］の Table 2 より転載．共同研究相手の数が 1 のダミー，特許数（対数）も説明変数として利用しているが，結果は省略する．***，**，*はそれぞれ 1，5，10％水準で有意であることを示す．

ほど，イノベーションの質が高いことを示している．これは，より多様な企業とつながっているほどより多様な知識を得ることができて，イノベーションの質が向上することを示唆している．これらは，知識の伝播における多様性を重視した Burt［1992, 2004］の結果と整合的であり，密な関係による信頼の重要性を説いた Coleman［1988］とは逆の結果である．

さらに，表 3-2 ではこれらのネットワーク指標と国際共同研究ダミーの交差項の効果を推計している．その結果，どの指標でもその効果は国際共同研究によって増幅されることがわかった．これらの結果は，多様な共同研究ネットワークを築くこと，特に多様な相手との国際共同研究で企業がイノベーションの質を向上させることができることを示すものである．

2.2 サプライチェーンによる企業業績向上

次に，企業間のサプライチェーンを通じて知識や技術が伝播していることを分析した Todo, Matous, and Inoue［2016］を紹介しよう．サプライヤーとその顧客企業は，技術研修や共同研究によって知識や技術を互いに学びあうこと

表３－２　国際共同研究とネットワークの効果の関係

被説明変数：特許当たりの標準化された引用数（対数値）

	(1)	(2)	(3)
共同研究相手の数（対数）	0.101***		
	(0.0126)		
共同研究相手の数（対数）*国際共同研究ダミー	0.0967***		
	(0.0174)		
クラスター係数		−0.0614**	
		(0.0254)	
クラスター係数*国際共同研究ダミー		−0.0978**	
		(0.0376)	
バートの制約指標			−0.403***
			(0.0454)
バートの制約指標*国際共同研究ダミー			−0.216***
			(0.0450)
企業固定効果	Yes	Yes	Yes
国－産業－期間固定効果	Yes	Yes	Yes
観測数	48,910	48,910	48,910
調整済みR^2	0.885	0.885	0.885

（注）　Iino et al.［2021］の Table 4 より転載．表３－１の注を参照．

が多い（Dyer and Nobeoka 2000, Uesugi［2015］）．また，サプライヤーが高品質の部品を顧客企業に提供することで，その技術が部品に内在する形で顧客企業に伝わることもある．Todo, Matous, and Inoue［2016］は，このような技術伝播による企業業績の向上を日本のケースで実証したものである．特に，同じ都道府県（以降，県と略称）内のサプライヤーや顧客企業とのつながりと，別の県内の企業とのつながりを区別してそれぞれの効果を推計したところに特徴がある．これは，県外の「よそ者」企業とのつながりがより大きな効果を持っているのかを見るためである．

利用したデータは，東京商工リサーチが収集した企業レベルの2006年と2012年の２年間のパネルデータで，各年約100万社が含まれている．このデータでは，各企業の仕入先と販売先が最大24社までわかる．むろん，大企業は通常24社以上の取引先を持つが，取引先からの情報によって，大企業の取引先も相当程度把握することができる．例えば，このデータによるサプライヤーや顧客数の最大値は10,000社以上であった．このような詳細なデータによって，約500万のサプライチェーンのつながりを識別できており，日本国内のサプライチェ

表３－３　サプライチェーンと企業の業績

	(1)	(2)	(3)	(4)	(5)
被説明変数（t） 説明変数（t-1）	県内のサプライヤー数（対数）	県外のサプライヤー数（対数）	クラスター係数	1人当たり売上（対数）	売上（対数）
県内のサプライヤー数（対数）	0.684**	−0.0542**	−0.0366**	−0.00630	0.00256
	(0.00394)	(0.00389)	(0.00112)	(0.00470)	(0.00499)
県外のサプライヤー数（対数）	−0.0792**	0.705**	−0.0105**	0.0310**	0.0263**
	(0.00394)	(0.00389)	(0.00112)	(0.00469)	(0.00499)
クラスター係数	−0.169**	−0.177**	0.729**	−0.0270*	−0.0681**
	(0.0113)	(0.0111)	(0.00319)	(0.0134)	(0.0143)
1人当たり売上（対数）	−0.0256**	−0.00582	−0.00218	0.699**	−0.113**
	(0.00393)	(0.00388)	(0.00111)	(0.00468)	(0.00498)
売上（対数）	0.128**	0.112**	−0.00414**	0.104**	1.056**
	(0.00260)	(0.00256)	(0.000737)	(0.00310)	(0.00329)
観測数	36,814	36,814	36,814	36,814	36,814
決定係数	0.619	0.637	0.619	0.610	0.850

（注）　Todo, Matous, Inoue［2016］の Table 2 より転載．コントロール変数の結果は省略する．***，**，* はそれぞれ１，５，10％水準で有意であることを示す．

ーンはかなりの程度把握できていると考えられる．この研究では，２年間の企業属性が完全にそろっている製造業部門の企業に限定しており，推計に使われた企業数は36,814である．ただし，サプライチェーンに関する変数はすべての企業，すべての取引先情報を利用して構築している．

このデータを利用して以下のような動学的同時方程式を推計した．

$$\boldsymbol{Y}_{it}=\boldsymbol{\alpha}+\boldsymbol{\beta}\boldsymbol{Y}_{it-1}+\boldsymbol{\delta}\boldsymbol{X}_{it}+\boldsymbol{\varepsilon}_{it}.$$

ここで $\boldsymbol{Y}_{it}$ は企業 i の年 t における売上高，従業員１人当たり売上高，同じ県内のサプライヤーまたは顧客企業数，別の県内のサプライヤーまたは顧客企業数，クラスター係数（2.1項参照）で構成されるベクトルであり，$\boldsymbol{X}$ は企業年齢，産業，県，年ダミーなどの制御変数である．誤差項ベクトル $\boldsymbol{\varepsilon}_{it}$ は互いに相関していると仮定する．このような動学的同時方程式によって，企業業績とネットワーク変数の相互作用を考慮しつつ，ラグ変数に含まれていると考えられる観測できない要因をコントロールしている．

その結果が表３－３に示されている．企業業績に及ぼす効果は，県内のサプライヤー数は有意でなく，県外のサプライヤー数はプラス，クラスター係数はマイナスであった．サプライヤーではなく顧客企業を使って同様の分析をしても，同じ結果が得られた．さらに特許データを接続して，売上高ではなく各企業に付与された特許数を被説明変数として回帰分析を行っても，同様に県外の取引先数はプラスの効果があり，クラスター係数はマイナスの効果があった．これらは2.1項と同様，県外の「よそ者」とのつながりが新しい知識の流入を促して企業業績を向上させる効果がある半面，密なつながりは知識の重複が大きいために業績を下げてしまうことを示している．特許情報を使うと，それぞれの県が比較優位を持つ特許の技術分野は県ごとに大きく異なっていること，すでにサプライチェーンでつながった企業の特許の技術分野は，つながっていない企業にくらべて似通っていることが確認できた．

3　企業ネットワークが強靱性に及ぼす効果

次に，サプライチェーンが企業の強靱性に及ぼす影響について見てみよう．ある企業が災害の被害などによって生産を縮小した時には，その企業から素材や部品の供給を受けていた顧客企業は供給不足によって，被災企業のサプライヤーは需要不足によって影響を受ける．このようなサプライヤーを通じた経済ショックの伝播は，2011年の東日本大震災によってクローズアップされ，2020年の新型コロナウイルスの感染拡大によっても観察されたが，近年企業レベルデータを使ったいくつかの研究によって実証されている（Barrot and Sauvagnat［2016］，Boehm, Flaaen, and Pandalai-Nayar［2019］，Carvalho et al.［2021］）．

しかし，どのようなサプライチェーンの構造が経済ショックに対して脆弱もしくは強靱であるかは，これらの分析からは必ずしも明らかではない．本節では，これらの点について分析した筆者らの論文を3つ紹介したい．

3.1　サプライチェーン構造と経済ショックの伝播の関係

Inoue and Todo［2019］は，東京商工リサーチの収集した企業レベルのサプライチェーンのデータ（2.2項参照．ただし，利用した年度が異なる）をエージェント・ベースト・モデル（ABM）にあてはめることで，東日本大震災の影響がサプライチェーンを伝わって日本全国に伝播する様子をシミュレーションによって再現した．ABMとは，相互に作用するエージェントの行動様式を定義したシミュレーション用のモデルで，ネットワークを取り込んだものを含めて広く社会科学でも使われている（LeBaron and Tesfatsion［2008］）．通常の経済モデルとは異なり，それぞれのエージェントは最大化問題を解くわけではないが，この研究では約100万社がネットワークでつながったモデルを基に計算をするため，最大化問題を導入すると計算量が膨大となって解が得られない．したがって，このような簡素化されたモデルを利用する．

Inoue and Todo［2019］のモデルでは，ある企業 i はサプライヤーから部品を購入し，製品を生産した上で，顧客企業や消費者に販売する．生産はレオンチェフ型の生産関数で決まっており，部品の供給量に依存する．企業 i はそれぞれの部品を在庫として一定の日数分ストックしている．あるサプライヤーから部品の供給が縮小した場合，企業 i はまずその部品の在庫を利用する．また，ある産業に属する企業はすべて同じ製品（部品）を生産していると仮定されており，在庫が枯渇した場合には，同じ産業に属する別のサプライヤーから部品を購入することができる．ただし，新しくサプライヤーを見つけて，そこから部品を購入することはできないと仮定している．そのようなサプライヤーの代替もできない場合には，生産を縮小することとなる．

Inoue and Todo［2019］では，まず東日本大震災後の実際の生産の推移に，シミュレーションによる推計値ができる限りフィットするようにABMのパラメタを推計した．図3-1で，実線は30回のシミュレーションによる1日当たりのGDPの推計値の平均値を，●は震災前のGDPと月ごとの鉱工業生産指数を利用して推計したGDPを示している．震災直後には，モデルでは考慮されていない原発事故による電気の供給の縮小や自粛による需要不足のために，モデルの推計よりも実際のGDPがかなりの程度小さい．しかし，その後にはモデルの推計と実際の値がかなり近いため，モデルの説明力は十分に高いと考えられる．

このモデルの推計によると，東日本大震災による直接の被害で縮小した生産

図３－１　東日本大震災による生産減少の推移

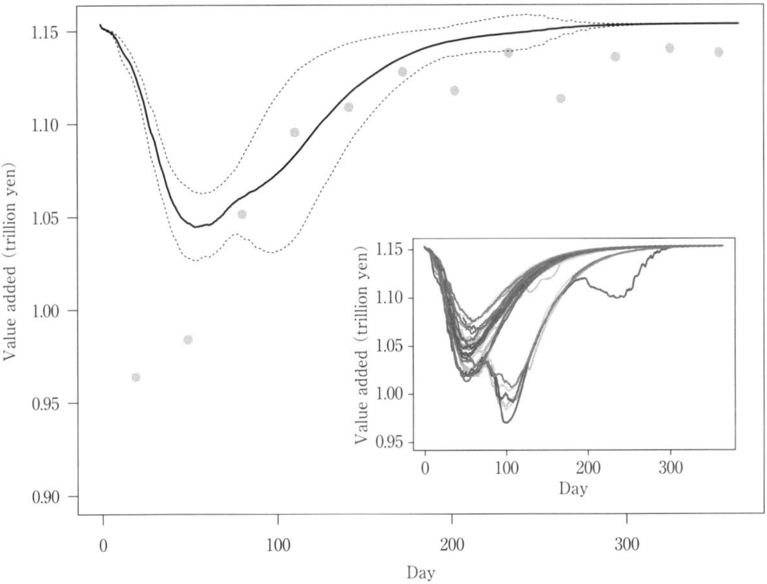

（注）　Inoue and Todo［2019］の Figure 3より転載．右下の小さな図は，ランダムに初期値を変えて行った30回のシミュレーションによる１日当たり GDP の推計値の推移を，大きな図の実線はその平均値を示す．●は震災前の GDP と震災後の鉱工業生産指数（月次）による GDP の推移を表す．

額は GDP の0.02％であったが，サプライチェーンを通じた間接的な影響による生産額の縮小は２％と，100倍にも上った．つまり，経済ショックがサプライチェーンを通じて全国に伝播する中で，相当増幅されたと考えられる．

このようにモデルの現実妥当性を確認した上で，現実のサプライチェーンのデータではなく，ネットワークの性質を変えた仮想的なサプライチェーンを使って，被災ショックの伝播やトータルの経済効果がどのように変化するかを分析した．その結果，次の３つのネットワークの性質によって伝播が増幅されていることがわかった．

第１に，企業の取引先の数の分布が正規分布ではなく，すそ野の厚いべき乗分布になっており，少数のハブ企業，つまり非常に多くの取引先を持つ企業が存在することだ．東京商工リサーチデータの100万社の企業のうち，取引先の数の中央値は５社であるにもかかわらず，取引先が1,000社以上である企業が数百社，10,000社以上の企業も数社存在している．この場合，このようなハブ企業を通じて，各々の企業はサプライチェーン上では意外に少ないステップを隔てて間接的につながっていることが多い．つまり，ネットワークがスモール・ワールドを形成している（Watts and Strogatz［1998］）．このデータでも，ある企業から別の企業に何ステップのサプライチェーン関係でたどりつけるかを見ると，中央値は5であった．すると，経済ショックもハブ企業を通じて経済全体に素早く伝播し，トータルの生産減少も大きくなる．仮想的に，企業総数とサプライチェーンの総リンク数は固定したままランダムにサプライチェーンを構築すると，ほとんど経済ショックの伝播は起きず，スモール・ワールド性の重要性が確かめられた．

第2に，サプライヤーの代替性である．あるサプライヤーからの部品の供給が途絶しても，別のサプライヤーからの部品で代替できれば，サプライチェーンを通じた経済ショックの伝播は起きにくいことは，Barrot and Sauvagnat［2016］の計量経済学的なアプローチによっても確かめられている．Inoue and Todo［2019］では，例えば各企業の生産物は企業特殊的で代替できないと仮定するなど，サプライヤーの代替性を仮想的に変化させることで，同様のことを実証している（図3-2）．

第3に，サプライチェーンにおけるループの存在である．サプライチェーンは上流から下流に一方向に流れていると考えがちだが，実際には部品のサプライヤーが最終財である工作機械やコンピュータなどを利用して生産していることもあり，ループが存在している．このようなループに経済ショックが入り込むと，周回して増幅することがありうる．実際，仮想的にループのない上流から下流へ一方向のサプライチェーンを構築してシミュレーションしてみると，それほどショックの影響は増幅されなかった（図3-2）．

これらの結果のうち，1番目と3番目については介入によって変えることが難しい．現実のネットワークにおいて次数（リンク数）がべき乗分布を成すことは標準的なことであり，これをよりすそ野の薄い分布にすることは，サプライチェーンにおけるハブ企業をなくすということを意味するために，ほぼ不可能であろう．ループについても同様である．しかし，2番目の代替性については十分に改良の余地がある．特定のサプライヤーとのみつながるのではなく，

図3－2　サプライヤーの代替性とループの経済ショック増幅効果

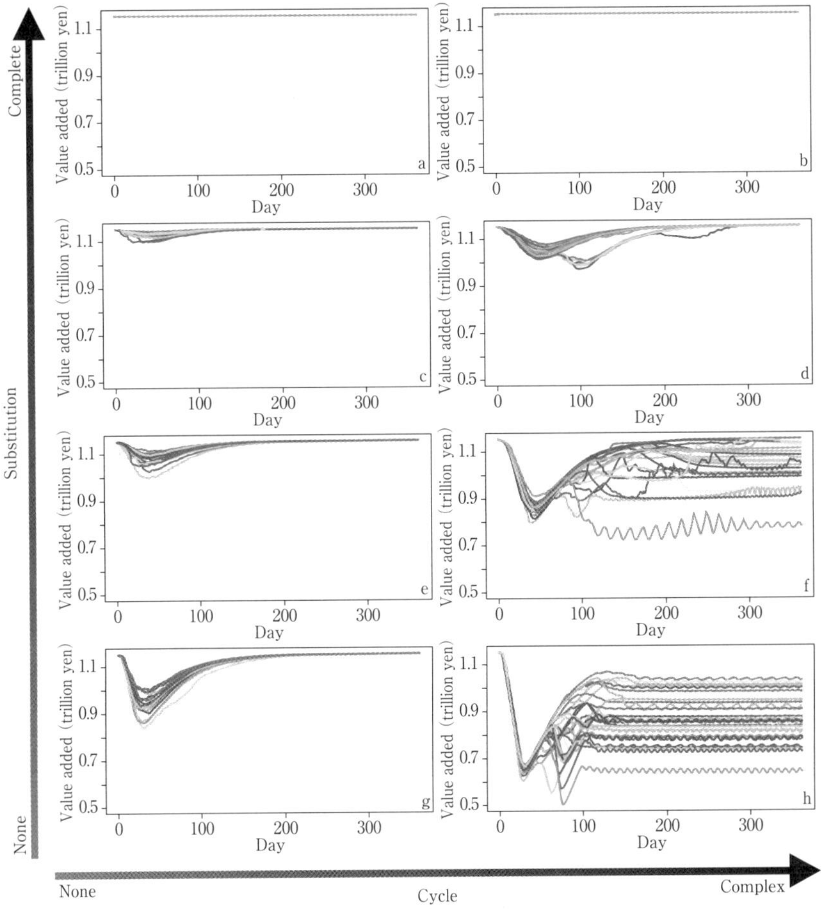

（注）　Inoue and Todo［2019］の Supplementary Figure S 6 より転載．サプライヤーの代替性（上の図ほど代替可能）とループ（右の図ほどループが複雑に存在）の程度ごとのシミュレーションの結果を示す．

より多くのサプライヤーとつながることで，万一あるサプライヤーが生産を停止せざるをえなくなっても，別のサプライヤーで代替することは可能だからだ．したがって，多様なつながりが経済の強靭性にも寄与することが示されている．

3.2 グローバル・サプライチェーンを通じた経済ショックの伝播

サプライチェーンを通じた経済ショックの伝播に関するこれまでの先行研究は，基本的には国内のサプライチェーンのデータを利用したもの（Barrot and Sauvagnat［2016］, Carvalho et al.［2021］）か，国境を越えたサプライチェーンでも特に親会社とその海外子会社のサプライチェーンに焦点を当てたもの（Boehm, Flaaen, and Pandalai-Nayar［2019］）であった．大規模なグローバル・サプライチェーンを通じた伝播について分析したのは Kashiwagi, Todo, and Matous［2018］が初めてあり，その結果を紹介したい．

この論文は，FactSet Revere 社の収集した世界各国の企業のデータを利用している．このデータベースは，財務諸表やウェブ情報などオープン・ソースに依存して情報を収集しているが，多くの国では上場企業に対しては主要な販売先を開示するように求めており，その情報を使って各国企業のサプライチェーンを識別することが可能である．このように上場企業のデータを利用してサプライチェーンを識別することは，Compustat など他のデータベースでも可能となり始めている．この論文では，FactSet Revere のサプライチェーン・データに，BvD の Osiris による企業属性を上場企業に付与される International Securities Identification Number（ISIN コード）によって接続し，8,906社（米1,660社，日1,855社，中1,559社，英541社など）のサンプルを得た．

Kashiwagi, Todo, and Matous［2018］は，2012年のアメリカ東海岸を襲ったハリケーン・サンディの被害の伝播を分析している．2011年の東日本大震災のケースを利用しなかったのは，このデータが上場企業中心であるために，残念ながら被災企業がデータにあまり含まれていなかったためである．推計式は以下の式で与えられる．

$$SalesGrowth_{i(2011-12)} = \beta_0 + \beta_1\, Shock_{i2011} + \beta_2\, X_{i2011} + \varepsilon_{it}.$$

ここで，$SalesGrowth_{i(2011-12)}$ は企業 i の2011年から2012年までの売上高成長率である．ハリケーン・サンディは2012年10月に襲来しており，このデータの2012年の売上高は基本的には12月末までのものに調整している．したがって，2011年から2012年までの売上成長率を被説明変数に使うというのは，数か月の短期の効果を分析していることになる．$Shock_{i2011}$ は企業 i のサプライヤーや

表3-4　グローバル・サプライチェーンによる経済ショックの伝播

被説明変数：2011年から2012年までの売上成長率

	(1)	(2)	(3)	(4)
被災地のサプライヤー数 (1)(3) もしくは顧客数 (2)(4)(対数)				
×在米企業ダミー	−0.181***	−0.169**	−0.269***	−0.131***
	(0.0339)	(0.0674)	(0.0497)	(0.0486)
×在米企業ダミー ×海外 リンク のシェア			0.300**	−0.216
			(0.133)	(0.163)
×非在米企業ダミー	0.114	0.166	0.0741	0.0635
	(0.146)	(0.141)	(0.215)	(0.128)
観測数	8,906	8,906	8,906	8,906
決定係数	0.036	0.036	0.036	0.036

（注）Kashiwagi, Todo, and Matous［2018］の Table 5，6，12より転載．コントロール変数の結果は省略する．***，**，*はそれぞれ1，5，10%水準で有意であることを示す．

顧客企業のうち被災地に位置している企業数の対数値であり，*X* は制御変数群である．また，ハリケーンのショックの国内伝播と国際伝播を区別するために，*Shock* 変数は在米企業ダミーおよび非在米企業ダミーと掛け合わせた交差項を利用する．なお，被災の直接的な影響を除くため，被災地企業はデータから除いている．また，サンプルがバランスしているかを検証するために，*Shock* 変数と被災以前の売上成長との関係を検証しており，有意な関係がないことを確認している．

サプライヤー数および顧客数に注目した推計の結果をそれぞれ表3-4の (1) および (2) に示す．いずれも，被災地企業とのつながりは，在米企業の売上を大きく減らすが，非在米企業の売上は変化しないことを表している．これは，ハリケーンの経済ショックは国内サプライチェーンを通じて国内企業には伝わるが，グローバル・サプライチェーンを通じて海外の企業に伝わることはないことを示唆している．

このような結果のメカニズムを分析するため，在米企業については，さらにサプライヤーもしくは顧客企業とのリンク数のうち海外企業のシェアを掛け合わせた交差項を説明変数として加えた．すると，サプライヤーではその交差項の係数が正で有意となり，在米企業でもグローバルにサプライヤーを有する企業は，被災企業からの負のショックの伝播を緩和できているという結果になった（表3-4 (3)）．つまり，グローバルに取引先がある企業は，国内企業であれ海外企業であれアメリカ発の経済ショックの伝播を緩和できているのだ．これは，より多様にグローバルに取引先とつながっていると，被災した取引先の代替先を容易に見つけることができることを示唆しており，3.1項および先行研究の結果と整合的である．

さらに，密なつながりの影響を分析するために，サプライヤーもしくは顧客企業とのリンク数とクラスター係数との交差項も説明変数として加えた．その結果，在米企業についてはクラスター係数が高い，つまり密なつながりを持つ企業ほど被災企業からの負のショックの伝播が大きい半面，海外企業についてはむしろ伝播が小さくなることがわかった．これは，密なつながりはサプライチェーンを通じた経済ショックの伝播に対して，企業の性質に応じて様々に作用することを示唆している．つまり，グローバル化した海外企業においては密なネットワークが災害に対する強靭性を向上させるが，在米企業では密なネットワーク内で経済ショックが循環してしまうからか，むしろ強靭性が損なわれる．少なくとも密なネットワークが常に企業の強靭性を向上するわけではないということは言えよう．

3.3　サプライチェーンを通じた支援の伝播

3.1項，3.2項では，サプライチェーンを通じたネガティブな経済ショックの伝播について議論したが，サプライチェーンを通じてはポジティブな影響，例えば災害後の支援なども伝わることが実証されている．Todo, Nakajima, and Matous［2015］は，3.1項で紹介した東京商工リサーチのサプライチェーンのデータに，経済産業研究所が東日本大震災後に行った被災地の中小企業に対する調査によるデータを接続し，どのようなサプライチェーンのつながりが被災地企業の復旧に役立ったかを検証した．

その結果，被災地外のより多くのサプライヤーや顧客企業とつながった企業は被災から生産再開までの操業停止期間が短い傾向にあったことが見出された（表3－5（1）（2））．半面，被災地内企業とのつながりは，操業停止期間と有意な相関はなかった．これは，被災地外の企業とつながっていることで，被災企業が人的，物的，もしくは資金的な支援を受けることができたからだと考えられる．実際，取引先から支援を受けて操業再開が早まったという例は，震災

表3-5　東日本大震災からの復旧におけるサプライチェーンの効果

	(1)	(2)	(3)	(4)
被説明変数	被災後の操業停止日数		2010年9月から2011年9月までの売上成長率	
被災地内サプライヤー数（対数）	0.108		3.618*	
	(0.0790)		(1.739)	
被災地外サプライヤー数（対数）	−0.351***		2.610	
	(0.126)		(2.976)	
被災地内顧客企業数（対数）		0.0539		3.074**
		(0.0631)		(1.248)
被災地外顧客企業数（対数）		−0.305***		2.272
		(0.0926)		(2.659)
観測数	902	902	883	883
疑似決定係数	0.149	0.149	0.129	0.134

（注）　Todo, Nakajima, and Matous［2015］の Table 4および7より転載．コントロール変数の結果は省略する．***，**，*はそれぞれ1，5，10％水準で有意であることを示す．

時には非常に多くみられた．これも，多様につながることで企業の強靭性が増大することを示した実証研究の一例と言える．

ただし，被災地内のつながりが復旧に効果がなかったというわけではない．表3-5（3）（4）では，2010年9月から2011年9月，すなわち震災後約半年間後までの1年間の売上成長率に対しては，むしろ被災地内のつながりが正で有意な効果があるが，被災地外とのつながりは有意でないことが示されている．操業停止日数の平均値は14.9，中央値は5であるので，操業停止日数に関する分析は被災後の数週間単位の短期的な影響を，売上成長率に関する分析は半年程度の中期的な影響を見ていると区別できる．つまり，短期的には被災地外の企業からの支援が有効だが，中長期的には被災地内の密なサプライチェーンがMarshall［1890］の言うような集積の効果をもたらして復旧に役立つと考えられる．もしくは，被災後の被災地での財政支出による需要増大がサプライチェーンを通じて波及した可能性もある．実際，Kashiwagi and Todo［2020］は中小企業に対する補助金の効果がサプライチェーンを通じて被災地内の非受給企業に波及したことを実証している．したがって，強靭性には常によそ者との多様なつながりが有効で，密なつながりは無用だというわけではないことは強調しておきたい．

4　多様なつながりの構築のために

第2，3節で紹介した論文は，よそ者である県外，海外の企業などと多様につながることで企業のパフォーマンスや強靭性が上昇する半面，自社とつながった企業同士もつながっているような密なネットワークは，業績や強靭性には必ずしもそのような効果がないことを示している．とは言え，多様なつながりを構築するのは企業にとっても個人にとっても簡単なことではない．つながり構築の物理的なコストとともに心理的なコストもあるからだ．社会学では，同じような性質を持った者同士がつながりやすいことを同類性（homophily）と呼び，様々な文脈で同類性が観察されることを見出している（McPherson, Smith-Lovin, and Cook［2001］）．経済学でも，例えば開発途上国における相互扶助ネットワークは近隣の属性の近い世帯で構成されていること（Fafchamps and Gubert［2007］）や，ある国との貿易ネットワークはその国からの移民によって拡大すること（Rauch and Trindade［2002］）が見出されている．

このような同類性に基づくネットワークは，同じ地域に住んでいること，同じ民族であることから裏切り行為に対して罰を与えやすいといった経済的な合理性に基づいて構築されている部分もある．しかし，Fafchamps and Gubert［2007］が主張したように，相互扶助ネットワークは本来職業や地域などの属性が異なった者同士で構築したほうが，ある職業や地域特有のショック（例えば干ばつなど）に対して強靭であるという面がある．したがって，同類性に基づくネットワークは経済的に必ずしも合理的とは言えない場合もあり，心理的な要因によって構築されている可能性がある．

とは言え，個人や企業は常に同類性によって行動しているわけではない．Hoshino, Shimamoto, and Todo［2020］は，ベトナムの中小零細企業を対象に行った調査でそれを実証的に示している．この研究では，ハノイ近郊に伝統的に点在している衣料産業の集積地において中小零細企業を対象にした全数調査を行い，84%にあたる296社より回答を得た．このデータを利用して，ビジネス関連の情報交換を行う企業間のつながりの有無が，企業規模や操業年数など

図3－3　2企業の女性比率指標の差の係数の分布

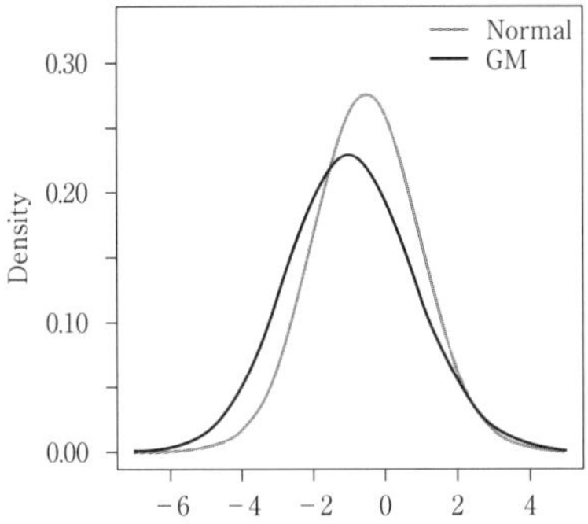

（注）　Hoshino, Shimamoto, and Todo［2020］の Figure 6より転載．企業内の女性比率を中心とした指標（因子分析によって得られたもの）の2企業間の差の絶対値の係数の分布を表す．薄い実線は正規分布を仮定した推計によるもの，濃い実線は分布の形を仮定しない推計によるものである．

の企業属性の差によってどのように決定されているかを推計している．企業属性の差の係数がマイナスであれば属性の近いものがつながりやすいという同類性，プラスであれば逆に属性の遠いものがつながりやすいという異類性を表すこととなる．さらに，ランダム係数ロジットモデルを適用することで，係数の異質性を検証できるようにした．

その結果，企業規模や企業および経営者の年齢などの属性については，その差の係数の平均は有意にマイナスで，かつその標準誤差が0であるという仮説は棄却できなかった．つまり，これらの属性については総じて同類性があると言える．しかし，企業内の女性比率については，その差の係数の標準誤差が0であるという仮説は棄却され，係数に異質性があることが示された．推計された女性比率の差の係数の分布を図3－3に示しているが，過半数のつながりはマイナス，つまり同類性を示しているものの，1/3程度はプラス，つまり異類性を示していることがわかる．ベトナムでは，女性と男性とでは有する技能が違うことも示されており（Bjerge, Torm, and Trifkovic［2016］），このように異なった性質を持つ企業同士がつながることで，自社にはない技能に関する知識を得ようとしていることが示唆されているのだ．しかもさらに分析を進めると，近隣の企業同士のつながりは同類性を持つことが多いが，遠方の企業同士のつながりは異類性を持つ傾向があることも確かめられた．つまり，遠方の企業とつながる時には，自社にはない知識を求めているためか，特に異質な企業とつながろうとしているのだ．

このように，個人や企業は基本的には同類性を持ちながら，業績の向上のために一定の異類性を併せ持っていると考えられる．では，このような異類性を介入によって促進することは可能であろうか．Matous and Todo［2018］は，この点を検証するためにインドネシアにおいて社会実験を行った．この実験では，スマトラ島農村で無作為に選ばれた117名の農民に対して3日間の農業研修を実施した．研修は，村内の集会所，バスで3時間程度の州都の研修センター，バスで24時間以上かかるジャワ島の研修センターの3か所で行われ，どこで研修を受けるかは無作為に決められた．この研修の18か月後に行われた調査において，ジャワ島で研修を受けた農民はその他の農民にくらべて村外の知り合いが有意に多いことがわかった．このことは，よそ者との社会交流によって同類性が弱まってよそ者とのつながりが構築されることの可能性を示唆している．

Matous and Todo［2018］は農村におけるつながりなので，本稿で議論してきた企業ネットワークではないが，企業ネットワークについてもよそ者とのつながりがどのように構築されるかを分析したものは多い．その中で，多くの研究は地理的な距離が共同研究を阻害していることを示しており（Enkel and Heil［2014］, Hoekman, Frenken, and Van Oort［2009］），よそ者とのつながりの難しさを明らかにしている．しかし，Inoue, Nakajima, and Saito［2017］は高速鉄道の開通によって遠隔地との共同研究がより活発になったことを示している．貿易ネットワーク関連では，社会実験による外生的な貿易業者とつながる機会の提供や（Atkin, Khandelwal, and Osman［2017］）企業向けセミナーでの情報提供（Kim et al.［2018］）によって，中小零細企業が海外とのつながりを構築して輸出を始めることも実証されている．これらの研究成果は，様々な介入によってよそ者とつながることの障壁が低くなることを示しているのだ．

5　まとめと今後の展望

本稿では，地域外や国外の「よそ者」とのつながりを中心に，多様なつながりが経済のパフォーマンスや強靭性に及ぼす効果について検証した筆者らの研究を紹介した．グローバルな企業の共同研究ネットワークや国内外のサプライチェーンを利用した実証分析の結果，よそ者とのつながりが企業のパフォーマンスや強靭性を向上させることが様々な事例で確認された．また，これらの分析結果の多くは，つながった相手同士もつながっている「密な」ネットワークが企業のパフォーマンスや強靭性を必ずしも向上させないということも示している．これらの結果は，企業の業績向上においてよそ者からの新しい知識や技術の習得が重要な要因になっており，密接につながった企業の持つ知識や技術はしばしば互いに重複しているがために，密なつながりの業績向上の効果は小さいことを示唆している．ただし，密なつながりにも，地域における産業集積による効率性の向上など，一定の役割があることも確認されている．また，サプライチェーンにおいて多様に様々な企業とつながることで，災害などの非常時には非被災地企業が被災した取引先を他社で代替することが比較的容易であったり，逆に被災した取引先を支援して早期の復旧に寄与したりすることで，強靭なネットワークを築くことができることも見出された．

ただし，これらの研究では十分に分析されていないこともまだまだ多い．第１に，通常ネットワーク構造は内生的に決まっているが，ネットワーク構造がパフォーマンスや強靭性に及ぼす影響を推計するにあたっては，この内生性を取り除くことが重要となる．本稿で紹介した研究では，外生的に生じた自然災害を自然実験として利用したり，パネルデータを利用して固定効果推計をしたりして内生性の緩和に努めているが，特に後者について十分とは言えない．最近，無作為化比較試験（RCT）によって外生的にネットワーク構造を変化させることによってこのような内生性に対処しようとする試みが増えており（Atkin, Khandelwal, and Osman［2017］, Cai and Szeidl［2018］），今後このような研究がより多くなされることが期待される．

第2に，第1節や3.3項で見たように，密なネットワークがパフォーマンスや強靭性にプラスの働きがある，さらには密なネットワークと多様なネットワークが補完的に作用することが見出される場合もある．したがって，どのような場合によそ者との多様なつながりが有効で，どのような場合に密なつながりが有効かについて，より詳細な分析が必要であろう．

第3に，多様なつながりが有効だとしても，地域外，国外の相手とつながるのはコストがかかり，その効果がコストに見合ったものかについては本稿で紹介した研究からは明らかではない．この点について，今後多くの研究がなされることを期待したい．

最後に，多様なつながりを構築することは，経済合理性だけではなく本能的な同類性のような心理的な要因が障害となっている可能性があるが，これをどのようにして緩和することができるかについて十分な研究がなされていない．経済学においても行動経済学が発展してきており，例えばこの点についても幼少時の社会経験が有効であることを明らかにしたYamamura and Tsutsui［2019］などがあるが，今後さらに多くの研究がなされることが望まれる．

【参考文献】

Atkin, David, Amit K. Khandelwal, and Adam Osman［2017］“Exporting and Firm Performance: Evidence from a Randomized Experiment.” *The Quarterly Journal of Economics* 132（2）: 551-615.

Banerjee, Abhijit, Arun G. Chandrasekhar, Esther Duflo, and Matthew O. Jackson［2013］“The Diffusion of Microfinance.” *Science* 341（6144）: 1236498-1-7.

Barabási, Albert-László［2016］*Network Science*. Cambridge: Cambridge University Press.

Barrot, Jean-Noël and Julien Sauvagnat［2016］“Input Specificity and the Propagation of Idiosyncratic Shocks in Production Networks.” *The Quarterly Journal of Economics* 131（3）: 1543-1592.

Belderbos, René, Bruno Cassiman, Dries Faems, Bart Leten, and Bart Van Looy

[2014] "Co-Ownership of Intellectual Property: Exploring the Value-Appropriation and Value-Creation Implications of Co-Patenting with Different Partners." *Research Policy* 43 (5): 841-852.

Bjerge, Benedikte, Nina Torm, and Neda Trifkovic [2016] "Gender Matters: Private Sector Training in Vietnamese SMEs." WIDER Working Paper, 2016/149, The United Nations University World Institute for Development Economics Research.

Boehm, Christoph E., Aaron Flaaen, and Nitya Pandalai-Nayar [2019] "Input Linkages and the Transmission of Shocks: Firm-Level Evidence from the 2011 Tōhoku Earthquake." *The Review of Economics and Statistics* 101 (1): 60-75.

Briggs, Kristie [2015] "Co-Owner Relationships Conducive to High Quality Joint Patents." *Research Policy* 44 (8): 1566-1573.

Burt, Ronald S. [1992] *Structural Holes: The Social Structure of Competition.* Cambridge: Harvard University Press.

Burt, Ronald S. [2004] "Structural Holes and Good Ideas." *American Journal of Sociology* 110 (2): 349-399.

Cai, Jing and Adam Szeidl [2018] "Interfirm Relationships and Business Performance." *The Quarterly Journal of Economics* 133 (3): 1229-1282.

Carvalho, Vasco M., Makoto Nirei, Yukiko U. Saito, and Alireza Tahbaz-Salehi [2021] "Supply Chain Disruptions: Evidence from the Great East Japan Earthquake." *The Quarterly Journal of Economics* forthcoming.

Centola, Damon [2010] "The Spread of Behavior in an Online Social Network Experiment." *Science* 329 (5996): 1194-1197.

Chen, Kaihua, Yi Zhang, and Xiaolan Fu [2019] "International Research Collaboration: An Emerging Domain of Innovation Studies?" *Research Policy* 48 (1): 149-168.

Chesbrough, Henry William [2003] *Open Innovation: The New Imperative for Creating and Profiting from Technology*: Harvard Business School Press.

Coleman, James S. [1988] "Social Capital in the Creation of Human Capital." *American Journal of Sociology* 94: S95-S120.

Crespi, Gustavo, Chiara Criscuolo, and Jonathan Haskel [2008] "Productivity,

Exporting, and the Learning-by-Exporting Hypothesis: Direct Evidence from UK Firms." *Canadian Journal of Economics* 41 (2): 619-638.

Duflo, Esther and Emmanuel Saez [2003] "The Role of Information and Social Interactions in Retirement Plan Decisions: Evidence from a Randomized Experiment." *The Quarterly Journal of Economics* 118 (3): 815-842.

Dyer, Jeffrey H. and Kentaro Nobeoka [2000] "Creating and Managing a High Performance Knowledge-Sharing Network: The Toyota Case." *Strategic Management Journal* 21 (3): 345-367.

Enkel, Ellen and Sebastian Heil [2014] "Preparing for Distant Collaboration: Antecedents to Potential Absorptive Capacity in Cross-Industry Innovation." *Technovation* 34 (4): 242-260.

Fafchamps, Marcel and Flore Gubert [2007] "The Formation of Risk Sharing Networks." *Journal of Development Economics* 83 (2): 326-350.

Granovetter, Mark S. [1973] "The Strength of Weak Ties." *American Journal of Sociology* 78 (6): 1360-1380.

Granovetter, Mark S. [2005] "The Impact of Social Structure on Economic Outcomes." *Journal of Economic Perspectives* 19 (1): 33-50.

Harhoff, Dietmar and Stefan Wagner [2009] "The Duration of Patent Examination at the European Patent Office." *Management Science* 55 (12): 1969-1984.

Haskel, Jonathan E., Sonia C. Pereira, and Matthew J. Slaughter [2007] "Does Inward Foreign Direct Investment Boost the Productivity of Domestic Firms?" *The Review of Economics and Statistics* 89 (3): 482-496.

Hoekman, Jarno, Koen Frenken, and Frank Van Oort [2009] "The Geography of Collaborative Knowledge Production in Europe." *The Annals of Regional Science* 43 (3): 721-738.

Hoshino, Tadao, Daichi Shimamoto, and Yasuyuki Todo [2020] "Accounting for Heterogeneity in Network Formation Behavior: An Application to Vietnamese SMEs." *Oxford Bulletin of Economics and Statistics* 82 (5): 1042-1067.

Iino, Takashi, Hiroyasu Inoue, Yukiko U. Saito, and Yasuyuki Todo [2021] "How Does the Global Network of Research Collaboration Affect the Quality of

Innovation?" *The Japanese Economic Review* 72 (1): 5–48.

Inoue, Hiroyasu, Kentaro Nakajima, and Yukiko Umeno Saito [2017] "The Impact of the Opening of High-Speed Rail on Innovation." RIETI Discussion Paper, No. 17–E–034, The Research Institute of Economy, Trade and Industry.

Inoue, Hiroyasu and Yasuyuki Todo [2019] "Firm-Level Propagation of Shocks through Supply-Chain Networks." *Nature Sustainability* 2: 841–847.

Jackson, Matthew O. [2010] *Social and Economic Networks*: Princeton University Press.

Kashiwagi, Yuzuka and Yasuyuki Todo [2020] "Propagation of Positive Effects of Post-Disaster Policies through Supply Chains: Evidence from the Great East Japan Earthquake." *Contemporary Economic Policy.*

Kashiwagi, Yuzuka, Yasuyuki Todo, and Petr Matous [2018] "International Propagation of Economic Shocks through Global Supply Chains." WINPEC Working Paper, No. E1810, Waseda University Waseda Institute of Political Economy.

Keller, Wolfgang and Stephen R. Yeaple [2009] "Multinational Enterprises, International Trade, and Productivity Growth: Firm-Level Evidence from the United States." *The Review of Economics and Statistics* 91 (4): 821–831.

Kim, Yu Ri, Yasuyuki Todo, Daichi Shimamoto, and Petr Matous [2018] "Are Seminars on Export Promotion Effective? Evidence from a Randomised Controlled Trial." *The World Economy* 41 (11): 2954–2982.

LeBaron, Blake and Leigh Tesfatsion [2008] "Modeling Macroeconomies as Open-Ended Dynamic Systems of Interacting Agents." *American Economic Review* 98 (2): 246–250.

Marshall, Alfred [1890] *Principles of Economics*. London: Macmillan.

Matous, Petr and Yasuyuki Todo [2018] "An Experiment in Strengthening the Networks of Remote Communities in the Face of Environmental Change: Leveraging Spatially Distributed Environmental Memory." *Regional Environmental Change* 18 (6): 1741–1752.

McPherson, Miller, Lynn Smith-Lovin, and James M. Cook [2001] "Birds of a

Feather: Homophily in Social Networks." *Annual Review of Sociology* 27: 415-444.

Nagaoka, Sadao, Kazuyuki Motohashi, and Akira Goto [2010] "Patent Statistics as an Innovation Indicator." In *Handbook of the Economics of Innovation 2*, edited by Bronwyn H. Hall and Nathan Rosenberg, 1083-1127. Elsevier.

Owen-Smith, Jason and Walter W. Powell [2004] "Knowledge Networks as Channels and Conduits: The Effects of Spillovers in the Boston Biotechnology Community." *Organization Science* 15 (1): 5-21.

Phelps, Corey C. [2010] "A Longitudinal Study of the Influence of Alliance Network Structure and Composition on Firm Exploratory Innovation." *Academy of Management Journal* 53 (4): 890-913.

Putnam, Robert D. [1993] *Making Democracy Work: Civic Traditions in Modern Italy*. Princeton: Princeton University Press.

Rauch, James E. and Vitor Trindade [2002] "Ethnic Chinese Networks in International Trade." *Review of Economics and Statistics* 84 (1): 116-130.

Rivera-Batiz, Luis A. and Paul M. Romer [1991] "Economic Integration and Endogenous Growth." *The Quarterly Journal of Economics* 106 (2): 531-555.

Romer, Paul M. [1990] "Endogenous Technological Change." *Journal of Political Economy* 98 (5): S71-102.

Rost, Katja [2011] "The Strength of Strong Ties in the Creation of Innovation." *Research Policy* 40 (4): 588-604.

Todo, Yasuyuki, Petr Matous, and Hiroyasu Inoue [2016] "The Strength of Long Ties and the Weakness of Strong Ties: Knowledge Diffusion through Supply Chain Networks." *Research Policy* 45 (9): 1890-1906.

Todo, Yasuyuki, Kentaro Nakajima, and Petr Matous [2015] "How Do Supply Chain Networks Affect the Resilience of Firms to Natural Disasters? Evidence from the Great East Japan Earthquake." *Journal of Regional Science* 55 (2): 209-229.

Uesugi, Iichiro [2015] "Interfirm Networks in Manufacturing Industry Agglomerations in Japan: Evidence from Survey Data." In *The Economics of Interfirm Networks*, edited by Tsutomu Watanabe, Iichiro Uesugi, and Arito Ono, 67-92. Tokyo: Springer Japan.

Watts, Duncan J. and Steven H. Strogatz [1998] "Collective Dynamics of 'Small-World' Networks." *Nature* 393 (6684): 440-442.

Yamamura, Eiji and Yoshiro Tsutsui [2019] "Trade Policy Preference, Childhood Sporting Experience, and Informal School Curriculum: An Examination of Views of the TPP from the Viewpoint of Behavioral Economics." *Review of International Economics* 27 (1): 61-90.

第4章

国際課税制度が企業活動に与える影響：外国子会社配当益金不算入制度に着目した研究*

長谷川　誠（京都大学）

日本は2009年度税制改正において外国子会社配当益金不算入制度を導入し，内国法人が海外子会社から受け取る配当を一定の条件の下で益金不算入（非課税）とした．この税制改正は，海外子会社配当に関する国際的二重課税の調整方式を外国税額控除方式から国外所得免除方式へと移行する国際課税上の重要な制度変更であった．本稿では，この制度変更が多国籍企業の様々な事業活動に与えた影響を実証的に分析した近年の研究を解説する．一連の研究は2009年度税制改正に以下のような効果があったことを明らかにしている．①配当への源泉徴収税率の低い国に立地する海外子会社が親会社への配当送金を増加させた．②特に，内部留保残高の大きな子会社が税制改正に強く反応して配当を増加させた．③配当源泉税率の低い国に立地する子会社は使用料から配当へと利益送金の手段を部分的に変更した．④税制改正に反応して国内の親会社のもとに還流した資金は，主に株主還元（配

＊　本稿の執筆にあたり，林正義氏と匿名のレフェリーから有益なコメントをいただいた．また，本稿のもとになる研究は科学研究費助成事業（JP20K01725，JP18H00866，JP16H03610）と野村財団の助成を受けている．ここに記して感謝の意を表したい．

当・自社株買い）を増加させるために使われた．⑤法人税率の低い国で日本企業による海外合併・買収を増加させた．⑥多国籍企業の利益移転を（一時的に）活発化させた．最後に，これらの研究から得られる政策的含意を議論する．

1　はじめに

多国籍企業は様々な国や地域に子会社や支店を設立し，事業を展開している．国境を越えた経済活動から生じた所得に対する課税は国際課税と呼ばれる．国際課税制度の重要な役割の一つが国際的二重課税の調整である．国際的二重課税とは，所得の源泉地国と納税者の居住地国の双方が同一の所得に対して課税する状況を指す．例えば，日本企業が所有する海外子会社が現地で利益を稼得し，配当として親会社に送金するとしよう．このとき，子会社の所在地国はその利益（課税所得）に対して法人税を課す．日本の親会社にとっては子会社から受け取った配当は投資所得であり，日本の法人税の課税対象になり得る．ただし，配当の原資は海外子会社の税引後利益であり，配当にそのまま日本が法人税を課すと，国際的二重課税が生じることになる．

配当以外にも，子会社は親会社が保有する無形資産の利用に際して使用料や，親会社から借入がある場合は利子を払う．国境を越えて支払われる配当・使用料・利子などの投資所得に対しては，子会社の所在地国が所得の源泉地国として源泉徴収税（withholding tax）を課すことがある．このとき，投資所得に日本がそのまま課税すると国際的二重課税が生じる．

国際的二重課税を何ら調整しないまま親会社の所在地国と子会社の進出先国（海外所得の源泉地国）が同一の所得に課税すると，税負担が重くなり，海外直接投資や国際的取引の障害となる恐れがある．そこで，各国は国際的二重課税を排除するための枠組みを税制に取り入れ，さらに二国間で締約する租税条約の中で両国の課税権の配分や投資所得への源泉徴収税率を取り決めている．

国際的二重課税の調整方式として広く採用されているのは，外国税額控除方式（foreign tax credit system）と国外所得免除方式（exemption system）である．外国税額控除方式の下では，親会社の所在地国は，所得の源泉地を問わず国内外全ての所得に課税する（全世界所得課税と呼ばれる）．そして外国所得に課税する際は，親会社が外国政府に対して納付した法人税やその他の関連する税額を国内の税額から差し引くことを認める．このような税額控除は，内国法人が外国政府に直接納付した税額についての控除であり，直接外国税額控除と呼ばれる．[1)]海外子会社が親会社に支払う配当については，親会社が受け取った時点で国内で課税される．この場合は，配当の源泉となった所得に対して外国で課された法人税額を国内の税額から控除することができる．配当の原資である利益には現地で法人税が課され，子会社が納付している．子会社が支払った法人税を親会社が間接的に支払ったものとみなして控除を認めることから，このような税額控除は間接外国税額控除と呼ばれる．[2)]以下では特に断らない限り，直接・間接外国税額控除を一括して外国税額控除と呼ぶ．

もう一つの国外所得免除方式は，国外で稼得した所得を国内では免税することで，国際的二重課税を排除する方法である．ただし，この方式を全ての種類の海外所得について全面的に採用している国は少ない（川田［2015］）．多くの場合，国外所得免除方式を適用する所得の種類を限定しつつ，外国税額控除と併用して国際的二重課税の調整が行われる（増井・宮崎［2015］）．

日本は2008年度までは上記のような外国税額控除方式を採用していた．しかし，2009年度税制改正において外国子会社配当益金不算入制度（foreign dividend exemption system）を導入し，海外子会社から親会社が受け取る配当を一定の条件の下で益金不算入（非課税）とした．この税制改正によって，配当の形で国内に還流する海外利益に関しては，国際的二重課税の調整方式が外国税額控除方式から国外所得免除方式へと移行することになった．なお，2009年には英国とニュージーランドも同様の税制改正を行っている．[3)]

1）　例えば，海外支店が稼得した利益に対しては現地で法人税が課されるが，本社の所得として国内でも課税される．その際，現地で納付した法人税額には直接外国税額控除が適用される．また，海外子会社から配当・使用料・利子を受け取る際に親会社が払う源泉徴収税も直接外国税額控除の対象となる．

2）　外国税額控除方式を採用する国の中でも，直接外国税額控除に加えて，間接外国税額控除を認めるかどうかは国によって異なる（Barrios et al.［2012］）．

本稿では，外国子会社配当益金不算入制度の導入が多国籍企業の様々な事業活動に与えた影響を実証的に分析した最新の研究をサーベイし，概要を解説する．[4] この税制改正は，多国籍企業の海外利益への課税方法に関する重要な制度変更であった．学術的には，2009年度税制改正は国際課税制度が企業活動に与える影響を分析するための自然実験とみなすことができる．本稿で紹介する一連の研究成果は，2009年度税制改正がもたらした国際課税制度の変更が海外直接投資，利益還流，国内での株主還元（配当・自社株買い），利益移転など，多国籍企業の国内外での広範な活動に影響を与えたことを明らかにしている．外国子会社配当益金不算入制度の政策評価を行うためにも，近年の研究から得られた知見を整理することには意義があると考える．また，これまで日本の国際課税制度の多国籍企業への影響を実証的に分析した研究は極めて少ないため，2009年度税制改正に着目した研究結果は，日本企業の国際課税制度への反応を知る上でも有用であろう．

本稿の構成は以下の通りである．次節では外国子会社配当益金不算入制度が導入された背景と制度の概要を説明する．第3節ではこの制度変更によって海外利益への税負担がどのように変化したのかを説明し，税制改正の効果について複数の仮説を立てる．第4節ではそれらの仮説を検証した研究を解説する．第5節では実証研究から得られた知見を整理し，その政策的含意を議論する．

2　外国子会社配当益金不算入制度

日本は多国籍企業の全世界所得を基準に課税を行い，外国税額控除によって国際的二重課税の調整を行っている．海外子会社の配当については，2008年度

3）2012年時点で，経済協力開発機構（OECD）に加盟する34カ国のうち，チリ，アイルランド，イスラエル，韓国，メキシコ，米国を除く28カ国が外国子会社の配当を国内で非課税としていた（PwC［2013］）．米国は2018年から外国子会社の配当を非課税にした．

4）長谷川［2016］は国際的二重課税の調整方式が多国籍企業の行動に与える影響を分析した研究のより広範なサーベイを行っている．本稿は日本の2009年度税制改正を分析対象とした近年の研究に焦点を当てて解説を行う．

までは親会社が配当を受け取った際に課税されていた．日本では配当の源泉となった国外所得に対して法人税が課されるが，子会社が現地で支払った法人税，および配当への源泉徴収税の支払額は国内の税額から控除が認められていた．この外国税額控除方式の下では，海外子会社の利益を国内に還流させると追加的な税負担がかかるため，日本の多国籍企業は利益を海外に留保する傾向があることが指摘されていた（経済産業省［2008］）．当時の日本の法人税率は国際的に高い水準（地方税を含めると約40%）であったことも，この傾向に拍車をかけていたと考えられる．

海外利益の国内還流に際しての税制の障害を取り除くために，2009年度（平成二十一年度）税制改正において，外国子会社配当益金不算入制度が導入された．この制度は，2009年４月１日以降に開始する決算期において，内国法人が海外子会社から受け取る配当のうち95%を益金不算入（非課税）とする．ただし，適用要件として内国法人（親会社）による子会社の持株比率が25%以上であり，配当支払い義務が確定する日以前の６カ月以上その所有が継続していることが求められる．[5] 受取配当のうち５%相当額は配当に係る費用（子会社への出資に際しての負債利子など）とみなされて，益金不算入の対象にはならず，益金に算入されて課税されることになる．

新制度の下では外国子会社からの配当を免税することで現地の法人税に関する国際的二重課税の排除がなされるため，従来の間接外国税額控除は廃止された．また，以前は子会社の所在地国が課す配当への源泉徴収税にも外国税額控除が適用されていたが，新制度の下では配当源泉税は外国税額控除の対象外となり，親会社の損金にも算入されないこととなった．したがって，2009年度以降は配当送金に係る源泉徴収税は多国籍企業にとっては利益還流のための追加的な税負担になる．

留意点としては，益金不算入措置の対象は外国子会社の配当のみであり，海外支店の利益，海外子会社から受け取る使用料や利子，海外子会社の株式譲渡

5）　この要件は間接外国税額控除の適用要件をそのまま引き継いでいる．なお持株比率25%の基準は，二国間の租税条約でより低い割合が定められている場合があり，例えば米国，ブラジル，オーストラリア，カザフスタンに立地する子会社であれば10%（フランスであれば15%）以上の持株比率が適用要件となる（青山［2009］）．

益など配当以外の海外所得は従来通り国内で課税され，外国税額控除によって国際的二重課税の調整が行われる.[6] 2009年度税制改正によって，配当所得に関してのみ外国税額控除方式から国外所得免除方式へと国際的二重課税の調整方式が移行したのである．海外子会社は配当だけでなく，使用料や利子を支払うことで親会社に利益還流を行う．利益還流の手段としては配当・使用料・利子のうち，配当のみ送金に係る税負担が2009年度に変化したことになる.

3　外国子会社配当益金不算入制度の効果

本節では，外国子会社配当益金不算入制度によって海外子会社から親会社への配当送金に係る税負担がどのように変化したのかを説明し，この制度の導入が企業活動に与える影響について仮説を立てる.

以下では，日本に立地する親会社が国 c に子会社を 1 社所有している状況を考える．国 c と日本の法人税率をそれぞれ τ_c と τ_H と表す.[7] この子会社が＄1 の利益（所得）を稼得し，税引後利益（$1-\tau_c$）を配当として日本の親会社に送金するとする．子会社が日本に配当を送金する際は国 c が源泉徴収税を課し，その税率を w_c^D と表す．このとき，親会社は配当を受け取る際に $(1-\tau_c)w_c^D$ だけの源泉徴収税を国 c に対して払うことになる．したがって，海外子会社の利益を日本に還流させる過程で国 c に対して払う税（法人税と源泉徴収税）の総額は $[\tau_c+(1-\tau_c)w_c^D]$ である．その上で，受取配当に対する日本での課税方法が，2009年度前後で異なってくる.

6)　諸外国の外国子会社配当益金不算入制度の実施状況については PwC［2013］を参照のこと．配当の益金不算入の比率が日本と同様に95％の国としてはドイツ，フランス，スイスなどがあるが，全額（100％）を益金不算入としている国が OECD 加盟国では多数を占める．また配当だけでなく，英国やフランスのように海外支店の利益や海外子会社の株式譲渡益も非課税としている国も多い（PwC［2013］の Table 2 を参照).

7)　この節では親会社の所在地国は日本であるが，海外子会社の所在地国は日本以外の不特定の国である．そこで法人税率 τ の表記に際しては，両者の区別を明確にするために前者は大文字 H，後者は小文字 c を下付き文字として使う.

まず，2008年度以前の外国税額控除方式の下で＄1の海外所得に課される税負担を考える．親会社は子会社から配当を受け取った時点で，その源泉となる所得＄1に日本の法人税が課される．よって日本での法人税額は τ_H である．ただし，国 c に支払った法人税と源泉徴収税の支払額 $[\tau_c+(1-\tau_c)w_c^D]$ の分は，外国税額控除として日本での税額から差し引くことができる．ここで，外国税額控除で控除できる額は国内の税額を上限としていることに留意してほしい．すなわち，外国での税額が国内での税額を上回っていたとしても，差額分は還付されない.[8)]

日本の法人税率が国 c の法人税率や源泉徴収税率と比べて十分に高く，$\tau_H \geq \tau_c+(1-\tau_c)w_c^D$ が成り立つとする．このとき，税額控除後の日本での納税額は $[\tau_H-\tau_c-(1-\tau_c)w_c^D]$ となる．したがって，日本と国 c での税額を合わせると，海外所得＄1に課される税額は合計で，

$$[\tau_H-\tau_c-(1-\tau_c)w_c^D]+\tau_c+(1-\tau_c)w_c^D=\tau_H \qquad (1)$$

となる．このことは，外国税額控除方式の下では，日本よりも税率の低い国で所得を得たとしても，その所得を配当で還流させると国内で追加的な法人税がかかり，税の総額は日本で同額の所得を稼得した場合と変わらないことを意味している．つまり，この方式の下では法人税率や源泉税率が低い国に立地する子会社から配当を受け取ると，日本での追加的な税負担 $[\tau_H-\tau_c-(1-\tau_c)w_c^D]$ は大きかった．

国 c の法人税率や源泉税率が高く，$\tau_H<\tau_c+(1-\tau_c)w_c^D$ が成り立つ場合は，日本での税額は外国税額控除によって打ち消される．そのため，総税額は国 c に支払う税額に一致して $[\tau_c+(1-\tau_c)w_c^D]$ となる．以上二つの場合をまとめると，海外所得＄1に課される税額は以下のように表される．

8）外国での税額が控除限度額を上回った場合は，その超過額分の外国税額控除を最大3年間繰り越して利用することができる．なお，本節では簡単化のために海外子会社が1社であることを仮定しているが，複数の子会社から配当を受け取る場合，配当の源泉となる各子会社の所得を合算して国内での税額（つまり，控除限度額）を計算することになる．詳しくは長谷川［2016］や増井・宮崎［2015］を参照のこと．

$$\max\{\tau_H, \tau_c+(1-\tau_c)w_c^D\} \tag{2}$$

ただし，2008年ごろの日本の法人税率はOECD加盟国の中でも最高水準であり，大部分の日本企業の海外子会社にとっては $\tau_H \geq \tau_c+(1-\tau_c)w_c^D$ が成り立っていた．そこで，以下では特に断らない限り，この条件が成り立つことを仮定して議論を進める．

次に，2009年度以後の外国子会社配当益金不算入制度の下での税負担を考える．この制度の下では，受取配当 $(1-\tau_c)$ の95％は非課税となり，５％分にのみ日本の法人税が課される．その一方で，受取配当に係る外国税額控除は廃止されている．さらに，配当に課される源泉徴収税は親会社の損金にも算入されない．したがって，日本での税額は $0.05(1-\tau_c)\tau_H$ となり，国 c への納税額 $[\tau_c+(1-\tau_c)w_c^D]$ も加えると，海外所得＄1に課される税額は合計で，

$$0.05(1-\tau_c)\tau_H+\tau_c+(1-\tau_c)w_c^D \tag{3}$$

となる．この式から明らかなように，通常の法人税率や配当源泉税率の範囲では，子会社の所在地国 c の法人税率 τ_c が低いほど，あるいは配当源泉税率 w_c^D が低いほど海外所得にかかる税負担が小さくなる．直感的には，新制度の下では配当の５％分しか日本では課税されないため，海外所得への税負担は子会社の所在地国の法人税率と配当源泉税率によって実質的に決まる．そのため，法人税率や源泉税率の低い国で所得を稼得して，配当の形で利益を国内に還流させることで税負担が軽減できるようになったのである．

多国籍企業の利益還流の方法としては，海外子会社が親会社に使用料や利子を支払うことによって送金することも可能である．使用料や利子など，配当以外の投資所得を親会社が海外子会社から受け取る際の税務上の扱いは2009年度税制改正によって変化しない．子会社が現地で稼得した＄1の所得を使用料あるいは利子として親会社に送金するとしよう．国 c が使用料と利子に課す源泉徴収税の税率をそれぞれ w_c^R と w_c^I と表す．配当とは異なり，使用料や利子は通常は子会社の課税所得から控除（損金算入）されるため，控除後の課税所得は０であり，そのため現地での法人税額も０になる．

子会社が＄1を使用料として払うとすると，日本では法人税 τ_H，国 c からは

w_c^R の源泉徴収税が課される．源泉徴収税の支払い分は，外国税額控除によって国内の税額から控除できる．ただし，控除額の上限は日本での税額 (τ_H) までである．したがって，日本の税額が源泉徴収税額を上回る $(\tau_H \geq w_c^R)$ 場合は，日本での追加的な支払い税額は $(\tau_H - w_c^R)$ となる．このとき，海外所得＄1 に課される税額は合計で，$(\tau_H - w_c^R) + w_c^R = \tau_H$ となる．$\tau_H < w_c^R$ の場合は，外国税額控除によって日本での追加的な税額はなくなり，海外所得＄1 に課される税額は国 c への納税額 w_c^R と一致する．まとめると，海外利益＄1 を使用料で送金する場合の総税額は $\max\{\tau_H, w_c^R\}$ と表される．同様に，子会社が＄1 を利子として払う場合の総税額は $\max\{\tau_H, w_c^I\}$ である．これらの税額は税率自体が変更されない限り，2009年度税制改正前後で変化しない．

このような配当・使用料・利子を通した海外利益の国内への還流に際しての税負担の違いを考慮すると，外国子会社配当益金不算入制度が多国籍企業に与える影響は以下のように予想される．まず式（1）と式（3）を比較すると，外国子会社配当益金不算入制度の導入によって，法人税率や配当源泉税率が低い国に立地する子会社ほど，海外利益への税負担が大きく引き下げられたことが分かる．つまり，制度変更から受ける影響は子会社の所在地国の税率に応じて異質的であると考えられる．そのため，法人税率や配当源泉税率の低い国に立地する子会社がこの税制改正に強く反応し，親会社への配当送金を増やすことが予想される．さらに，税制改正によって法人税率や配当源泉税率が低い国からの配当送金に係る税負担が使用料や利子と比べて相対的に低くなったことで，使用料や利子から配当へと利益還流の手段の代替が起きている可能性がある．

式（1）が示すように，外国税額控除方式の下では多国籍企業は日本よりも税率の低い国に子会社を設立し，利益を稼得したとしても，海外利益を国内に還流させる限り最終的には日本と同じ法人税率に直面することになる．したがって，投資先国の選択に際しての現地の税率の影響は，海外利益を還流することを前提とする限りは，限定的であったと考えられる．一方，新制度の下では，子会社の所在地国の税率によって海外所得への税負担が実質的に決まる．そのため税負担を最小化するという観点からは，他の条件を一定とすると，多国籍企業は法人税率および配当源泉税率の低い国で合併・買収など海外直接投資を増加させると予想される．

また多国籍企業は異なる国に立地する関連企業間での取引を利用して，税引前利益を法人税率の高い国から低い国に移せば，企業グループ全体での税負担を軽減することができる．例えば，国cの法人税率が日本の税率よりも低い場合，日本の親会社は子会社から中間財を通常よりも高い価格で購入する（あるいは，低い価格で子会社に販売する）ことで，利益を日本から国cに移すことができる．その他にも，例えば低税率国に立地する関連会社が高税率国に立地する関連会社に対して貸付を行えば，利子の支払いを通して，利益を高税率国の関連会社から低税率国の関連会社へと移すことができる．このような節税行動は利益移転（profit shifting）と呼ばれる．9) 外国子会社配当益金不算入制度の下では，海外利益への課税が子会社の所在地国で実質的に完結するため，低税率国に立地する子会社へと利益を移転する誘因が強く働くと考えられる．そのため，2009年度税制改正を契機として，多国籍企業の利益移転が活発化している可能性がある．

次節では，外国子会社配当益金不算入制度の導入が日本の多国籍企業の利益還流，海外直接投資，利益移転に与えた影響を実証的に分析し，上記の仮説を検証した研究を解説する．この税制改正には海外からの利益還流に際しての税の障害を取り除き，そして還流した資金が国内の投資や雇用を促進する効果も期待されていた（経済産業省［2008］）．そこで，2009年度税制改正によって還流した海外資金の用途を分析した研究も紹介する．

4　外国子会社配当益金不算入制度の影響に関する実証研究

4.1　利益還流への影響

前節では，外国子会社配当益金不算入制度の導入によって，法人税率や配当への源泉徴収税率が低い国に立地する子会社が配当送金を増加させる一方，使用料や利子による送金を減少させることを予想した．この仮説を検証した研究として，Hasegawa and Kiyota［2017］と Hasegawa and Kakebayashi［2020］

9)　長谷川［2020］は利益移転に関する近年の実証研究をサーベイしている．

がある．両論文とも経済産業省が実施している海外事業活動基本調査と企業活動基本調査の個票を利用している．海外事業活動基本調査では日本企業の海外子会社の財務情報が収集されており，海外子会社が親会社に送金した配当，使用料，さらに配当と使用料を含む全ての送金を合計した支払総額の情報が含まれていることが特徴的である.[10] 企業活動基本調査には親会社の詳細な財務情報が収録されている．Hasegawa and Kiyota［2017］は海外子会社の配当送金行動に焦点を当てて分析を行っている．Hasegawa and Kakebayashi［2020］は Hasegawa and Kiyota［2017］の分析を拡張して，配当だけでなく使用料，利子，支払総額といった複数の送金手段への2009年度税制改正の影響を分析している．

両論文とも2007年から2013年にかけての海外子会社レベルのパネルデータを構築して以下のような回帰式を推定している．

$$Y_{ijct}=\alpha_1\tau_{ct}+\alpha_2 w^D_{ct}+\beta_1 DE_t\times\tau_{ct}+\beta_2 DE_t\times w^D_{ct}+\gamma X_{ijct}+\lambda_t+\mu_i+u_{ijct} \quad (4)$$

ここで，各変数の下付き文字の i，j，c，t はそれぞれ子会社，親会社，子会社の所在地国，年度を表している．被説明変数 Y_{ijct} は子会社 i から親会社 j への年度 t における配当，使用料，利子などの支払額，あるいは支払総額である．右辺の τ_{ct} と w^D_{ct} はそれぞれ国 c の年度 t における法人税率と配当源泉税率である．DE_t は $t\geq 2009$ のときに1，それ以外は0の値をとるダミー変数である．X_{ijct} は利益送金に影響を与えうる子会社，親会社，所在地国の特性を考慮するための様々な制御変数を含むベクトルを表している．λ_t は年度固定効果，μ_i は子会社固定効果，u_{ijct} は誤差項である．

仮説を検証するために関心があるのは交差項 $DE_t\times\tau_{ct}$ と $DE_t\times w^D_{ct}$ の係数 β_1 と β_2 の推定値である．これらの推定係数は，2009年以降の海外子会社から親会社への送金行動の税率に対する反応の変化を捉える．言い換えると，法人税

10)　田近・布袋・柴田［2014］は2008～2009年の海外事業活動基本調査の本社調査票を用いて親会社レベルのパネルデータを構築し，海外子会社からの配当受取額への2009年度税制改正の影響を分析している．その結果，設備投資，株主への配当支払い，および負債返済のための資金需要の高い親会社が2009年に配当受取額を増加させたことを示している．

率や配当源泉税率が低い国に立地している子会社（処置群）と，それらの税率が高い国に立地している子会社（対照群）の税制改正前後での反応の変化の差を推計する差の差推定（difference-in-differences estimation）になっていると解釈することもできる.[11] 仮説が示唆する通り，法人税率と配当源泉税率が低い国からの配当が税制改正後に増加していれば，被説明変数が配当の場合は β_1 と β_2 は負になると予想される．また，そのような国で使用料や利子から配当へと支払い手段の代替が起きていれば，被説明変数が使用料あるいは利子の場合は β_1 と β_2 は正になると予想される．

Hasegawa and Kiyota［2017］は，被説明変数として配当・売上高比率を用いて式（4）を推定している．その結果，仮説と整合的に β_2 は負であり，配当源泉税率の低い国に立地する海外子会社が税制改正後に配当を増加させたことを示した．具体的には，子会社の所在地国の配当源泉税率が１％ポイント低くなると，税制改正後に子会社は配当を売上高の0.025％分増加させたという結果を得ている．さらに，税制改正前の時点での内部留保残高が大きい子会社が，税制改正に強く反応して配当をさらに増加させたことも明らかにした．しかし，仮説の予想とは異なり β_1 は負にはならず，法人税率の低い国の子会社が税制改正に反応して配当を増加させたことを示す結果は得られなかった．これらの結果は，外国子会社配当益金不算入制度の下では，配当源泉税率の配当送金への影響が強くなっていることを示している．

Hasegawa and Kakebayashi［2020］は，配当だけでなく使用料，利子，支払総額も被説明変数として用いて，様々な定式化の下で式（4）を推定している．ただし，利子はデータからは直接観察できないため，支払総額から配当と使用料の額を差し引いた残額を利子の代理変数として用いている．主要な結果としては，β_2 は被説明変数が配当の場合は負，使用料の場合は正となり，税制改正後に配当源泉税率の低い国で使用料から配当へと利益還流手段の代替が起きていることを明らかにした．具体的には，子会社の所在地国の配当源泉税率

11）2009年の英国の国外所得免除方式の導入が英国多国籍企業の海外子会社の配当送金（Egger et al.［2015］）と設備投資（Liu［2020］）に与えた影響を分析した研究では，英国多国籍企業が所有する海外子会社を処置群，それ以外の国籍の企業が所有する海外子会社を対照群として差の差推定を行っている．

が1％ポイント低くなると，税制改正後に子会社は配当を約1％増加させ，使用料を約0.5％減らし，支払総額を約0.73％増加させたことを示唆する結果を得ている．支払総額が増えているのは，配当の増加が使用料の減少を上回っているからである．

一方，利子については配当との利益手段の代替関係を示す結果は得られなかった．子会社から親会社への支払総額のうち，配当の占める割合は平均で45.8％，使用料は34.8％，利子は19.5％であった．このことから，日本の多国籍企業にとっての主要な利益還流手段は配当と使用料であることが分かる．外国子会社配当益金不算入制度の下では，主要な利益還流手段である配当と使用料の間で，配当源泉税率を通じた代替関係が強くなったと解釈できる．また，交差項 $DE_t \times \tau_{ct}$ の推定係数 (β_1) に関しては仮説と整合的な反応は明確には確認できなかった．具体的には，法人税率の低い国に立地する子会社が税制改正後に配当を増加させたことを示唆する結果は一部の定式化では確認できたものの（法人税率1％ポイントの低下に対して売上高の0.013％相当の配当の増加），使用料の支払いを減らしたことを示す結果は得られなかった．[12]

4.2　還流資金の使途

Hasegawa and Kiyota［2017］と Hasegawa and Kakebayashi［2020］は，日本の多国籍企業が2009年度税制改正に反応して，配当源泉税率や法人税率の低い国から利益還流を増加させたことを示した．Egger et al.［2015］は，日本と同じく2009年に国外所得免除方式を導入した英国の税制改正の利益還流への効果を検証し，英国よりも法人税率の低い国に立地する海外子会社がこの税

12）法人税率の低い国に立地する子会社の配当が増加したという結果は，Hasegawa and Kiyota［2017］のそれとは異なるが，この違いは法人税率の計測方法の違いによるものだと考えられる．Hasegawa and Kiyota［2017］は子会社ごとの平均税率（法人税額/税引前利益）を法人税率の指標として用いているのに対して，Hasegawa and Kakebayashi［2020］では法定法人税率あるいは国レベルの平均税率（各年の国ごとの子会社の平均税率の中央値）を用いている．企業レベルの平均税率は企業ごとの税負担を反映することが利点ではあるが，様々な企業行動の影響を受けるため内生性の懸念が生じる．

制改正によって親会社への配当送金を増加させたことを示している.[13] それでは，日英の国外所得免除方式への移行に反応して国内に還流した資金は，どのような用途に使われたのだろうか．この点を分析した研究として Arena and Kutner［2015］がある．この研究は WorldScope のデータベースに収録されている2006年から2011年にかけての日英の上場企業の連結決算ベースの財務情報を用いている．つまり，サンプルには日英多国籍企業の本社（親会社），および海外に支店や子会社を持たない純粋な国内企業が含まれている．

税制改正の効果を計測するために，Arena and Kutner［2015］は配当還流税（repatriation tax）に着目している．配当還流税とは，海外子会社の法人税支払い後の利益を配当で還流する際にかかる追加的な税負担である．具体的には，配当を送金する際に課される源泉徴収税や国内での受取配当への課税による税負担であり，国内での課税方法は第 3 節で示したように採用する国際的二重課税の調整方式に応じて異なる．式（1）が示す通り，2008年までの外国税額控除方式の下では，$1 の海外利益を国内に配当で還流させると，総額で日本の法人税率に等しい τ_H の税負担がかかった．この税額には子会社が現地で支払った法人税 τ_c が含まれている．したがって，配当還流税は $(\tau_H-\tau_c)$ と表される．2009年以後は，式（3）から τ_c を除いた $[0.05(1-\tau_c)\tau_H+(1-\tau_c)w_c^D]$ が外国子会社配当益金不算入制度（国外所得免除方式）の下での配当還流税となる．

第 3 節では親会社が一つの子会社のみを保有する状況を考えたが，複数の子会社から配当を還流する際は，配当の源泉となる海外所得の総額およびその海外所得に課された法人税等の総額をもとに，外国税額控除額や国内での税額が決まる．そこで Arena and Kutner［2015］は，税制改正前の2006～2008年の期間は配当還流税の指標を

$$\frac{(\text{外国税引前利益}\times\text{国内の法人税率}-\text{外国法人税額})}{\text{総資産}} \qquad (5)$$

13）ただし，Egger et al.［2015］らのデータでは配当送金額は直接には観察できないため，子会社の貸借対照表から配当の近似的な代理変数を作成して分析に用いている．

と定義している.[14] この式の分子は，海外子会社の利益を全額配当で還流した場合に国内で課される法人税額と現地で払った法人税額の差であり，海外子会社が１社の場合の配当還流税 ($\tau_H - \tau_c$) に対応している．これを総資産で割っているのは企業規模を考慮するためである．一方，税制改正後の2009～2011年の期間は，英国では海外子会社からの配当が全額非課税になるので，英国企業の場合は０とする．日本企業の場合は配当の５％分にのみ課税されるので，配当還流税も税制改正前の５％になると仮定して，式（5）に0.05をかけた数値を配当還流税の指標として使っている．

このようにして，データ期間の全ての年（2006～2011）において日英の各企業が直面する配当還流税が定義できる．ここで重要な点は，この還流税は企業ごとに異なるが，2009年の税制改正を機に大きく低下するということである（英国企業の場合は０になる).[15] この還流税の低下に反応して，海外子会社から親会社へと資金が還流し，親会社の様々な事業活動にも影響を与えると考えられる．そこで，親会社の現金保有，配当，自社株買い，設備投資を被説明変数，還流税を説明変数として，企業固定効果や年固定効果および様々な制御変数を含めた回帰分析を行っている．固定効果推定の際に利用される還流税の企業内での変動の大部分は，2009年の税制改正によって生じている．したがって，還流税に反応して親会社の国内での企業活動が変化していれば，それは税制改正が促進した配当還流によって引き起こされた反応だと解釈するのである．

分析の結果，日英の多国籍企業は税制改正による還流税の低下に反応して，親会社は平均的には現金保有を4300万～6400万ドル減らし，配当を5100万～6000万ドル増やし，さらに株主還元（配当と自社株買い）を6400万～6900万ドル増加させたことを示した.[16] 一方，親会社の国内での設備投資については

14）論文では式（5）に－１をかけて"Income Tax Repatriation Advantage"という指標を定義して回帰分析に用いているが，本稿では直感的に理解しやすい配当還流税の概念を用いて議論をする．

15）2006～2008年当時の英国の法人税率は30％であり，それより高税率の国に多くの子会社を持つ一部の英国企業は式（5）が負になる．それらの企業は税制改正前から配当還流に際して税負担がなく，国外所得免除方式の導入の影響を受けないと考えられるため，主要な分析のサンプルからは除外されている．

統計的に有意な反応は見られなかった．連結ベースでの親会社の現金保有が減少したことは，2009年の税制改正をきっかけにして親会社が海外子会社からの配当で資金を国内に還流し，支出したことを示唆している．そしてその資金は株主還元（主に配当）のために使われ，設備投資には回されなかったと解釈できる．ただし，この研究のデータ期間は2011年までであり，税制改正後３年以内の企業の反応を見ていることに留意が必要である．配当と比べて設備投資に関する意思決定が変化するにはもっと時間がかかる可能性がある．

4.3　海外直接投資への影響

第３節では2009年度税制改正は法人税率および配当への源泉徴収税率が低い国への海外直接投資を増加させることを予想した．Feld et al.［2016］は多国籍企業による海外合併・買収（cross-border mergers and acquisitions）についてこの仮説を検証した．外国税額控除方式の下では，海外で買収した子会社の利益を国内に還流すると配当還流税の負担がかかり，海外子会社から得られる税引後の投資収益は低くなる．そのため，買収の際に提示できる価格も低くなり，買収に成功しにくくなると考えられる．そこでこの研究は，Bureau van Dijk の Zephyr データベースより2004年から2013年にかけて OECD 国間で成立した17,907件の海外合併・買収に関する情報を収集し，配当還流税が海外合併・買収に与える影響を分析した．データ期間中は日本，英国，ニュージーランドが2009年に外国税額控除方式から国外所得免除方式へと移行したため，これらの国に親会社を持つ多国籍企業の多くが配当還流税率の低下に直面した．この配当還流税率の低下に対する海外合併・買収の反応を推計することで，国外所得免除方式の導入が海外合併・買収に与える影響が推計できるのである．

実証分析において重要な変数は配当還流税率である．第３節で示した通り，外国税額控除方式の下では，海外所得＄1を配当で還流した場合の総税額は式(2) で与えられる．この式から現地で課される法人税 (τ_c) を除くと，配当を

16）　税制改正の前後の時期は2008年の金融危機と重なっているため，金融危機が税制改正の効果の推計に影響を与える懸念がありうる．そのため，Arena and Kutner［2015］は金融危機の期間（2008年と2009年）のデータを除外して再度推定を行うなど，様々な頑健性の検証を行い，主要な結果が変わらないことを確認している．

支払う際に追加的に課される税額（配当還流税）は以下のように得られる．

$$\max\{\tau_H-\tau_c,(1-\tau_c)w_c^D\}$$

ただし，ここでは国 H は日本ではなく，より一般的に買収を仕掛ける親会社の所在地国を表す．一方，国外所得免除方式の下では税引後利益 $(1-\tau_c)$ を配当送金すると，配当源泉税 $(1-\tau_c)w_c^D$ が課され，国内では受取配当の $100x$%にのみ課税される．2009年以後の日本の外国子会社配当益金不算入制度の場合は95%が非課税なので $x=0.05$ であり，英国の場合は100%非課税なので $x=0$ である．このとき，配当還流税は以下のようになる．

$$(1-\tau_c)w_c^D+(1-\tau_c)(1-w_c^D)x\tau_H$$

以上をまとめると，国 c から国 H へと配当送金する際の還流税 T_{cH} は以下のように表される．[17]

$$T_{cH}=\begin{cases}\max\{\tau_H-\tau_c,(1-\tau_c)w_c^D\} & \text{国}H\text{が外国税額控除方式を採用する場合}\\(1-\tau_c)w_c^D+(1-\tau_c)(1-w_c^D)x\tau_H & \text{国}H\text{が国外所得免除方式を採用する場合}\end{cases}\qquad(6)$$

式（6）の配当還流税の計算では，国 c の子会社が稼得した利益を配当として国 H の親会社に直接送金することを想定している．しかし，配当源泉税率の低い別の国に立地する子会社を通して親会社に配当を送ることで，源泉徴収税を逃れることも考えられる．Barrios et al.［2012］は配当還流税率が海外子会社の進出先国の選択に与える影響を分析したが，法人税率と比べて，配当源泉税率の影響は極めて小さい（統計的に有意な影響はない）ことを示している．そこで，配当源泉税率 w_c^D を考慮せずに以下のように還流税 T_{cH} を定義することも考えられる．

17）第3節でも述べた通り，日本の外国子会社配当益金不算入制度では配当源泉税は損金算入できない．したがって，日本企業にとって2009年以後の配当還流税は正確には $(1-\tau_c)w_c^D+(1-\tau_c)x\tau_H$ となるはずである（ただし，$x=0.05$）．しかし，ここでは論文中の表記をそのまま用いる．

$$T_{cH}=\begin{cases}\max\{\tau_H-\tau_c,0\} & \text{国}H\text{が外国税額控除方式を採用する場合}\\ (1-\tau_c)x\tau_H & \text{国}H\text{が国外所得免除方式を採用する場合}\end{cases} \tag{7}$$

推定方法としては，海外合併・買収を行う多国籍企業が属するOECDの主要20カ国（日本，英国，ニュージーランドを含む）のうち，国Hの多国籍企業が国cの企業jの買収に成功する確率に配当還流税T_{cH}が与える効果を条件付きロジットモデルによって計測している．分析の結果，式（6）および式（7）のいずれの方法でT_{cH}を定義しても，配当還流税は買収成功確率に負の影響を与えることを示した．このことは仮説の予想通り，2009年度税制改正による配当還流税率の低下に反応して，日英の多国籍企業による海外合併・買収が増加したことを示唆している．また，式（6）の還流税を用いた場合，式（7）の還流税を用いる場合と比較してT_{cH}の推定係数は規模が小さくなった．さらに，式（7）のT_{cH}と配当源泉税率をともに説明変数として推定式に含めると，T_{cH}の係数と比べて，源泉税率の係数は規模が小さく統計的にも有意ではなかった．これらの結果は配当源泉税率が海外合併・買収に与える影響は限定的であることを意味しており，Barrios et al.［2012］の結果とも整合的である．

式（7）の配当還流税を用いた推定結果からは，2009年の国外所得免除方式への移行によって，英国企業による海外合併・買収の件数は1.6%（年間7億USドル相当）増加し，日本企業による海外合併・買収の件数は16.1%（年間31億USドル相当）増加したと推計された．日本の方が英国よりも税制改正の影響が大きい理由は，日本の法人税率（2010年は40.7%，2013年は38%）は英国の法人税率（2010年は28%，2013年は23%）よりも高い分，税制改正によって還流税が$(\tau_H-\tau_c)$から$(1-\tau_c)x\tau_H$へと低下した度合いも大きくなるからである．2009年度税制改正は配当還流税を低下させることで，日本の多国籍企業の合併・買収による海外直接投資を増加させたと解釈できる．

Barrios et al.［2012］やFeld et al.［2016］は配当源泉税率は海外直接投資に影響を与えないことを示した．その理由として，利益還流の際は配当源泉税率が低い国に立地している別の子会社を通して親会社に配当送金を行う可能性を指摘していた．この解釈と整合的に，Hasegawa and Kiyota［2017］と

Hasegawa and Kakebayashi［2020］は2009年度税制改正後の配当送金は法人税率よりも配当源泉税率に対する反応が強いことを示していた．多国籍企業が海外直接投資を行い，その後投資収益を本社に還流する過程において，法人税率は海外直接投資に，配当源泉税率は配当還流に対してそれぞれ影響を与えることをこれらの研究結果は示唆している．

4.4　利益移転への影響

第3節では2009年度税制改正によって多国籍企業の利益移転が活発化するという仮説を立てた．外国子会社配当益金不算入制度の下では，海外利益への課税は子会社の所在地国で実質的に完結するため，税率の低い国の関連会社へと利益を集めることで企業グループ全体での税負担を節約する誘因が税制改正前よりも強く働くと考えられる．日本政府もこの制度の導入が多国籍企業の租税回避行動に拍車をかけることを懸念していた（経済産業省［2008］）．Liu et al.［2020］は英国の2009年の国外所得免除方式導入によって，英国多国籍企業の利益移転が活発化したことを示した．[18] それでは，2009年度税制改正によって，日本の多国籍企業の利益移転行動は変化したのであろうか．Hasegawa［2021］はこの問いを検証している．

Hasegawa［2021］は利益移転の程度を推計するにあたって，Hines and Rice［1994］が開発し，近年も多くの研究で用いられている手法（Dharmapala［2014］では Hines-Rice approach と呼ばれている）を応用している．[19] 国ごとに集計化された海外子会社の財務データを使った Hines and Rice［1994］の推定式を，企業レベルのパネルデータに応用すると基本的な推定式は以下のようになる．

18）Liu et al.［2020］は関連企業間での財・サービス・資産を取引する際に設定される価格（移転価格）の操作を利用した利益移転行動を分析している．そして，英国の親会社が税率の低い国に立地する関連会社へと輸出する際に，価格を低く設定することで利益移転を行う傾向が2009年以後強くなった（移転価格が低下した）ことを示している．

19）Hines and Rice［1994］の分析手法についてのより詳細な解説や，この手法を用いた近年の研究の動向については Dharmapala［2014］や長谷川［2020］を参照のこと．

$$\ln \pi_{it} = \beta_1 \tau_{it} + \beta_2 \ln K_{it} + \beta_3 \ln L_{it} + \gamma X_{it} + \lambda_t + \mu_i + u_{it} \tag{8}$$

ここで，各変数の下付き文字の i と t はそれぞれ海外子会社と年度を表している．π_{it} は子会社 i の年度 t における税引前利益であり，通常は自然対数をとって被説明変数として用いる.[20] τ_{it} は子会社 i の所在地国の法人税率である．K_{it} は固定資産（あるいは有形固定資産），L_{it} は給与総額であり，それぞれ資本と労働投入額の代理変数として自然対数をとって用いる．X_{it} はその他の制御変数のベクトルであり，子会社あるいは子会社の所在地国の様々な特性を含んでいる．λ_t は年度効果，μ_i は子会社固定効果，u_{it} は誤差項である．

式（8）の推定において関心があるのは法人税率 τ_{it} の係数 β_1 である．β_1 の符号が負であれば，法人税率が低くなると利益が流入して当該子会社の報告利益が増えることを意味し，節税を目的とした利益移転行動と整合的である．$|\beta_1|$ は報告利益の法人税率に関する半弾力性（tax semi-elasticity，以下では「税の半弾力性」と呼ぶ）であり，現地の法人税率が１％ポイント減少すると，子会社の税引前利益が $|\beta_1|$ ％増加することを意味する．税の半弾力性は利益移転の程度を示しており，これまで多くの研究がこの値を推計している．Heckemeyer and Overesch［2017］や Beer et al.［2020］は税の半弾力性を推計した研究を集めてメタ・アナリシスを行い，平均的な半弾力性の推定値は約0.8～1.0だと結論付けている．

Hasegawa［2021］は Bureau van Dijk の Orbis データベースから2004～2016年の日米の多国籍企業の海外子会社の財務情報を収集し，日本の多国籍企業の海外子会社の税の半弾力性が2009年度税制改正によって変化したのか検証している．外国子会社配当益金不算入制度の導入が多国籍企業の利益移転に拍車をかけたのであれば，税制改正に反応して日本企業の海外子会社の税の半弾力性が増加していると考えられる．分析に際しては，比較対象として米

20）税引前利益の自然対数をとると，損失がある企業は被説明変数が定義できず，推定の際はサンプルから除外される．損失企業の利益移転行動は他の企業とは異なるため，損失企業をサンプルから除いて，利益のある企業に分析対象を絞っている研究が多い．企業グループ内に損失企業がいる場合の利益移転行動を分析した研究としては De Simone et al.［2017］や Hopland et al.［2018］がある．

国の多国籍企業の海外子会社もサンプルに含めて税の半弾力性を推定している．日本と米国の外国税額控除方式は類似しており，しかも両国ともデータ期間中は OECD 加盟国の中で最も高い水準の法人税率を設定していた．日本は2009年度に外国子会社からの配当に関しては外国税額控除方式を廃止して国外所得免除方式に移行したが，米国はデータ期間中は外国税額控除方式を採用し続けていた．したがって，税制改正が施行された2009年周辺で日本企業の海外子会社の税の半弾力性が，米国企業の海外子会社の税の半弾力性と比較して相対的に大きく増加していれば，その増加は税制改正の影響だと解釈できる．

推定方法としては，式 (8) の法人税率 τ_{it} の代わりに，年ダミー変数と国籍ダミー変数（米国と日本のいずれの企業グループに属するかを示すダミー変数）と τ_{it} の三つの変数の交差項を説明変数として用いることで，日米企業の海外子会社の各年の税の半弾力性を推定している．結果としては，日本企業の海外子会社の税の半弾力性は2008年から急激に増加し始め，2007年から2009年にかけて0.45から2.13に増加していた．さらに，日本企業の海外子会社の税の半弾力性は2008年から2012年にかけて，米国企業の海外子会社よりも高い値を示した．2008年から税の半弾力性が増加したのは，翌年度の外国子会社配当益金不算入制度の導入を予期した反応であると考えられる．2008年 5 月 9 日の閣議後の記者会見で，甘利明経済産業大臣が2009年度税制改正における国外所得免除方式の導入を検討することを発表した．さらに，2008年 8 月には経済産業省が外国子会社配当益金不算入制度の概要案を公表していた（経済産業省［2008］）．したがって，新制度への移行は2008年度の早い段階で予測可能であったと考えられる.[21] 海外子会社配当の益金不算入措置の実施は2009年度からであるものの，将来的には海外利益を今までよりも低い税負担で国内に還流できるようになることを見越して，2008年度から利益移転が活発化した可能性が考えられる．

Hasegawa［2021］の分析結果の留意点としては，日本企業の海外子会社の

21)　櫻田・中西［2011］と Bradley et al.［2018］は，2008年度中の外国子会社配当益金不算入制度の導入に関する政府の発表や法案の成立に対して，日本の多国籍企業の株価が反応していたことを示している．

税の半弾力性は2013年から低下し始め，2015年には税制改正前の水準に戻っているということである．米国企業の海外子会社の税の半弾力性も2013年以降は低下傾向にある．この税の半弾力性の低下は，日米の多国籍企業に共通して観察されることから，2009年度税制改正の影響ではないと考えられる．多国籍企業の過度な節税や租税回避に対処するため，2012年にOECDが「税源浸食と利益移転」(Base Erosion and Profit Shifting，略称BEPS）プロジェクトを立ち上げ，2015年には最終報告書が発表された（OECD［2015］)．この最終報告書では国際的に協調して利益移転に対応するための15の行動計画が提案されており，日本を含めたBEPSプロジェクト参加各国・地域は行動計画に沿った国内法の整備を求められている．2013年以降の税の半弾力性の低下は，BEPSプロジェクトの展開や各国のBEPSプロジェクトへの対応によるものなのかもしれない．この点についてはさらなる検証が必要である．

5　おわりに

日本は2009年度税制改正において外国子会社配当益金不算入制度を導入し，日本企業が海外子会社から受け取る配当を益金不算入（非課税）とした．その結果，法人税率や配当源泉税率の低い国に子会社を持つ日本企業にとっては，海外利益への税負担が引き下げられた．本稿で紹介した研究はこの国際課税制度の変更が多国籍企業の様々な事業活動に影響を与えたことを明らかにしていた．利益還流については，外国子会社配当益金不算入制度は配当への源泉徴収税率が低い国に立地する子会社，そして内部留保残高の大きな子会社からの配当送金を増加させた（Hasegawa and Kiyota［2017］)．配当源泉税率の低い国では，使用料から配当へと利益送金手段の代替も起きていた（Hasegawa and Kakebayashi［2020］)．そして，この税制改正に反応して国内に還流した資金は主に株主還元（配当と自社株買い）を増やすために使われた（Arena and Kutner［2015］)．海外での事業活動については，税制改正によって引き起こされた配当還流税率の低下に反応して，法人税率の低い国で合併・買収が増加した（Feld et al.［2016］)．さらに新制度の導入を予想して，2008年度から利益移転が活発化したことを示唆する結果も得られていた（Hasegawa［2021］）.

以下では，これらの研究の政策的な含意について議論したい．外国子会社配当益金不算入制度の目的は，海外からの資金還流に際しての税制上の障害を取り除くことであった．税制改正後は配当還流税の低下度合に応じて，配当源泉税率や法人税率の低い国に立地している子会社が配当を増加させたことは，以前の外国税額控除方式の下では配当還流税が利益還流の障害になっていたことを示唆している．そして，2009年度税制改正はその障害を取り除く効果があったと評価できる．また，新制度の下では配当源泉税率の配当送金への影響が強くなっている．このことは，今後配当による利益還流を一層促進するためには，二国間租税条約で定められている配当源泉税率を引き下げることが以前よりも有力な手段であることを示唆している．

配当還流税の低下に応じて海外直接投資（海外合併・買収）が増加したという結果は，外国税額控除方式の下では還流税が海外直接投資の障害になっていたことを示唆している．したがって，2009年度税制改正は海外進出に際しての税の歪みを取り除いて海外直接投資の効率性を向上させたと評価できるだろう．

利益移転については日英ともに国外所得免除方式への移行とともに活発化したことを示す研究があり，2009年度税制改正後は利益移転による税源浸食への対応の重要性が増している．利益移転を抑止するための対策としては，移転価格税制や過少資本税制などがある．移転価格税制とは，移転価格（関連企業間での取引で設定される価格）の操作を利用した租税回避を防止するための制度である．この制度の下では，国外関連企業から支払いを受ける際の価格が独立企業間価格（非関連者と取引する際に設定される価格）に満たない場合，あるいは国外関連企業に支払う際の価格が独立企業間価格を超える場合に，移転価格を独立企業間価格に置き換えて課税所得を計算し直し，課税される．Riedel et al.［2015］は移転価格税制とその厳格な運用（文書化制度や違反罰則制度）が多国籍企業の利益移転を抑制する効果があることを示している．過少資本税制とは，国外の関連企業から借入れで資金調達をし，過度な利払いにより課税所得を圧縮し，法人税を回避する行動を規制するための制度である．この制度の下では，外国親会社の資本持分の一定倍率（日本は3倍）を超える負債に対応する支払利子の損金算入を認めない．Buettner et al.［2012］は過少資本税制の規制の厳格化が，海外子会社による親会社からの負債（親会社への利払い）を利用した節税を抑制する効果があることを示している．したがって，移転価格税制や過少資本税制の適切な設計は租税回避を抑止する有力な手段であると考えられる．

本稿では，2009年度税制改正における国際的二重課税の調整方式の変更に着目した研究を紹介した．ただし，国際課税上の課題は国際的二重課税だけでなく，上記の移転価格税制や過少資本税制に加えて，外国子会社合算税制（タックスヘイブン対策税制）や租税条約など広範に及ぶ．それらを分析対象とした先行研究はいずれも納税者が国際課税制度に機敏に反応して行動を（時には意図しない方向に）変えることを明らかにしている．外国子会社配当益金不算入制度以外の日本の国際課税制度の影響についても，今後さらなる研究の蓄積が期待される．

【参考文献】

青山慶二［2009］「外国子会社配当益金不算入制度の考察」『筑波ロー・ジャーナル』6: 99-117.

川田剛［2015］『国際課税の基礎知識（九訂版）』税務経理協会.

経済産業省［2008］「我が国企業の海外利益の資金還流について：海外子会社からの配当についての益金不算入制度導入に向けて」経済産業省貿易経済協力局貿易振興課.

櫻田譲・中西良之［2011］「外国子会社利益の国内環流に関する税制改正と市場の反応」『租税資料館賞受賞論文集　第二十回（二〇一一）上巻』233-258.

田近栄治・布袋正樹・柴田啓子［2014］「税制と海外子会社の利益送金：本社資金需要からみた「2009年度改正」の分析」『経済分析』188: 68-92.

長谷川誠［2016］「国際課税制度が多国籍企業の経済活動に与える影響」『フィナンシャル・レビュー』127: 146-165.

長谷川誠［2020］「利益移転の実証分析」証券税制研究会編『企業課税をめぐる最近の展開』日本証券経済研究所，207-235.

増井良啓・宮崎裕子［2015］『国際租税法（第3版）』東京大学出版会.

Arena, Matteo P. and George W. Kutner［2015］"Territorial Tax System Reform and Corporate Financial Policies." *The Review of Financial Studies* 28(8): 2250–2280.

Barrios, Salvador, Harry Huizinga, Luc Laeven, and Gaëtan Nicodème［2012］"International Taxation and Multinational Firm Location Decisions," *Journal of Public Economics* 96(11–12): 946–958.

Beer, Sebastian, Ruud de Mooij, and Li Liu［2020］"International Corporate Tax Avoidance: A Review of the Channels, Magnitudes, and Blind Spots," *Journal of Economic Surveys* 34(3): 660–688.

Bradley, Sebastien, Estelle Dauchy, and Makoto Hasegawa［2018］"Investor Valuations of Japan's Adoption of a Territorial Tax Regime: Quantifying the Direct and Competitive Effects of International Tax Reform," *International Tax and Public Finance* 25(3): 581–630.

Buettner, Thiess, Michael Overesch, Ulrich Schreiber, and Georg Wamser［2012］"The Impact of Thin-capitalization Rules on the Capital Structure of Multinational Firms," *Journal of Public Economics* 96(11–12): 930–938.

De Simone, Lisa, Kenneth J. Klassen, and Jeri K. Seidman［2017］"Unprofitable Affiliates and Income Shifting Behavior," *The Accounting Review* 92(3): 113–136.

Dharmapala, Dhammika［2014］"What Do We Know about Base Erosion and Profit Shifting? A Review of the Empirical Literature," *Fiscal Studies* 35(4): 421–448.

Egger, Peter, Valeria Merlo, Martin Ruf, and Georg Wamser［2015］"Consequences of the New UK Tax Exemption System: Evidence from Micro-Level Data," *The Economic Journal* 125(589): 1764–1789.

Feld, Lars P., Martin Ruf, Uwe Scheuering, Ulrich Schreiber, and Johannes Voget［2016］"Repatriation Taxes and Outbound M&As," *Journal of Public Economics* 139: 13–27.

Hasegawa, Makoto［2021］"Territorial Tax Reform and Profit Shifting by US and Japanese Multinationals," Available at SSRN: https://dx.doi.org/10.2139/ssrn.3498964.

Hasegawa, Makoto and Michi Kakebayashi［2020］"The Effect of Foreign Dividend

Exemption on Profit Repatriation through Dividends, Royalties, and Interest: Evidence from Japan," Kyoto University, Graduate School of Economics Discussion Paper No. E-20-004.

Hasegawa, Makoto and Kozo Kiyota [2017] "The Effect of Moving to a Territorial Tax System on Profit Repatriation: Evidence from Japan," *Journal of Public Economics* 153: 92-110.

Heckemeyer, Jost H. and Michael Overesch [2017] "Multinationals' Profit Response to Tax Differentials: Effect Size and Shifting Channels," *Canadian Journal of Economics* 50(4): 965-994.

Hines, James R. Jr. and Eric M. Rice [1994] "Fiscal Paradise: Foreign Tax Havens and American Business," *The Quarterly Journal of Economics* 109(1): 149-182.

Hopland, Arnt O., Petro Lisowsky, Mohammed Mardan, and Dirk Schindler [2018] "Flexibility in Income Shifting under Losses," *The Accounting Review* 93 (3): 163-183.

Liu, Li [2020] "Where Does Multinational Investment Go with Territorial Taxation? Evidence from the United Kingdom," *American Economic Journal: Economic Policy* 12(1): 325-358.

Liu, Li, Tim Schmidt-Eisenlohr, and Dongxian Guo [2020] "International Transfer Pricing and Tax Avoidance: Evidence from Linked Trade-Tax Statistics in the United Kingdom," *The Review of Economics and Statistics* 102(4): 766-778.

Organisation for Economic Co-operation and Development (OECD) [2015] "Final BEPS Package for Reform of the International Tax System to Tackle Tax Avoidance," Available at http://www.oecd.org/ctp/beps-2015-final-reports.htm.

PricewaterhouseCoopers (PwC) [2013] "Evolution of Territorial Tax Systems in the OECD," Prepared for The Technology CEO Council.

Riedel, Nadine, Theresa Lohse, and Patricia Hofmann [2015] "Do Transfer Pricing Laws Limit International Income Shifting? Evidence from Europe," Working Paper.

第5章
バイアスを持つ個人によるベイズ学習*

山本裕一（一橋大学）

本章では，model misspecification と呼ばれるバイアスを持つような経済主体によるベイズ学習の問題を分析する．このフレームワークは非常に一般的で，自信過剰な労働者，需要関数を線型だと誤認しているような企業など様々な応用の可能性があるのだが，その分析は数学的に煩雑であるため，その理論研究は長らく手つかずのままであった．しかし近年の研究により数学的なツールが整備され始め，欧米の研究者を中心に注目を浴びる分野の一つとなっている．本章では，著者自身の研究（Esponda, Pouzo, and Yamamoto［2019］）を中心に，近年の研究で得られた知見をご紹介していく．

1　信念と行動頻度の長期的な挙動

本章では，model misspecification と呼ばれるバイアスを持つような経済主

*　本章で紹介した結果はいずれも，英文査読付き雑誌に近日投稿予定である．

体がどのような行動を取るのかについて分析する．特に，経済主体が未知の経済変数について時間を通じて学習していくような動学モデルを考え，バイアスがその経済主体の情報処理過程にどのような影響を及ぼし，その結果として経済主体の取る行動がどう変化していくのかについて，詳細な分析を行う．

Model misspecification とは元々，統計学・計量経済学において広く使われてきた用語であり，これらの分野ではデータの分析者が誤ったモデルを用いてデータの推定をしてしまうことを model misspecification と呼ぶ．例えば，ある作物の収穫量がその年の日照時間とどのように関係しているか，単純な回帰分析で調べてみたとしよう．しかし実際には，その作物の収穫量は，日照時間だけでなくその年の平均気温など様々な他の要因に依存して決まっていたとする．この場合，収穫量と日照時間に関してどれだけ大量のデータを集めてきたとしても，その作物の収穫量がどのように決定されるのかについて正しく理解することは不可能である．このようなとき，分析者の使用したモデルは misspecified である，と言われる．

一方，本章で考えるミクロ経済学的枠組みにおいては，経済主体が誤ったモデルを用いて意思決定をしてしまうことを model misspecification と呼ぶ．自身の能力を過信している経営者，同僚の能力を過小評価している労働者，需要関数が線形であると誤認している（実際の需要関数は非線形である）企業，景気変動のシステムを正しく理解していない中央銀行，などは全てこの model misspecification の特殊ケースである．

直観的に明らかなように，このようなバイアスを持つ経済主体は（バイアスを持たないケースに比べて）非効率な行動を取ってしまう．[1] 近年の理論研究ではそこから一歩先に進んで，バイアスを持つ経済主体が未知の経済変数について学習するような状況が主に分析されている．例えば Heidhues, Kőszegi, and Strack［2018］は，自身の能力を過信している経営者が新規ビジネスの利潤率について学習していくような状況においては，学習を通じて経営者の取る

1） ただし，複数の経済主体が互いの出方を読みあいながら行動するようなケースでは，バイアスを持つことでその経済主体の利得が向上することがありうる．これは，ある経済主体がバイアスを持つことで，他の経済主体がその行動を変化させる可能性があるためである．詳しくは，Kyle and Wang［1997］などを参照されたい．

行動が（学習をしないケースに比べて）さらに非効率になってしまうことがありうることを示した．通常，未知の経済変数を学習することで経済主体はより効率的な行動を取るようになっていくはずであるが，経済主体がバイアスを持つケースでは，学習によって経営者の利得が悪くなってしまうのである．これを Heidhues, Kőszegi, and Strack［2018］は，学習の self-defeating property と呼んでいる．また Nyarko［1991］や Fudenberg, Romanyuk, and Strack［2017］は，需要関数が線形であると誤認している企業がその需要の弾力性について学習していく場合，企業の選ぶ価格や（弾力性に関する）信念が収束せず，永遠に振動し続ける可能性があることを示した．企業は「真の弾力性は高いかもしれない，いや，低いかもしれない」というサイクルをずっと繰り返し，いつまでたっても学習過程が終わらないのである．

このように model misspecification が存在するベイズ学習のモデルは，通常のベイズ学習では起こりえない様々な興味深い結果が得られる，非常に興味深い研究対象であるといえる．また近年は，より応用色の強い分野でもこのフレームワークが使われている．例えば，アセット・プライシングモデルを分析した Cho and Kasa［2017］や，マクロ経済モデルを分析した Molavi［2020］などを参照されたい．

その一方で，このモデルの分析は数学的に煩雑になりがちであるということも知られている．通常，統計学や計量経済学で model misspecification を考える際は，毎期得られる情報が i.i.d.である（ないし，それに類する条件，例えばエポック独立性などが満たされる）ような状況を分析する．しかしここで我々の考えたいミクロ経済学的枠組みでは，過去の学習結果に依存して経済主体が毎期取る行動を変えてゆくため，得られる情報も毎期異なるものとなり，i.i.d. のような性質は満たされない．従って，統計学や計量経済学で使われている分析手法を流用することができないのである．特に問題が複雑になるのが，未知の変数が［0,1］のような連続な集合上に分布しているケースである．この場合，経済主体の持つ未知の変数に関する信念は，［0,1］上の確率分布，すなわち無限次元のベクトルで表現される．この信念は，毎期確率的な情報を得るごとにアップデートされていくのだが，このような無限次元の確率変数の分析は，一般に非常に複雑なものとなってしまう．

しかし近年の理論的研究の進歩によって，このモデルの分析をするためのツールが整ってきた．特に Esponda, Pouzo, and Yamamoto［2019］は，経済主体の行動頻度に注目し，その時間を通じた挙動が確率的なノイズ項を含まないシンプルな微分方程式（ないしその一般化である微分包含式）で近似できることを示した．これによって，あるベイズ学習モデルが与えられたときに，

- 学習のために十分長い時間を取ったとき，経済主体の持つ信念やその行動は収束するのか，しないのか．
- もし収束する場合は，どのような値に収束するのか．

といった疑問に（シンプルな微分方程式を解くことで）答えられるようになったのである．本章では，この Esponda, Pouzo, and Yamamoto［2019］の結果を中心に，近年の理論研究で得られた知見について解説していく．

2　セットアップ

以下のような無限期間ベイズ学習モデルを考える．一人の経済主体が存在して，各 t 期に行動 $x^t \in X$ を選び，結果 $y^t \in Y$ を観察する．行動 x を所与としたとき，得られる結果 y の真の確率分布（測度）を $q(x) \in \Delta Y$ で表すとする．経済主体の利得は選択された行動とその結果にのみ依存して決まるものとし，この利得を $u(x, y)$ で表すとする．なおここで，$X \subseteq \boldsymbol{R}$ は選択可能な行動の集合，$Y \subseteq \boldsymbol{R}^n$ は起こりうる結果の集合である．

経済主体は結果 y の真の確率分布 q を知らず，これについて時間を学習していくものとする．より具体的には，この経済主体は結果 y が（未知のパラメータ θ に依存した）確率測度 $q^\theta(x) \in \Delta Y$ に従うものと信じており，時間を通じてこのパラメータ θ の値をベイズ学習していくとする．$\Theta \subseteq \boldsymbol{R}^m$ でパラメータ θ の取りうる値の集合を表し，第 1 期目における θ に関する信念を $\mu^1 \in \Delta\Theta$ であるとする．

このフレームワークは非常に一般的で，バイアスを含まない通常のベイズ学

習モデル・経済主体がバイアスを持つようなベイズ学習モデルの双方を特殊ケースとして含んでいる．具体的には，経済主体がバイアスを持たない（correctly specified）とは，あるパラメータ $\theta^{\text{true}} \in \Theta$ が存在して，全ての行動 x について $q^{\theta^{\text{true}}}(x)=q(x)$ が満たされることを言う．直観的には，パラメータ θ^{true} は，「真の」パラメータであり，この θ^{true} を所与とすると，経済主体の主観的分布 $q^{\theta^{\text{true}}}(x)$ が真の分布 $q(x)$ と完全に一致している．このような状況では，（いくつかの技術的な条件が満たされていれば）経済主体は真のパラメータ θ^{true} を確率1で正しく学習できることが知られている．

一方，そのような θ^{true} が存在しないようなケースでは，どんなパラメータ θ を所与としても，（何らかの行動 x を取ったときに）経済主体の主観的分布 $q^{\theta}(x)$ と真の分布 $q(x)$ が異なるものとなってしまう．すなわち，どのようなパラメータ θ を取ってきても，経済主体は分布 q により記述される現実の世界を正しく認識できず，誤った見方をしてしまう．このようなとき，経済主体はバイアスを持つ（misspecified）と言われる．以下ではこの，経済主体がバイアスを持つケースについて詳細な分析を行っていくが，その前にいくつかの具体例を示しておくことにしよう．

- **自信過剰なマネージャー（Heidhues, Kőszegi, and Strack［2018］）**
  新規ビジネスを始めたばかりのマネージャーを考えよう．マネージャーは毎期努力量 x を選び，売り上げ

$$y=\theta^{*}(x+a)+\varepsilon$$

を得る．ここで，a はマネージャーの能力，θ^{*} はこのビジネスの真の利潤率，ε は正規分布 $N(0,1)$ に従うノイズ項である．まだビジネスを始めたばかりのマネージャーは真の利潤率 θ^{*} を知らず，時間を通じてこの値を学習していく．このマネージャーは自身の能力について自信過剰であり，真の能力が $A>a$ であると誤認しているとする．つまりマネージャーは，利潤率 θ を所与としたときの売り上げが

$$y=\theta(x+A)+\varepsilon$$

で与えられるものだと誤認していたとする．マネージャーの利得は，売り上げからコスト x^2 を引いた $u(x,y)=y-x^2$ であるとする．この例は，$q(x)$ を平均 $\theta^*(x+a)$ の正規分布，q^θ を平均 $\theta(x+A)$ の正規分布とすることで，我々のフレームワークの特殊ケースとして表現できる．

- **真の需要関数を知らない独占企業（Nyarko［1991］, Fudenberg, Romanyuk, and Strack［2017］）**
  独占企業が，毎期価格 x を選び，売り上げ

$$y=D(x)+\varepsilon$$

を観察するとしよう．ここで需要関数 $D(x)$ は非線形かつ，$D'<0$ であるとする．しかしながら独占企業は需要関数が線形であると誤認しており，その傾き θ を時間を通じて学習しようとしているとする．具体的にはこの企業は，パラメータ θ を所与としたときの売り上げが

$$y=40-\theta x+\varepsilon$$

であると誤認していたとする．生産コストは無視するものとして，企業の毎期の利得は $u(x,y)=xy$ であるとする．この例は，$q(x)$ を平均 $D(x)$ の正規分布，q^θ を平均$40-\theta x$ の正規分布とすることで，我々のフレームワークの特殊ケースとして表現できる．

簡単のため，経済主体は近視眼的で，毎期その期に得られる期待利得を最大化するものとしよう．2) このとき，経済主体の取る行動は，以下のように記述できる．まず第 1 期目においては，経済主体は信念 μ^1 を所与としたときの期待利得

2)　本章で紹介する結果は，経済主体が非近視眼的なケースにもほぼそのまま拡張可能である．より一般的には，信念 μ を所与としたときの経済主体の取りうる行動の集合 $X(\mu)$ が信念 μ に関して上半連続である限り，本章で紹介する結果は成立する．詳しくは，Esponda, Pouzo, and Yamamoto［2019］を参照されたい．

$$E\left[\int_Y u(x,y)q^{\theta}(dy|x)\middle|\mu^1\right]$$

を最大化するような行動 x^1 を取り，結果 y^1 を観察する．この観察された結果 y^1 を所与とすると，第2期目の信念 μ^2 は，ベイズの公式

$$\mu^2(\theta)=\frac{\mu^1(\theta)q^{\theta}(y^1|x^1)}{\int_{\Theta}\mu^1(\tilde{\theta})q^{\tilde{\theta}}(y^1|x^1)d\tilde{\theta}}\quad\forall\theta$$

で与えられる．ここで信念を計算する際には，真の確率分布 $q(x)$ ではなく，経済主体の主観的確率分布 $q^{\theta}(x)$ を用いていることに注意されたい．

第2期においても同様に，経済主体はこの信念 μ^2 を所与としたときの期待利得を最大化するような行動 x^2 を選び，結果 y^2 を観察し，ベイズの公式を用いて信念 μ^3 を計算する．より一般的には，第 $t-1$ 期目における信念 μ^{t-1}，行動 x^{t-1}，結果 y^{t-1} を所与とすると，第 t 期目における信念は

$$\mu^t(\theta)=\frac{\mu^{t-1}(\theta)q^{\theta}(y^{t-1}|x^{t-1})}{\int_{\Theta}\mu^{t-1}(\tilde{\theta})q^{\tilde{\theta}}(y^{t-1}|x^{t-1})d\tilde{\theta}}\quad\forall\theta \tag{1}$$

で与えられる．そして経済主体は，対応する期待利得

$$E\left[\int_Y u(x,y)q^{\theta}(dy|x)\middle|\mu^t\right]$$

を最大化するような行動 x^t を取り，結果 y^t を観察する．

こうして結果 y を所与としたときの経済主体の行動を記述することはできたが，我々のモデルにおいては各期の結果 y^t は確率的に定まるので，それに付随して定まる信念 μ^{t+1} や将来の行動 x^{t+1} も確率的に定まることになる．そして t が大きくなるにつれて，これらは非常に複雑な確率過程となる．この複雑な確率過程の特徴づけに成功したのが，Esponda, Pouzo, and Yamamoto［2019］である．

Esponda, Pouzo, and Yamamoto［2019］の重要なポイントは，経済主体の持つ信念の挙動を調べる問題と，その行動頻度の挙動を調べる問題が，実質的に同値であるという点である．ここで行動頻度とはその名の通り，「これまでにどの行動をどれぐらいの頻度で取ったか」を表す指標である．具体的には，

第 t 期目までにある行動 x が取られた頻度を

$$\sigma^t(x) = \frac{\text{第 1 期から第 } t \text{ 期までの間に } x \text{ が選ばれた回数}}{t}$$

と定義し，これをそれぞれの行動 x について計算してベクトル表記したものが第 t 期までの行動頻度 $\sigma^t = (\sigma^t(x))_{x \in X}$ である．なおこの定義は，行動の集合 X が離散であるか，連続であるかなどによらず不変である．例えば，$X = [0, 1]$ で，過去に行動 $x = 0.1$ と $x = 0.9$ がそれぞれ10回ずつ取られたような場合，これまでの行動頻度 σ は $x = 0.1$ に重み0.5，$x = 0.9$ に重み0.5をそれぞれ付与するような（退化的な）[0,1]上の確率分布となる．

Esponda, Pouzo, and Yamamoto［2019］にならって，本章を通じて以下の技術的な仮定が満たされているものとする．仮定（iii - c）より，現実に起こりうる全ての結果 y は主観的なモデル q^θ の下でも正の確率で発生することになり，従って(1)で定義されている信念が well-defined であることに注意されたい．

仮定 1．以下の条件を仮定する．

（i） Θ はコンパクトである．

（ii） $q(\cdot|x)$ と $q^\theta(\cdot|x)$ は，θ と x に関して連続である．

（iii） ある関数 $g: X \times Y \to \boldsymbol{R}$ が存在して，以下の条件を満たすものとする．

(a)任意の y に対して，$g(x, y)$ は x に関する連続関数．

(b)任意の x に対して，$g(x, \cdot) \in L^2(Y, q(\cdot|x))$．

(c)任意の x と θ に対して，$\log \dfrac{q(\cdot|x)}{q^\theta(\cdot|x)} \leq g(x, \cdot)$．

（iv） μ^1 は full support assumption を満たす，つまり，任意の開集合 $U \subset \Theta$ に対して $\mu^1(A) > 0$ である．

3　カルバック・ライブラー情報量と信念の収束

前述した通り，経済主体がバイアスを持たないようなケースでは，信念は時間の経過とともに真のパラメータ θ^{truth} へと収束していくことが知られている．この結果は，いわゆる大数の強法則と深く関連している．学習のために十分長い期間を取ると，大数の強法則より，観察された結果 y の分布は真の分布 q に近づいてゆく．すると経済主体は，その観察された結果 y の分布と同じ分布を与える θ^{truth} を真のパラメータと信じることとなる．

一方，我々の考える経済主体がバイアスを持つようなケースにおいては，どのような θ を所与としても真の分布 q と経済主体の主観的分布 q^{θ} は一致せず，その意味で「真のパラメータ」というものは存在しない．このようなケースでは，信念は真の分布 q に最も「近い」主観的分布 q^{θ} を与えるような θ に収束していくことが知られているのだが，この「近さ」を測る概念が，カルバック・ライブラー情報量（Kullback-Leibuler divergence，相対エントロピーとも呼ばれる）である．ある行動 x とパラメータ θ を所与としたときに，情報 y の真の確率分布 $q(x)$ と主観的確率分布 $q^{\theta}(x)$ の間のカルバック・ライブラー情報量は，

$$K(\theta, x)=E\left[\log \frac{q(y|x)}{q^{\theta}(y|x)}\right]=\int_{Y} \log \frac{q(y|x)}{q^{\theta}(y|x)} q(dy|x)$$

で定義される．やや複雑な形をしているが，これは大雑把に言うと，真の確率分布 $q(x)$ と主観的確率分布 $q^{\theta}(x)$ という二つの確率分布の「違い」ないし「距離」を表している．実際，この二つの確率分布が一致するとき（つまり $q(x)=q^{\theta}(x)$ のとき）にはカルバック・ライブラー情報量はゼロになり，主観的分布 $q^{\theta}(x)$ が真の分布から離れていくほど，カルバック・ライブラー情報量は大きくなる．また，通常の距離の概念と同じく $K(\theta, x)\geq 0$，つまりカルバック・ライブラー情報量は常に非負である．[3)]なお，真の分布が平均 μ_1 分散1の正規分布，主観的な分布が平均 μ_2 分散1の正規分布であるような場合には，

簡単な計算により

$$K(\theta, x)=\frac{(\mu_1-\mu_2)^2}{2} \tag{2}$$

となることが分かる.

行動xが与えられたときに，このカルバック・ライブラー情報量$K(\theta, x)$を最小化するようなパラメータθの集合を$\Theta(x)$で表すことにしよう．直観的には，「行動xを所与としたときに，実際に観察されるデータを説明するのに最も適したパラメータ」の集合が，この$\Theta(x)$ということになる．ここで，このパラメータ$\Theta(x)$が行動xに依存していることに注意されたい．経済主体が取る行動次第で，「現実に最もフィットするパラメータ」も変化してしまうのである.

Berk［1966］は，経済主体が毎期同じ行動を取るようなケースにおいては，信念がこの$\Theta(x)$へと収束していくことを示した．具体的には，以下の定理が成り立つ．$h=(x^t, y^t)_{t=1}^{\infty}$で無限期間モデルにおけるサンプルパス，$\mu^t(h)$で（サンプルパス$h$を所与としたときの）第$t$期における信念，$P$でサンプルパス$h$の確率分布を表すことにする.

定理 1．$X=\{x\}$，つまり経済主体が毎期同じ行動xしか取ることができないようなベイズ学習モデルを考える．このとき$\Theta(x)$を含む任意の開集合Uに対して,

$$P\left(\lim_{t\to\infty}\mu^t(h)[U]=1\right)=1$$

が成立する．特に$\Theta(x)=\{\theta\}$のとき，つまり，カルバック・ライブラー情報量を最小化するパラメータθがただ一つ存在するときは，信念はそのパラメータ

3）しかしながら，数学で厳密に定義される距離の概念とは異なる点が二つある．一つは，対称性を満たさない，つまり，$q(x)$と$q^{\theta}(x)$の間のカルバック・ライブラー情報量と，$q^{\theta}(x)$と$q(x)$の間のカルバック・ライブラー情報量は必ずしも一致しないことである．二つ目は，いわゆる三角不等式を満たさないことである．このため，カルバック・ライブラー情報量は，「分布間の擬距離」とも呼ばれる.

θにほぼ確実に収束する．

直観的には，十分長い期間を取れば，（大数の法則より）観察される結果yの分布は真の確率分布$q(x)$で近似される．このとき信念は，その観察された分布を説明するのに最も適したパラメータ$\Theta(x)$に収束していくというわけである．

Esponda, Pouzo, and Yamamoto［2019］は，毎期異なる行動が取られるような状況においても，ほぼ同様の結果が成立することを示した．行動頻度$\sigma \in \Delta X$を所与としたときの重み付きカルバック・ライブラー情報量（weighted Kullback-Leibuler divergence）を

$$K(\theta, \sigma) = \int_X K(\theta, x)\sigma(dx)$$

で定義する．これはその名の通り，カルバック・ライブラー情報量をそれぞれの行動xについて計算し，その重み付き平均を取ったものである．$\Theta(\sigma)$で，この重み付きカルバック・ライブラー情報量$K(\theta, \sigma)$を最小化するようなθの集合を表すことにしよう．直観的には，「過去に色々な行動を取ったときに，そこで観察したデータと平均的に最もフィットするようなパラメータ」がこの$\Theta(\sigma)$である．また，$K(\sigma)$で，この最小化されたカルバック・ライブラー情報量の値を表すものとする．

$\sigma^{t-1}(h)$で，サンプルパスhを所与としたときの第$t-1$期までの行動頻度を表すことにしよう．Esponda, Pouzo, and Yamamoto［2019］は，以下の結果を示した．

定理　2． 以下の性質が成り立つ．

$$P\left(\lim_{t \to \infty} \int_\Theta (K(\theta, \sigma^{t-1}(h)) - K(\sigma^{t-1}(h))\mu^t(h)[d\theta] = 0\right) = 1$$

この定理は，十分長い時間が経過した後はほぼ確実に，各t期において経済主体が「真のパラメータはほぼ確実に$\Theta(\sigma^{t-1})$に含まれる」という信念μ^tを持つ，ということを主張している．ここで，一般に行動頻度σ^{t-1}は時間とともに変化するので，それに伴いパラメータ$\Theta(\sigma^{t-1})$も変化することに注意され

たい．従ってこの定理は，Berk の結果（定理 1）とは異なり，信念が収束することを保証するわけではない．しかしこの定理は，「過去の行動頻度 σ^{t-1} が分かれば，現在経済主体が持っている信念 μ^t が分かる」ということを保証しており，これは次節で紹介する微分方程式を導くにあたって重要な役割を果たす．

4　行動頻度の時間を通じた挙動

それではいよいよ，Esponda, Pouzo, and Yamamoto［2019］の主定理を紹介しよう．任意の信念 μ を所与としたとき，期待利得

$$E\left[\int_Y u(x,y)q^\theta(dy|x)\middle|\mu\right]$$

を最大化する行動 x の集合を $X(\mu)$ で表すことにしよう．以下の分析では，この対応 X の上半連続性を仮定する．この仮定は，x と θ を所与としたときの期待利得 $\int_Y u(x,y)q^\theta(dy|x)$ が θ に関して連続である限り，必ず満たされる．

さて，第 t 期目の行動 x^t は，信念 μ^t を所与としたときに期待利得を最大化するから，$x^t \in X(\mu^t)$ である．第 t 期目までの行動頻度 σ^t は，第 $t-1$ 期目までの行動頻度 σ^{t-1} と第 t 期目の行動 x^t の重み付き平均であるから，

$$\sigma^t \in \frac{1}{t}\Delta X(\mu^t)+\frac{t-1}{t}\sigma^{t-1}$$

という関係が成立する．ここで右辺と左辺が等号で結ばれていないのは，$X(\mu^t)$ が「第 t 期目に取りうる行動の集合」であるためである．

定理 2 より，十分時間が経過した後では，信念 μ^t は $\Delta\Theta(\sigma^{t-1})$ で近似できる．従って

$$\sigma^t \in \frac{1}{t}\Delta X(\Delta\Theta(\sigma^{t-1})+\text{誤差項})+\frac{t-1}{t}\sigma^{t-1}$$

となる．右辺は σ^{t-1} のみに依存している（μ^t は右辺に出てこない）ため，行

動頻度 σ^t の挙動を（誤差項を含む）再帰的な式で表現できたことになる．この両辺から σ^{t-1} を差し引くと，

$$\underbrace{\sigma^t-\sigma^{t-1}}_{\substack{\text{行動頻度の時間を}\\\text{通じた変化}}} \in \frac{1}{t}\left(\underbrace{\Delta X(\Delta\Theta(\sigma^{t-1})+\text{誤差項})}_{\text{第}\,t\,\text{期の行動}} - \underbrace{\sigma^{t-1}}_{\text{これまでの行動頻度}}\right)$$

という式を得られる．Esponda, Pouzo, and Yamamoto［2019］は，stochastic approximation という数学のテクニック（Benaïm, Hofbauer, and Sorin［2005］）を用いることで，この行動頻度 σ^t の挙動を

$$\underbrace{\dot{\sigma}(t)}_{\substack{\text{行動頻度の時間を}\\\text{通じた変化}}} \in \underbrace{\Delta X(\Delta\Theta(\sigma(t)))}_{\text{今期取る行動}} - \underbrace{\sigma(t)}_{\text{これまでの行動頻度}} \qquad (3)$$

という誤差項を含まない微分包含式で近似できることを示した．この結果のポイントは，本来確率的に変化していくはずの行動頻度の挙動を，確率的なノイズ項を含まない式で近似できたという点である．このシンプルな微分包含式を解くことで，行動頻度が時間を通じてどのように変化するのか，ということを明らかにすることができる．

さて，上記の議論では簡単に「(3)で近似できる」と述べてしまったが，具体的に「近似する」とはどういうことなのか，数学的に正確な定義を与えておこう．なお，この定義は技術的にやや煩雑なため，興味のない読者はこの部分をスキップしていただいて差し支えない．

サンプルパス $h=(x^t, y^t)_{t=1}^{\infty}$ を所与とすると，それに対応するような行動頻度の列 $\{\sigma^t(h)\}_{t=1}^{\infty}$ を作ることができる．この行動頻度の列から，スケール変換された線型補間関数 $w(h):[1,\infty)\to\Delta X$ を

$$w(h)[\tau^t+s]=\sigma^t+s\frac{\sigma^{t+1}(h)-\sigma^t(h)}{\tau^{t+1}-\tau^t} \quad \forall s\in\left[0,\frac{1}{t+1}\right],\ \text{where } \tau^t=\sum_{i=1}^{t}\frac{1}{i}$$

で定義する．直観的にはこの $w(h)$ は，（サンプルパス h を所与としたときの）行動頻度の時間を通じた挙動を連続時間上の関数として表したものである．より正確には，

（i）　離散時間モデルで定義されている行動頻度の列 $\{\sigma^t(h)\}_{t=1}^{\infty}$ の線型補間を取ることで（簡単に言うと，いわゆる折れ線グラフを作ることで）連

続時間モデルに拡張し，

（ii） さらに時間に関する正規化を行う（離散時間モデルでいう第 t 期目と $t+1$ 期目の間の長さを $\dfrac{1}{t+1}$ に調整する）

ことで w を得られる．ここで正規化をするのは，単位時間あたりの行動頻度の変化量を時刻によらず一定に保つためである（元々の行動頻度の列 $\{\sigma^t(h)\}_{t=1}^{\infty}$ においては，第 t 期における行動頻度の変化量は $\dfrac{1}{t}$ のオーダーになり，これは時間とともに減少してしまうことに注意されたい）．

任意の初期値 $\sigma(0)$ と任意の実数値 T に対して，$\sigma:[0,T]\rightarrow\Delta X$ が微分包含式(3)の解であるとは，σ が絶対連続かつほぼ全ての $t\in[0,T]$ に対して(3)が満たされることを言う．$S^T_{\sigma(0)}$ で，これらの解の集合を表すことにする．微分方程式と異なり，微分包含式を考えたときには，初期値を所与としても解が複数存在しうることに注意されたい．[4)]

$$\lim_{t\to\infty}\int_{\Theta}(K(\theta,\sigma^{t-1}(h))-K(\sigma^{t-1}(h)))\mu^t(h)[d\theta]=0$$

を満たすサンプルパスの集合を H で表すことにする．定理 2 より，$P(H)=1$ である．Esponda, Pouzo, and Yamamoto［2019］の主定理は，以下である．[5)]

定理 3．サンプルパス $h\in H$ を所与とすると，任意の $T>0$ に対して，

---

4) 「微分包含式に解が存在するかどうか」というのは微分方程式論において古くから研究されてきたが，本論文で考えるような微分包含式の右辺が上半連続の場合には，任意の初期値に対して解が存在することが知られている．詳しくは Deimling［1992］などを参照されたい．

5) Esponda, Pouzo, and Yamamoto［2019］は X が有限，すなわち取られる行動の数が限られているケースのみを考えたが，最近の室岡健志氏との共同研究により，X が任意のコンパクト集合であっても同様の定理が存在することが分かった．なお，X が連続のときには行動頻度 σ^t や $w(t)$ は無限次元のベクトル（関数）となってしまうが，このとき定理 3 に現れるノルム $\|w(h)[t+s]-\sigma(s)\|$ には，dual bounded-Lipschitz norm を用いる．正確な定義は省略するが，このノルムは弱位相を距離化したものであり，また，このノルムの下では，ΔX がバナッハ空間の部分集合となることが知られている．これらの性質は，定理 3 を証明する際に決定的な役割を果たす．

$$\lim_{t\to\infty} \inf_{\sigma\in S^{T}_{w(h)[t]}} \sup_{s\in[0,T]} \|w(h)[t+s]-\sigma(s)\|=0$$

が成立する．

言葉で表現すると，十分長い時間 t が経過した後の行動頻度 $\{w(t+s)\}_{s\in[0,T]}$ の挙動は，$w(t)$ を初期値としたときの微分包含式(3)で近似できることをこの定理は主張している．

5　応用例

5.1　需要を線型だと誤認している独占企業

第2節で紹介した，需要を線型だと誤認している独占企業の例について考えよう．簡単のため，この企業は高価格 $(x=10)$ と低価格 $(x=2)$ という二種類の価格しか選べないものとしよう．また，$D(10)=2$，$D(2)=34$，$\Theta=[3,3.5]$ であるとする．つまり，高価格 $x=10$ を所与としたときの平均売上は2，低価格 $x=2$ を所与としたときの平均売上は34であり，かつ，企業は需要関数の傾きが－3から－3.5の間のいずれかの値であると信じているとする．この例において，微分包含式(3)の解はどのような挙動を示すだろうか？

まずは，任意の行動頻度 σ に対して，カルバック・ライブラー情報量がどのような値を取るのか考えよう．企業は二種類の価格しか選べないので，以下では「これまでに高価格を取った頻度」を σ で表すものとする．$\sigma=1$ のとき，つまりこれまで高価格しか選んでこなかったようなケースでは，そのカルバック・ライブラー情報量は，(2)より

$$K(\theta,\sigma)=\frac{\{2-(40-10\theta)\}^2}{2}=\frac{(10\theta-38)^2}{2}$$

である．特に，$\Theta=[3,3.5]$ の範囲においては $K(\theta,\sigma)$ は減少関数となっており，従って $\Theta(\sigma)=\{3.5\}$ となる．仮に企業が毎期高価格を選んでいる場合には，時間の経過とともに企業は「需要関数の傾きはより急なのではないか」と考え，最終的には $\theta=3.5$ を真の傾きだと学習していくのである．

一方，$\sigma=0$ のとき，つまりこれまで低価格しか選んでこなかったようなケースでは，カルバック・ライブラー情報量は

$$K(\theta,\sigma)=\frac{\{34-(40-10\theta)\}^2}{2}=\frac{(10\theta-6)^2}{2}$$

である．特に，$\Theta=[3,3.5]$ の範囲においては $K(\theta,\sigma)$ は増加関数となっており，$\Theta(\sigma)=\{3\}$ となる．仮に企業が毎期低価格を選んでいる場合には，時間の経過とともに企業は「需要関数の傾きはより緩やかなのではないか」と考え，最終的には $\theta=3$ を真の傾きだと学習していくのである．

また，$\sigma\in(0,1)$ のときには，その重み付きカルバック・ライブラー情報量は

$$K(\theta,\sigma)=\sigma\frac{(10\theta-38)^2}{2}+(1-\sigma)\frac{(10\theta-6)^2}{2}$$

となる．これは θ に関する二次関数であるから，任意の σ に対して，カルバック・ライブラー情報量 $K(\theta,\sigma)$ を最小化するパラメータ θ は一意に定まる，すなわち $|\Theta(\sigma)|=1$ である．また明らかに，この $\Theta(\sigma)$ は σ に関する（弱い）増加関数である．つまり，高価格を選ぶ頻度が高いほど，企業の長期的な信念は悲観的（需要関数の傾きが急）となる．

続いて，各期における企業の最適行動について考えてみよう．需要関数の傾き θ に関する企業の信念を μ で表すことにすると，μ を所与としたときの企業の期待利得は

$$E[xy|\mu]=x(40-xE[\theta|\mu])$$

である．企業はこの利得を最大化するような価格 x を選ぶ．具体的には，需要関数の傾きが十分に急であると企業が信じているとき，特に $E[\theta|\mu]>\frac{10}{3}$ であるときには，企業は低価格を選ぶ ($X(\mu)=\{2\}$)．一方，需要関数の傾きが緩やかだと企業が信じているとき，特に $E[\theta|\mu]<\frac{10}{3}$ であるときには，企業は高価格を選ぶ ($X(\mu)=\{10\}$)．$E[\theta|\mu]=\frac{10}{3}$ のときは，企業は無差別であるので，

$X(\mu)=\{2, 10\}$ である．

以上の結果を用いて，微分包含式(3)の解を求めてみよう．過去の行動頻度が $\sigma(t)=1$ であったとしよう．このとき，$\Theta(\sigma(t))=\{3.5\}$ であるから，$X(\Delta\Theta(\sigma(t)))=\{2\}$ となる．従って微分包含式(3)より，

$$\dot{\sigma}(t)=0-1=-1$$

であり，時間の経過とともに行動頻度に占める高価格 $x=10$ の割合は減少していくことになる．直観的には，もしこれまで高価格しか選んでこなかった場合，企業は $\theta=3.5$ を真の傾きだと信じているため，最適価格 $x=2$ を選び，その結果高価格の割合が減っていくのである．同様に，$\sigma(t)>\dfrac{1}{36}$ であるときは，$\Theta(\sigma(t))>3.3$ である，つまり企業は需要関数の傾きが急だと信じているため，最適価格 $x=2$ を選び，高価格の割合は減少していく．

一方，$\sigma(t)<\dfrac{1}{36}$ のとき，つまり過去に低価格を多く選んでいた場合には，企業は傾きが緩やかだと信じているため，最適な価格は $x=10$ となる．実際，$\Theta(\sigma(t))<3.3$ であるから，$X(1_{\Theta(\sigma(t))})=\{10\}$ である．よって，時間の経過とともに行動頻度に占める高価格の割合は増加していく．

以上の結果を図示したものが，図5-1である．この図から，初期値の値によらず，微分包含式の解は $\sigma=\dfrac{1}{36}$ に収束していくことが分かるだろう．このようなとき，$\sigma=\dfrac{1}{36}$ は大域的に安定（globally attracting）と呼ばれ，Esponda, Pouzo, and Yamamoto［2019］が示したように，行動頻度は確率1で大域的に安定な点 $\sigma=\dfrac{1}{36}$ へと収束していく．また，$\Theta(\sigma=\dfrac{1}{36})=\dfrac{10}{3}$ であるから，企業の信念は $\theta=\dfrac{10}{3}$ に収束する，つまり企業は $\theta=\dfrac{10}{3}$ が真の傾きであると学習していくことが分かる．この $\theta=\dfrac{10}{3}$ という信念の下では，高価格も低価格もどちらも最適となっている，すなわち企業は無差別になっている点に注意さ

図5-1 $\sigma(t)$ の挙動

れたい．

直観的には，この結果は以下のように解釈できる．仮に，企業が需要関数の傾きについて楽観的である（傾きが緩やかであると信じている）としよう．するとこの企業は高価格 $x=10$ を選ぶが，すると $\Theta(1)=\{3.5\}$ なので，時間の経過とともに企業は「傾きがもっと急なのではないか」と考えるようになる．そして企業が傾きに関して十分悲観的になると，低価格 $x=2$ を選ぶことが最適となる．すると今度は $\Theta(0)=\{3\}$ なので，時間の経過とともに企業は「傾きがもっと緩やかなのではないか」と考えるようになり，どこかの時点で高価格 $x=10$ を選ぶことが最適となる．このように企業は，高価格をつけるフェーズと低価格をつけるフェーズをいつまでも行ったり来たりするのだが，その動きがちょうど釣り合うのが $\sigma=\dfrac{1}{36}$ という点である．つまり長期的には，高価格をつけるフェーズの長さと低価格をつけるフェーズの長さがちょうど1：36という比になる．またこのとき企業は，高価格と低価格が無差別になるような $\theta=\dfrac{10}{3}$ が真の傾きであると学習していくわけだが，観察される価格にはノイズが含まれるため，各期における企業の信念はこの $\theta=\dfrac{10}{3}$ という値からは微妙にズレて，それよりも楽観的になったり悲観的になったりする．この楽観的になった期間が「高価格を選ぶフェーズ」で，逆に悲観的になったときが「低価格を付けるフェーズ」であると解釈できる．

なお当たり前のことかもしれないが，この収束先の点 $(\sigma,\theta)=\left(\dfrac{1}{36},\dfrac{10}{3}\right)$ は，微分包含式(3)の均衡点となっている．すなわち，$\sigma(0)=\dfrac{1}{36}$ を初期値とすると，全ての $t\geq 0$ について $\sigma(t)=\dfrac{1}{36}$ となるような解が存在する．実際，

$X\left(\Delta\Theta\left(\frac{1}{36}\right)\right)=\{2, 10\}$ であるから，微分包含式(3)の右辺第一項は任意の値を取ることができ，特にこれが $\frac{1}{36}$ となるときに，右辺全体はゼロとなる，すなわち $\dot{\sigma}(t)=0$ となる．このような均衡点はバーク・ナッシュ均衡（Berk-Nash equilibrium）と呼ばれ，この分野における重要な概念なのだが，これについては後述する．

上記の例は Nyarko［1991］が分析したモデルとほぼ同じであるが，彼は「企業のつける価格が収束しない」，つまり「高価格をつけるフェーズと低価格をつけるフェーズをいつまでも行ったり来たりする」ことは示したが，行動頻度や信念の長期的な挙動については全く分析をしていなかった．微分包含式(3)を考えることで初めて行動頻度や信念が収束することが分かったというのが，ここでの大きなポイントである．これにより，企業は単にカオス的に価格を変更していくのではなく，ある一定の規則に基づいて（具体的には，高価格のフェーズと低価格のフェーズの比が一定になるように）価格を変更していくということが明らかになった．また，長期的な行動頻度の値が判明したので，この企業が得られる長期的な利得なども計算することが可能となった．

またこの例においては，経済主体の取る行動（企業の価格）は収束しないが，行動頻度や信念は収束している．従来のベイズ学習モデルの分析においては「行動が収束するのかしないのか」が大きな研究テーマとなっていたが，この結果は，「ベイズ学習の長期的な結果についての分析をする際には，（経済主体の行動そのものではなく）行動頻度及び信念の挙動の分析をすることで，より多くの知見を得られる可能性がある」ということを示唆している．

なお，本節ではパラメータ θ が連続であるようなケースを考えたが，Fudenberg, Romanyuk, and Strack［2017］はこれが離散的なケースを考え，そのような場合は行動も信念も収束せずに振動し続けることがありうることを示した．我々の微分包含式(3)を用いると，彼らの分析した例においても行動頻度 σ は収束することを示せるのだが，紙幅の制約上この結果については省略させていただく．

5.2　自信過剰なマネージャー

続いて，第2節で紹介した自信過剰なマネージャーの問題について考えてみよう．以下では，$X=\Theta=[0,1]$ であると仮定する．つまり，マネージャーが選べる努力量の集合は $X=[0,1]$ であり，またこのマネージャーは，真の利潤率が $\Theta=[0,1]$ に含まれる値のどれかであると信じているとする．また，マネージャーの真の能力は $a=0$ であるが，マネージャーは能力が $A=0.1$ であると誤認していたとする．真の利潤率は $\theta^*=0.5$ であるとする．この例においても，微分包含式(3)の解はどのような挙動を示すだろうか．

ある努力量 x を所与としたときのカルバック・ライブラー情報量は，

$$K(\theta,x)=\frac{\{\theta^*(x+a)-\theta(x+A)\}^2}{2}$$

である．このカルバック・ライブラー情報量 $K(\theta,x)$ は θ に関する凸関数であるから，その凸結合を取った $K(\theta,\sigma)$ も凸関数であり，従って，任意の行動頻度 σ に対して，$K(\theta,\sigma)$ を最小化するような θ がただ一つ存在する．この θ のことを，$\theta(\sigma)$ で表すことにする．特に，σ がある努力量 x に確率1を付与するような分布であった場合（つまり $\sigma=1_x$ の場合）は，

$$\theta(\sigma)=\frac{\theta^*(x+a)}{x+A}<\theta^*$$

となる．直観的には，自信過剰なマネージャーは毎期想定するよりも低い売り上げを観察するわけだが，すると「売り上げが悪いのは，（自身の能力が低いからではなく）このビジネスの利潤率が悪いからである」と考えるようになり，最終的には利潤率が $\theta(\sigma)<\theta^*$ であると過小評価してしまうのである．

続いて，毎期マネージャーが取る行動について考えよう．今期の信念 μ を所与とすると，マネージャーは期待利得

$$E[\theta|\mu](x+A)-x^2$$

を最大化する努力量 $x=\dfrac{E[\theta|\mu]}{2}$ を選択する．特に，μ がある利潤率 θ に確率

1を付与するような分布であった場合（つまり $\mu=1_{\theta}$ の場合）には，選ばれる努力量は $x=\dfrac{\theta}{2}$ となる．この努力量のことを $x(\theta)$ で表すことにしよう．

以上の記法を用いると，微分包含式(3)の右辺第一項は，$1_{x(\theta(\sigma(t)))}$ という形に書き換えることができる．これは集合ではなく一つの値にすぎないので，微分包含式(3)は微分方程式

$$\dot{\sigma}(t)=1_{x(\theta(\sigma(t)))}-\sigma(t) \tag{4}$$

に書き換えることができる．

さて，この微分方程式(4)を解くことができればよいのだが，この例では努力量の集合 X が連続であり，従って行動頻度 σ は無限次元のベクトルである．このような微分方程式の解を探すことは，簡単ではない．そこで以下では，この微分方程式を直接解くのではなく，微分方程式の解 $\{\sigma(t)\}_{t\geq 0}$ を所与としたときにそれに対応する信念 $\theta(t)\equiv\theta(\sigma(t))$ が時間とともにどのように変化するのかを，調べていくことにする．

カルバック・ライブラー情報量 $K(\theta,\sigma)$ が θ に関する凸関数であることから，$\theta(\sigma)>\theta(\tilde{\sigma})$ を満たす任意の行動頻度 σ と $\tilde{\sigma}$ に対して，$\theta(\beta\sigma+(1-\beta)\tilde{\sigma})$ は $\beta\in[0,1]$ に関する増加関数になる．よって，$\sigma(t)$ が微分方程式(4)の解であるときは，それに対応する信念 $\theta(t)$ の挙動は

$$\dot{\theta}(t)\propto\theta(x(\theta(t)))-\theta(t) \tag{5}$$

という式で表すことができる．直観的にはこの式は，現在の信念 $\theta(t)$ を所与としたときに，最適な努力量 $x(\theta(t))$ に対応する信念 $\theta(x(\theta(t)))$ が楽観的な場合は事後の信念 $\theta(t+\varepsilon)$ も楽観的になり，逆に信念 $\theta(x(\theta(t)))$ が悲観的な場合は事後の信念 $\theta(t+\varepsilon)$ も悲観的となるということを主張している．

それでは，この(5)を用いて，$\theta(t)$ の時間を通じた挙動を調べてみよう．現在の信念 $\theta(t)$ を所与とすると，最適な努力量は $x(\theta(t))=\dfrac{\theta(t)}{2}$ であり，それに対応する信念は $\theta(x(\theta(t)))=\theta^{*}\dfrac{\theta(t)+2a}{\theta(t)+2A}=\dfrac{\theta(t)}{2(\theta(t)+0.2)}$ となる．従って，

図 5-2　$\theta(t)$ の挙動

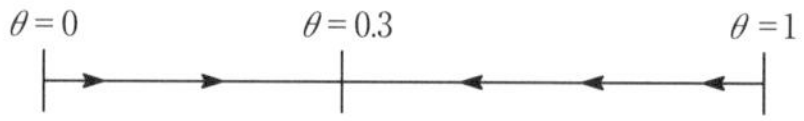

$$\operatorname{sgn}\dot{\theta}(t)=\operatorname{sgn}(\theta(x(\theta(t)))-\theta(t))=\begin{cases}+ & \text{if } \theta(t)<0.3\\ - & \text{if } \theta(t)>0.3\end{cases} \tag{6}$$

となる．この式で表現された $\theta(t)$ の挙動を図示したものが，図 5-2 である．この図から，$\theta=0.3$ が大域的に安定になることは明らかであろう．また，この信念 $\theta=0.3$ を所与としたときの最適な努力量は $x=0.15$ なので，この例においては確率 1 で，信念が $\theta=0.3$ に，努力量が $x=0.15$ に，それぞれ収束していくことが分かる．なお，この長期的な努力量 $x=0.15$ は，微分方程式(4)の均衡点（すなわちバーク・ナッシュ均衡）になっていることに注意されたい．

この均衡における信念 $\theta=0.3$ は真の利潤率 $\theta^*=0.5$ よりも小さいので，マネージャーは（学習を通じて）利潤率を過小評価してしまうということが分かる．このような場合，学習を通じて努力量の過少投資が発生しうる．例えば，第 1 期目の信念 μ^1 が $\Theta=[0, 1]$ 上の一様分布であったとしよう．このとき第 1 期目に選ばれる努力量は $x(\mu^1)=\dfrac{E[\theta|\mu^1]}{2}=0.25$ であり，その期待利得は0.5・0.25=0.125である．しかしこのマネージャーは毎期想定よりも低い売り上げを観察するので，時間の経過とともに利潤率について悲観的になっていき，最終的には $\theta=0.3$ であると過小評価してしまう．するとそれに合わせてマネージャーは努力量を減らしてゆき，最終的には $x=0.15$ を選び，利得は0.5・0.15=0.075を得る．第 1 期目と比べてみると，この長期的な均衡点においては努力の過少投資が発生していて，その結果利得も低くなってしまっていることが分かるだろう．このように，バイアスを持つ経済主体がベイズ学習を行う場合，バイアスによって正しい情報処理ができないことが原因で，学習を通じて利得が悪化してしまうことがありうる．これを Heidhues, Kőszegi, and Strack［2018］は，self-defeating learning と呼んだ．

6　バーク・ナッシュ均衡

前節で扱った二つの例では，行動頻度は時間の経過とともに微分包含式(3)の平衡点（バーク・ナッシュ均衡）に収束するのであった．このバーク・ナッシュ均衡は重要な概念なので，ここで正確な定義を述べておこう．ある行動頻度 σ がバーク・ナッシュ均衡であるとは，その点において微分包含式(3)の解が $\dot{\sigma}(t)=0$ となる，つまり，

$$\sigma \in \Delta X(\Delta\Theta(\sigma)) \tag{7}$$

という性質が満たされることを言う．[6] 直観的には，この式の右辺は「これまでの行動頻度 σ を所与としたときに，今期取られる行動の集合」を（近似的に）表しており，よって式(7)は，「これまでの行動頻度が σ だったときには，今期 σ を選ぶことが最適戦略である」という性質を要請している．

実際，このバーク・ナッシュ均衡を初期値とすると，全ての t に対して $\dot{\sigma}(t)=0$ となるような微分包含式の解が存在するので，その意味でこの点は平衡点となっている．

直感的には平衡点とは，「一度その状態になったら，どれだけ時間が経過してもずっとその状態のまま変化しない可能性がある」ような点のことである．逆に言えば，平衡点以外の点においては，時間の経過とともに必ず行動頻度は変化してゆく．よって，仮に行動頻度 σ^t が収束するのであれば，その収束先の点は平衡点以外ありえない．実際，Esponda, Pouzo, and Yamamoto［2019］が示したように，以下の結果が成立する．

定理　4．もし行動頻度 σ^t が正の確率である値 $\hat{\sigma}$ に収束するのであれば，その $\hat{\sigma}$ はバーク・ナッシュ均衡である．

---

6)　バーク・ナッシュ均衡の概念は Esponda and Pouzo［2016］によって提唱されたが，ここでは彼らの定義とは若干異なる，より一般的な定義を採用している．

ここで注意しておきたいのは，バーク・ナッシュ均衡であることは行動頻度の収束先であるための必要条件ではあるが，十分条件ではないという点だ．つまり，ある σ^* がバーク・ナッシュ均衡であるからといって，実際に時間が経過したときに行動頻度 σ^t がそこに収束する保証はどこにもないのである．実際，Esponda, Pouzo, and Yamamoto［2019］は，

- バーク・ナッシュ均衡がただ一つ存在するが，
- 行動頻度 σ^t は決してその均衡に収束せず，確率１で永遠に振動し続ける

ような例が存在することを示した．また，複数のバーク・ナッシュ均衡が存在するような場合，全ての均衡に等しい確率で行動頻度が収束するとは限らず，特定の均衡にのみ収束するなどということがありうる．

以下のような具体例を考えてみよう．$X=\{A,B\}$，$Y=\{a,b\}$，$\Theta=[0.1,0.9]$ であるとする．行動 A が選ばれたときには確率0.9で $y=a$ が，確率0.1で $y=b$ がそれぞれ観察されるとする．また，行動 B が選ばれたときには確率0.9で $y=b$ が，確率0.1で $y=a$ がそれぞれ観察されるとする．また利得は，$u(A,a)=u(B,b)=1$ かつ $u(A,b)=u(B,a)=0$ であるとする．つまり経済主体は，行動 x と結果 y がマッチしたときのみ正の利得を得られるとする．経済主体はバイアスを持っており，行動 x が結果 y の確率分布に影響を及ぼさないと誤認しているとする．具体的には，パラメータ $\theta\in\Theta$ を所与としたときの y の主観的確率分布は，$y=a$ が確率 θ，$y=b$ が確率 $1-\theta$ であるとする．この例では行動が二つしかないので，σ^t で過去に行動 A を取った頻度を表すものとする．

この例には，三つのバーク・ナッシュ均衡が存在する．一つ目の均衡は，$\sigma=1$，つまり経済主体が行動 A を取り続ける点である．実際，$\sigma=1$ を所与としたときには $\theta=0.9$ によりカルバック・ライブラー情報量が最小化され，このパラメータ $\theta=0.9$ の下では行動 A を選ぶことが最適なので，$\sigma=1$ の点でバーク・ナッシュ均衡の条件(7)は確かに満たされている．同様の議論により，$\sigma=0$，つまり経済主体が行動 B を取り続ける点も，均衡である．最後の均衡は，$\sigma=0.5$，つまり経済主体が行動 A と B を半々で選ぶような点である．行

図５－３　$\sigma(t)$ の挙動

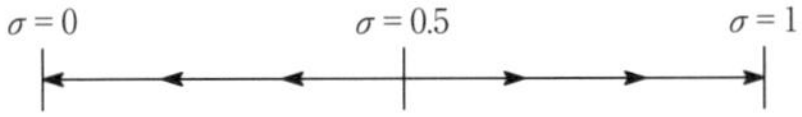

動頻度 $\sigma=0.5$ を所与としたときには $\theta=0.5$ によりカルバック・ライブラー情報量が最小化されるが，このパラメータ $\theta=0.5$ の下では行動 A も B も無差別となるため，バーク・ナッシュ均衡の条件(7)は確かに満たされている．

しかし実は，この最後の均衡 $\sigma=0.5$ は不安定な均衡である．実際，この例における微分包含式(3)の解を図示すると，図５－３のようになる．[7] この図から，微分包含式の初期値が $\sigma(0)=0.5$ であれば解はこの点にとどまり続けることが可能だが，ひとたび初期値がズレてしまうと，行動頻度はこの均衡 $\sigma=0.5$ から遠ざかってゆくことが分かるだろう．Esponda, Pouzo, and Yamamoto［2019］はこのような均衡を不安定な均衡（unstable equilibrium）と呼び，行動頻度が不安定な均衡に収束する確率はゼロであることを示した．

以上の議論から明らかになように，バーク・ナッシュ均衡を探すことは「長期的に何が起こるか」について一定の見当をつけるのに役立つが，実際に行動頻度がバーク・ナッシュ均衡に収束するか確認するためには，きちんと微分包含式(3)を解いてその解の挙動をチェックすることが重要である．

7　複数の経済主体がいるケース

最後に，室岡健志氏（大阪大学）と著者の最近の共同研究について，簡単にご紹介しておきたい．本章では経済主体が一人しか存在しないケースについて扱ってきたが，この室岡氏との共同研究では，複数の経済主体が存在するケー

7）　直観的には，この図は以下のように解釈できる．$\sigma(t)<0.5$ のときには，カルバック・ライブラー情報量を最小化するパラメータは $\theta<0.5$ なので，このパラメータの下で最適な行動 B の割合が時間とともに増えてゆく．同様に $\sigma(t)>0.5$ のときには，カルバック・ライブラー情報量を最小化するパラメータは $\theta>0.5$ なので，このパラメータの下で最適な行動 A の割合が時間とともに増えていく．

スを考えている．複数の経済主体がいる場合，「ある経済変数に関するバイアス」（一次のバイアス）だけでなく，「相手が経済変数に関してバイアスを持っているかどうかに関するバイアス」（二次のバイアス）や，「相手が二次のバイアスを持っているかどうかに関するバイアス」（三次のバイアス）など，より複雑なバイアスを経済主体が持つ可能性がある．例えば，労働者 A と B が共同プロジェクトに携わっているケースでは，

- 労働者 A は自分の能力に関し自信過剰である．
- 労働者 A は，労働者 B の能力を過小評価している，つまり労働者 B に対し偏見を持っている．
- 労働者 A は，「労働者 B が自信過剰である」と誤認している（実際には，労働者 B は自分の能力を正しく認識している）．
- 労働者 A は自信過剰であるが，労働者 B はそれを知らない．

など，様々な形のバイアスを考えることができる．室岡氏との共同研究ではまず，これら多種多様なバイアス全てを特殊ケースとして含むような非常に一般的な数学的なモデルを提示し，そのモデルにおいては，微分包含式(3)を一般化した式により行動頻度の時間を通じた挙動が近似できることを示した．そして，この結果を様々な例に応用し，「自信過剰な社長が経営する企業とそうでない社長が経営する企業が競争する場合，どちらの方が長期的に良いパフォーマンスを上げるか」「ライバル企業の社長が自信過剰であることを知らない場合，その企業のパフォーマンスは良くなるか，悪くなるか」「自信過剰な労働者がいるプロジェクトチームは，そうでないチームと比べてパフォーマンスは高くなるか，低くなるか」などといった分析をしている．これらの結果は近日中に室岡氏との共同論文として発表予定なので，興味のある方はそちらも合わせてご覧いただければと思う．

【参考文献】

Benaïm, M., J. Hofbauer, and S. Sorin [2005] "Stochastic Approximations and Differential Inclusions," *SIAM Journal on Control and Optimization* 44(1), 328-348.

Berk, R. H. [1966] "Limiting Behavior of Posterior Distributions when the Model is Incorrect," *Annals of Mathematical Statistics* 37(1), 51-58.

Cho, I-K. and K. Kasa [2017] "Gresham's Law of Model Averaging," *American Economic Review* 107(11), 3589-3616.

Deimling, K. [1992] *Multivalued Differential Equations*, Walter de Gruyter.

Esponda, I. and D. Pouzo [2016] "Berk-Nash Equilibrium: A Framework for Modeling Agents with Misspecified Models," *Econometrica* 84(3), 1093-1130.

Esponda, I., D. Pouzo, and Y. Yamamoto [2019] "Asymptotic Behavior of Bayesian Learners with Misspecified Models," Working Paper.

Fudenberg, D., G. Romanyuk, and P. Strack [2017] "Active Learning with a Misspecified Prior," *Theoretical Economics* 12(3), 1155-1189.

He, K. [2019] "Mislearning from Censored Data: The Gambler's Fallacy in Optimal-Stopping Problems," Working Paper.

Heidhues, P., B. Kőszegi, and P. Strack [2018] "Unrealistic Expectations and Misguided Learning," *Econometrica* 86(4), 1159-1214.

Heidhues, P., B. Kőszegi, and P. Strack [2020] "Convergence in Models of Misspecified Learning," forthcoming in *Theoretical Economics*.

Kyle, A. S. and F. A. Wang [1997] "Speculation Duopoly with Agreement to Disagree: Can Overconfidence Survive the Market Test?," *Journal of Finance* 52(5), 2073-2090.

Molavi, P. [2020] "Macroeconomics with Learning and Misspecification: A General Theory and Applications," Working paper.

Nyarko, Y. [1991] "Learning in Mis-Specified Models and the Possibility of Cycles," *Journal of Economic Theory* 55(2), 416-427.

第6章

経済学を伝える

パネル討論A

座　長　　安田洋祐（大阪大学）

パネリスト　　尾崎大輔（日本評論社）

広野彩子（日経BP）

吉村恵美（NHKエデュケーショナル）

（日本経済学会2020年度秋季大会　2020年10月11日）

アウトリーチ活動の推進は，日本の経済学界が取り組むべき重大な課題である．SNSや動画配信などのインターネット・サービスが普及したことにより，いまや研究者は1人でも気軽に情報発信できる時代になった．しかし，個人での発信は負担が大きく，まだまだ影響力も限定的だろう．質の高いコンテンツをより多くの人々に届けるためには，既存メディアとの連携が欠かせない．

オンライン開催となった本パネル討論では，メディアで経済学の発信に携わってきた実務家の方々をお招きし，経済学の知見や魅力を広めるための方策や課題について議論した．パネリストとして，書籍・ビジネス誌・テレビという異なる業界でそれぞれ活躍されている，尾崎大輔氏（日本評論社），広野彩子氏（日経BP），吉村恵美氏（NHKエデュケーショナル）の3名にご登壇いただいた．

論点は，持続的な発信に欠かせない体制づくりや，「伝える」から「伝わる」に変わるための工夫，メディアが求める経済学者の取り組み，日本経済学会への建設的な提言など多岐にわたった．また，経済ニュースが報道番組で取り上げられても適切な専門家に声がかからない，中高生に経済学の知見や魅力がほとんど知られていない，といった具体的な課題も指摘された．いずれも，経済学界の中からはなかなか出てこない，メディア関係者ならではの鋭い問題意識だと感じた．

オンライン視聴者からもさまざまな質問や意見が寄せられ，アウトリーチ活動に対する関心の高さがうかがえたことも収穫である．メディアと経済学者の連携がさらに深まり，経済学の面白さや有用性がアカデミアの壁を超えてたくさんの人々に伝わることに期待したい．本パネル討論がそのきっかけとなれば幸いである.[1)]

（安田洋祐）

安田洋祐　それでは定刻になりましたので，パネル討論「経済学を伝える」を始めます．本日は経済学をメディアで発信している方，あるいは発信する素材や番組を制作している方にお越しいただきました．経済学とご自身の仕事とのかかわり方などを踏まえた活発な議論を期待しています．はじめに，日本評論社『経済セミナー』編集部の尾崎大輔さん，お願いします．

【プレゼンテーション】

●統計不正，機械学習の特集が好評

尾崎大輔　日本評論社，『経済セミナー』編集部の尾崎大輔です．『経済セミナー』は1957年に創刊された経済学の学習雑誌です．2020年10月時点で通巻716号となります．現在，私はこの雑誌と大学生向けの教科書や専門書などの書籍の編集を担当しています．また別途，東京大学政策評価研究教育センター（CREPE）のウェブサイトで公開している研究紹介記事の作成にも携わってい

1）本パネル討論の内容は各パネリストの個人的見解であり，各パネリストが所属する組織の公式見解を示すものではない．

ます．これは，経済学の最新の研究を一般の方々や政策担当者の方々にわかりやすく伝えることを目的とした，研究のアウトリーチ活動の一環で，記事はCREPEのウェブサイトの「資料」ページで公表しています．

私自身は，じつは大学で経済学を専攻していたわけではなくて，経営組織論のゼミに入っていました．卒業後は現在とは別の株式会社有斐閣に入社し，しばらく経済・経営分野を中心とした書籍の編集を担当していました．その後，政策系のシンクタンクでの勤務を経て日本評論社に移り，『経済セミナー』をメインで担当することになりました．また現在，東京都立大学大学院の経済学修士課程に在籍して勉強しています．これは主に夜間と土曜に授業や指導を受けられて社会人でも通えるプログラムです．

学部を卒業してから十数年で，前々職での仕事もあわせてこれまで約100冊程度の書籍の編集に携わってきました．分野は経済学に限らずさまざまで，教科書や専門書から，一般向けの読み物的な企画をすることもあります．経済学の教科書以外の企画としては，たとえば伊藤秀史著『ひたすら読むエコノミクス』，大内伸哉・川口大司著『法と経済で読みとく雇用の世界』，澤田康幸・上田路子・松林哲也著『自殺のない社会へ』などを担当しました．

ここで，『経済セミナー』の2019年度の特集を紹介すると，４・５月号「経済学で疑問解決」，６・７月号「統計の役割を考える」，８・９月号「消費税で入門！公共経済学」，キャッシュレス化に着目した10・11月号「経済学でみる新しい決済と金融」，12・１月号「機械学習は経済学を変えるのか？」，２・３月号「貧困削減のこれまでとこれから」です．とくに，統計不正問題を扱った６・７月号，機械学習を扱った12・１月号が好評でした．

2020年度はまだ期の途中ですが，４・５月号「実践で活きる経済学」，６・７月号「ナッジで社会は変わるのか」，８・９月号「経済論文の書き方［実証編］」，10・11月号「変貌する経済学：実証革命が導く未来」，12・１月号「ネットワーク科学と経済学」，２・３月号「マクロ経済学をミクロの視点で考える」というラインナップです．

◆経済学の露出が増え，追い風に

尾崎大輔　最近は幸いにもより多くの方々に手に取っていただく機会が多く，

売り上げも増加傾向です．近年の出版事情を考えると『経済セミナー』のような専門雑誌ではめずらしいケースだと思いますが，これは世の中での経済学の露出が増えていることも要因の１つではないかと考えています．

『経済セミナー』以外では，緊急事態宣言下の2020年４月に発売した市村英彦・岡崎哲二・佐藤泰裕・松井彰彦編『経済学を味わう――東大１，２年生に大人気の授業』，『進化するビジネスの実証分析（経済セミナー増刊）』が好評でした．前者は東京大学で大学１，２年生向けに行われている最近の経済学の全体像を紹介する人気講義「現代経済理論」を書籍化したものです．後者はビジネスや政策の現場で経済学，とくに実証産業組織論がどのように活かされているかをまとめたものです．この２冊は，内容や読者対象は異なりますが，どちらも「最近の経済学を伝える」ことがねらいでした．

この仕事に就いたきっかけとしては，大学時代の経験とご縁が大きいです．大学時代は水泳部の遠泳部門に所属していて，部活動の運営に悩んでいたこともあって，何かヒントが得られないかと思い経営組織論を学べるゼミを選びました．その後，ゼミでジョン・マクミラン著『経営戦略のゲーム理論』を読み，それまで学んできた経営学とは少し異なるインセンティブ設計という考え方に魅力を感じました．その考え方を自分なりに落とし込んで，実際に部活動の運営や練習計画を組み立てる際に意識してみると，部員が自発的に練習に取り組んでくれるようになったという記憶があります．いま思えば，とても経済学を使うなどという次元のものではありませんが，実社会をインセンティブ設計の視点から考えてみたという経験から，もう少し経済学を勉強してみたいと思うようになりました．そう考えていたときに，ゼミの指導教員が，青木昌彦先生の書籍などを担当され，ポール・ミルグロム，ジョン・ロバーツ著『組織の経済学』も担当された編集者の方を紹介してくださいました．その方からいろいろとお話を伺っているうちに，専門出版社の編集の仕事も面白そうだと感じるようになって最初の会社に就職し，紆余曲折を経て現在に至っています．

安田洋祐　経済学や経営学が部活の運営にどのように役立ったのか教えてください．

尾崎大輔　インセンティブ設計ということで，部員が自発的に練習に取り組み，チャレンジした人が報われるような仕組みをつくりたいと考えて，あれこれ工夫しました．一口に水泳部員といっても，泳ぎが速い人もいれば遅い人もいて，練習に取り組む姿勢や各人の目標などはさまざまです．そこで，たとえば前の日よりもタイムがどのくらい上がったか，過去のタイムと比べてどれくらい成長しているかに着目し，絶対的にタイムの速い人ではなく，より頑張って成長できた人を大きく評価するようにしました．ただ，インセンティブ設計といっても，学校の部活動ですから金銭的なインセンティブを付与するわけにはいきません．そこで，たとえばより伸びた部員を全員が見ている前で褒めるようなことをしました．体育会ですから，どうしてもチャレンジしても失敗したら怒られたり，追加で練習させられたりとやや懲罰的な文化があったわけですが，そうしたものは全部取り払うようにし，とにかく練習でチャレンジすることを奨励しました．その結果，1，2年生で経験の少ない部員も熱心に練習に取り組むようになり，チーム全体のレベルの底上げにつながって，OBにも喜ばれました．

安田洋祐　個人的な意見ですが，経済学者は一般的に褒めるのが下手です．ゼミでも結構，殺伐とした雰囲気のところが多い．尾崎さんの体験を参考にすれば，学生のやる気をもっと引き出すことができるかもしれません．尾崎さんが編集された『経済学を味わう』は，私も味わわせていただきました．とてもいい本です．ご関心ある方は一読をおすすめします．次は，日経BP『日経ビジネス』副編集長の広野彩子さんです．お願いします．

●将来の日本人ノーベル賞学者を探せ！

広野彩子　『日経ビジネス』の広野彩子です．2001年1月に前職の朝日新聞社の記者から『日経ビジネス』記者に移籍し，20年近く同編集部に所属しております．『日経ビジネス』本誌で経済学コラム「気鋭の論点」を2009年頃から断続的に担当してきました．その経験をお話しします．

朝日新聞社の記者時代は，事件取材，阪神・淡路大震災の取材などで走り回っていました．いろんな経験を積み重ねていくなかで，「絶望」ばかり追いかけてどうなるのか，世の中をもっと良くするような仕事ができないのかと思い悩むようになりました．そこで経済部に移ろうかと考えていたところ，経済部も私の考えるイメージとは違うということがわかってきました．たまたま大学のゼミの友達の夫君が当時，日経 BP で『日経ビジネス』の記者をしていましたので，それなら「ウチを受けてみたら」と熱心に誘われ，入社しました．『日経ビジネス』に入って驚いたのは，周囲のみんなが財務諸表をスラスラと読めることでした．これではいけない，もっと経済を勉強しなければ駄目だということで，一念発起して勉強しました．勉強していると経済が次第に面白くなり，海外の大学に留学したいと思うようになりました．

そこで日経 BP に入社して３年目に，アメリカのプリンストン大学公共国際問題大学院（旧ウッドロー・ウィルソンスクール）に留学することができました．プリンストン以外に，ハーバード大学のケネディスクール（公共政策大学院），コロンビア大学の SIPA（国際公共政策大学院）の合計３校に合格したのですが，プリンストンは学費免除だったので，そこに決めました．そのプリンストン大学で当時，経済学部博士課程に在籍されていた安田洋祐先生（大阪大学），中島大輔先生（小樽商科大学），陣内了先生（一橋大学）といった皆さんと衝撃的な出会いをしました．私が留学した年はあいにく同じ学年に日本人が１人もおらず戸惑っていたところで，たいへん心強く感じたことを覚えています．３人の先生方には勉学面でもいろいろとお世話になりました．経済学に本格的に興味を持ったのも，この頃です．

留学から戻ってきてからは，日経ビジネスオンラインの開発チームに所属しました．その後は開発中の別冊『日経ビジネスマネジメント』編集部へ移り，安田洋祐先生に監修していただき「経済学で斬るビジネス新潮流」というコラムを試験的に始めました．ベッカー，スティグリッツ教授などの独占インタビューを行いました．しかし雑誌としてのビジネスモデルを確立することができず，やむなく休刊となりました．

そして翌年の2009年からは『日経ビジネス』本誌で「気鋭の論点」（後に日経ビジネスオンラインに移行）を始めました．そのきっかけになったのは，別冊『日経ビジネスマネジメント』を一緒に開発した上司からの「日本人でノーベル経済学賞を取れそうな若手研究者を探して連載を展開せよ！」という指示です．

最初，１ページのコラムを20人くらいの筆者が輪番で担当する形でスタートしました．そうこうしているうちに社内で別冊『新しい経済の教科書』を刊行する企画が浮上し，「気鋭の論点」シリーズに白羽の矢が立ちました．「気鋭の論点」で連載された記事（オンライン移行後の掲載記事も含む）をテーマごとに10本，多いときには20本をセレクトして別冊に収録し，合計で６冊刊行しました．とくに「アベノミクスの先を読む」の特集号は非常に売れました．

その他に経済学に関係があるところでは，2014年に『日経ビジネス　日本経済入門』（産業能率大学との一部コラボ）を刊行しました．これは，企業取材の経験しかなく，マクロ経済学のことはあまり知らない記者が勉強しながら教科書をつくるという，かなりチャレンジングな企画です．読者はどのような記事を読みたいのかという視点で，上司や大学の先生方と相談し，産業能率大学の協力を仰ぎながら，安田先生にも監修していただき，一冊の書籍に仕上げることができました．2019年に部分改訂をして現在は第２版です．

2016年から2018年までは日本経済新聞の *Nikkei Asian Review*（現在は *Nikkei Asia* へ媒体名を変更）という英文媒体で仕事をしました．2016年に契約理論への貢献でオリバー・ハート教授とベント・ホルムストローム教授がノーベル経済学賞を受賞した際には，伊藤秀史先生（早稲田大学）に英語で寄稿していただきました．2017年にリチャード・セイラー教授が行動経済学研究の功績でノーベル経済学賞を受賞したときには，自分で英語で解説記事を書きました．

◆過去コンテンツをテーマ別に復刻

広野彩子　その後，『日経ビジネス』副編集長に復帰し，最初に手掛けたのが日経ビジネスオンラインの動画対談プロジェクト「入山章栄・安田洋祐の業界未来図鑑」です．経営学者の入山先生（早稲田大学），経済学者の安田先生の２人にホスト役になってもらい，ゲストとして経営者やアナリストを招いて業界の未来を議論してもらう企画です．その他に動画のインタビュー・シリーズも担当しました．経済学者のリチャード・セイラー教授，経営学者のヘンリー・ミンツバーグ教授，機械学習の専門家である英オックスフォード大学のマイケル・オズボーン教授など，ジャンル構わず，ビジネスに関係ありそうなトップクラスの著名人を取材して動画に編集し，字幕の翻訳などもすべて自分でやりました.『日経ビジネス』本誌や電子版のデスク，記事執筆をするかたわら，世界的に著名な投資家ジム・ロジャーズ氏の『危機の時代』という書籍も取材・編集しました．また本誌で2019年春から，海外の経済・経営学者へのインタビューを元に構成する週刊連載コラム「世界の最新経営論」の取材・執筆を続けてきましたが，2020年10月，これに加筆・再編集のうえ『世界最高峰の経営教室』という単著を日経BPから発刊しました。

最近は日経ビジネス電子版（日経ビジネスオンラインのリニューアル版）で，「気鋭の論点」の過去のコンテンツをテーマごとに仕分けして再公開する仕事に取り組んできました．そこでは，現在非公開となった「気鋭の論点」や「新しい経済の教科書」のウェブ版コンテンツの一部を，オンライン・ゼミナール「新しい経済の教科書」シリーズとして，有料会員限定ではありますが復刻公開しています.

これからの仕事ですが，日経ビジネス電子版有料読者限定のウェビナーでの展開を考えています．全体のタイトルは「インタビュー映像で読み解く世界の頭脳」です．ノーベル賞学者など世界の頭脳の理論を，その要諦を熟知する専門家の解説で学ぶという趣旨のセミナーです．第１回は「世界を貧困から救う経済学」（2020年10月実施）というテーマでした．マサチューセッツ工科大学のアジビット・バナジー教授（2019年ノーベル経済学賞共同受賞）はインタビュー動画で，アジア開発銀行チーフエコノミストの澤田康幸先生（東京大学）にはマニラから生出演していただきました．バナジー教授のインタビュー動画を見ながら，澤田先生にバナジー教授の「貧困の経済学」について解説していただきました．私がファシリテーターを務めました.

先ほど紹介した「新しい経済の教科書」では「リバランスの経済学」というのを2020年10月から開始し，その後は「行動経済学」「マネジメントの経済学」というシリーズを順次，再公開する予定です.

安田洋祐　どうもありがとうございました．続いて，NHKエデュケーショナル，シニアプロデューサーの吉村恵美さん，よろしくお願いします.

●経済学は未だにカネの学問？

吉村恵美　NHK エデュケーショナルの吉村恵美と申します．現在はＥテレで毎週水曜日の夜10時から放送されている「又吉直樹のヘウレーカ！」という43分番組を制作しています．主に自然科学分野の研究者とお笑い芸人で作家の又吉直樹さんに出演いただいて，先生方の研究内容や研究哲学などについて話を聞いて，文学者の又吉さんが独自の考察をするという内容です．

その前は「オイコノミア」という番組のプロデューサーをやっていました．「又吉直樹のヘウレーカ！」の前身となる番組です．この「オイコノミア」は2012年４月から2018年３月までＥテレで放送していました．最初の３年間は24分番組でしたが，後半の３年間は43分に時間延長され，多くの経済学者の皆さんに出演いただきました．大学の経済学部１年生レベルの知見で，経済学の知識や理論を映像化して視聴者に伝えるという点が売りでした．

たとえば安田洋祐先生に出演いただいた回で，ゲーム理論の紹介をしました．テレビでゲームの理論を利得表で説明しようとすると，どうしても解説が長くなってしまいます．誰も見てくれません．そこで，安田先生と世界的なプロゲーマー，梅原大吾さんにゲームの「ストリートファイターⅤ」をやっていただき，勝ち負けや戦術の出し方などをゲーム理論で読み解いてもらいました．「ストリートファイターⅤ」を番組で使うことについてはNHK 内でいろいろな意見が出ましたが，あれこれ理屈をつけて何とか押し切ることができました．別のゲーム理論の番組では，松井彰彦先生（東京大学）と又吉さんとでPK 合戦をしていただいたこともあります．坂井豊貴先生（慶應義塾大学）に出演いただいたマッチングの番組では，実際にバラエティ番組『プロポーズ大作戦』の「フィーリングカップル５対５」を再現しました．テレビで経済学のむずかしい理論を飽きさせず，いかに面白く紹介するかということに腐心しました．

どうして経済学の番組とかかわることになったのか．NHK にディレクター職で入局した後，初任地は青森放送局でした．地方局ではありとあらゆる仕事を体験します．昼の時間帯に弘前城の桜の中継をする番組では，朝５時からビニールシートを持って弘前城の天守閣の近くで場所取りです．それが私の仕事でした．桜の中継以外にも，ニュースリポート，野球，選挙，地震，ねぶた，のど自慢の中継……なども担当しました．

1998年に東京の制作局文化福祉番組に異動し，歴史，福祉，ドキュメンタリー，スタジオショー，紀行（世界遺産），その他に新規番組開発などを担当することになりました．大学では経済学を専攻していましたが，それまでの番組制作において経済学との接点はほとんどありませんでした．

2008年から「爆笑問題のニッポンの教養」という番組に制作チームのディレクターとして参加しました．その当時６～７人のディレクターがいました．この番組は，分野は問わないからノーベル賞を取りそうな日本の研究者を引っ張り出して，爆笑問題の太田光さんと台本なしのガチンコの議論をしていただこうというものでした．どの分野にどんな気鋭の先生がいるのかを探し出し，爆笑問題の太田さんと対談してくれませんかと口説き落とすことが，私たちの仕事です．

2006年から始まっていた番組なので，すでにさまざまな分野の先生が出演されていました．そのなかで，いちばん手薄なのが経済学だったのです．そこで東京大学の松島斉先生にゲーム理論で出演いただき，番組をつくることにしました．

◆６年間での出演はたった３本

吉村恵美　ところが，NHK のなかで合意を得るのが意外にたいへんでした．「経済学って映像になるの」「松島さんとはどなたですか．何を研究している人？」「ゲーム理論．それ何ですか？」こうした初歩的なハードルをこなしながら，１つ１つ周囲の同意を取り付けていきました．こうした説明に手間取って，最初はなかなか理解を得られません．そこで大きな追い風になったのが本物のノーベル賞です．2000年代のノーベル経済学賞は，ゲーム理論の研究者がたくさん受賞していました．「松島先生も十分近いところにいるのです」と言って周囲を説得し，ようやく松島先生の出演が実現しました．それが2009年のことです．番組は，30代，40代の男性に多く見ていただいた記憶があります．

ちなみに「爆笑問題のニッポンの教養」は６年間続きました．１年間で約40

本の新作をつくりますので合計で240〜250本です．ただし経済学者に出演いただいたのは3回くらいです．この番組に携わったことがきっかけで，他のディレクターとテーマがかぶらず，誰もやりたがらない経済学を取り上げようと思うようになりました．

2012年に，冒頭で紹介した「オイコノミア」が始まります．その翌年に前任のプロデューサーが人事異動で函館に転勤になり，私がNHKからNHKエデュケーショナルに出向して，以来ずっとプロデューサーとして携わってきました．じつは「オイコノミア」自体は，NHKエデュケーショナルが制作に直接携わっているわけではありません．業界大手の制作会社テレビマンユニオンとテレコムスタッフの2社のディレクターが制作を担当していました．それを私が見て，この企画はこうするといけるのではないか，あるいは撮影前にこういう方向で撮ればいいのではないか，などとアドバイスしました．撮影を終えた後も，2〜3時間以上，撮影した素材を24分なり43分に凝縮していく作業があります．こういうカットの並びでやればいい，こういうナレーションをつくるといいのではないか．こうした助言をする形で関与しました．いわゆる品質管理の仕事です．

後半のディスカッションにつながるかもしれませんが，NHKにはいま，恒常的に経済を扱う番組がありません．報道系番組では，記者が企業や業界を取材してどの会社とどの会社が合併したとか，新しい預金通帳をつくるとおカネがかかるようになるといった経済情報を伝えていますが，経済現象を追いかけるのが精一杯です．制作系では「クローズアップ現代＋（プラス）」という30分番組があります．これで時々，経済問題を扱っています．「逆転人生」「ドキュメント72時間」「プロフェッショナル」も経済に関係のある人が出演することがあります．「突撃！カネオくん」は世の中の事象をおカネという切り口で見ていく番組ですが，経済学とは実のところあまり関係がありません．「あさイチ」で時々，家計診断や家計応援プロジェクト的なこと，つまりこうやればもう少し家計が節約できるみたいなことはやっています．

もちろん安田先生のような経済学者が出演されるBS1の「欲望の資本主義」や「NHKスペシャル」のような番組もありますが，それ以外では経済現象を経済学のレベルまで深く掘り下げるまでに至っていません．NHKの内部にも「おカネにかかわればすべて経済，経済学は未だにカネの学問」としか思われていないところがあります．

安田洋祐　はじめの尾崎さんには専門書や雑誌を中心に比較的狭く深く，二番目の広野さんはビジネス誌としてもう少し広い立場で，最後の吉村さんはマスメディアを通じて決して高い難易度ではないが多くの人が理解しやすい形で経済学を伝えている．三者三様の取り組みがよく伝わってきました．

【ディスカッションと質疑】

●持続的な発信には何が必要か

安田洋祐　それでは，ディスカッションに移ります．最初に，メディアにおいて持続的に経済学を発信していくために何をすればいいのか，どういうことに気をつけるべきか，経済学者に対しこういうことを期待したい，という点から議論を始めます．

パネル討論のオンライン視聴者からも，質問が届いています．先ほどの吉村さんが制作に携わっていた「オイコノミア」についてです．授業でも使いたいので，DVD の販売や NHK オンデマンドでの配信はありますか，という質問です．同じような要望を，私も SNS などを通じてたくさんいただいています．

吉村恵美　結論から言うと販売や配信はしていません．じつは「オイコノミア」を放送していた2014年当時，NHK エデュケーショナルで DVD 化を検討したことがあります．結局，権利処理の問題がネックとなり実現しませんでした．出演された先生方はまったく問題なかったのですが，映像化のためにご協力いただいた企業や個人の方から了解を得られないケースが出たからです．さらにいえば，街頭でのインタビューもたくさん含まれています．そういう協力者の方は連絡先がわからず権利処理はほとんどできません．番組の立ち上げのときから二次利用のことなども計算に入れておけばよかったのですが，いまになってみると残念です．現在でも個人レベルの権利処理を完全にクリアするのはむずかしく，オンデマンド配信には至っていません．

◆最近，部数が伸びているワケ

安田洋祐　先ほど尾崎さんの自己紹介で，最近『経済セミナー』の売り上げが好調だという話がありました．逆に言うと，これまで苦しい時期があったということです．『経済セミナー』はかつて毎月刊でしたが，現在は隔月刊です．継続的に経済学を発信していくためには採算をどう確保していくかも重要です．

尾崎大輔　『経済セミナー』自体は，必ずしも採算が苦しいために隔月刊に変更したわけではないのですが，大学の一般的な教科書や専門書は売り上げが落ちているのは事実です．そうしたなかでも，『経済セミナー』では読者を確実に獲得しようという編集方針で取り組んでいます．勉強意欲があり，さらに深く経済学を学んでみたいと考えている方々を主なターゲットとしています．たとえば，経済学部生や大学院生はもちろん，金融やシンクタンクなど仕事で経済学を使うような機会のある方々，あるいは経済学の専門家と議論しながら経済政策づくりに取り組んでいる官公庁の方々などです．学生には卒論や研究テーマ探しの参考になるような企画を届けたい，ビジネスパーソンや官公庁の方々には経済学の動向をお伝えしたいと考えて，やや高度な内容が含まれることがあっても経済学の新しい動向をお伝えするようにつとめています．

教科書や専門書の売り上げが傾向的に落ちてきているのは，教材の提供方法が従来と変わっているからかもしれません．たとえば，インターネットでおカネを出さなくても良質なコンテンツが簡単に手に入るようになっています．とくに英語のコンテンツは山ほど簡単に手に入りますし，書籍等以外にも学習の手段はたくさん出てきていますし，先生方の独自の講義資料も充実しています．

そうした厳しい環境のなかで手応えを感じたのは，『経済セミナー』の特集で機械学習やキャッシュレス化など，経済学だけでなく隣接分野にまたがるようなタイムリーなトピックを取り上げたときで，これらに対してはビジネスパーソンの方々からもお問い合わせやコメントをいただきました．2019年度の経験を通じて，必ずしも経済学を学んでいないけれども，数理的な素養，データサイエンスの素養があって企業で働かれているエンジニアの方々などにも，経済学のことを知りたいというニーズが大きいのではないかと感じるようになりました．

2020年度も4・5月号の特集「実践で活きる経済学」では経済学とビジネス

との接点を意識した内容を企画し，渡辺安虎先生（東京大学），西尾昭彦氏（世界銀行副総裁），泉敦子氏（当時・公正取引委員会．現・東京大学エコノミックコンサルティング）などにご登場いただきました．6・7月号の特集「ナッジで社会は変わるのか」は，政策立案の現場や地方自治体の方々に読んでいただいたという声も届いています．学生以外にも，経済学の考え方を知りたい社会人の方々に読者層が広がりつつあるというのが，最近，売り上げ部数が好調な要因の1つだと考えています．

安田洋祐　『経済セミナー』は，大学教員を含め定期購読されている方も多いと思います．購買層別の割合はどうなっているのでしょうか．

尾崎大輔　正確な数字は公表できませんが，定期購読の比率もそれなりにありますし，書店や大学生協などで動く割合も大きいです．最近は，雑誌の特集記事を電子化して発行しており，そうした媒体でもお読みいただいています．

安田洋祐　最近，note やツイッターなどの SNS を使って『経済セミナー』の記事を紹介したり，雑誌の特集に関連したオリジナル記事が投稿されたりするケースが増えているようです．優良なコンテンツをどこまで無料で公開するか，商業出版にとって悩ましい問題です．試行錯誤の末，何か見えてきた点はありますか．

尾崎大輔　とくに note はまだまだ始めたばかりなのでいろいろ模索中ですが，SNS だけではどうしても情報の拡散が限定されてしまうことが多いです．どんなに優れたコンテンツをつくっても，内容を知ってもらわなければ，手に取っていただけませんので，より工夫が必要だと考えています．とはいえ，弊誌が対象としている読者ターゲットは必ずしも一般のマスメディアのように広くはないので，やり方次第では SNS を通じて思わぬ広がり方をしてご注目いただけるようなケースもあります．新刊だけでなく，過去のコンテンツもうまく紹介していくことで，1冊でも多くの書籍やバックナンバーを含む雑誌を手に取っていただけるように，いろいろと考えて仕掛けていきたいと思っています．

◆経済学ネタは食いつきが悪い？

安田洋祐　広野さんから連載企画「気鋭の論点」の顛末や裏話がありましたが，じつは採算的な余裕はなかったということです．経済学ネタは読者の食いつきがよくないのでしょうか．

広野彩子　オンラインで無料掲載しているときに，刺激的な見出しにしすぎて，その後で内容はきわめてまじめなのに，タイトルがおかしいのではないかとたしなめられたこともありました．しかし逆に言うと，そうでもしないと無数に配信されるウェブ記事のなかで埋もれてしまい，読んでもらえない傾向があったのです．毎日，そうしたジレンマと戦っている感じでした．その一方で，専門性の高いテーマの記事の場合は見出しでくだいた表現にするのもなかなかむずかしく，ページビューが数千しかいかないときもありました．ですから，オンラインに単発で，1人の先生の寄稿を掲載しただけならおそらく長く続かなかったと思いますが，別冊という形にまとめ，ていねいに再編集したことで高い評価を得ることができました．複数の先生方のコラムがまとめて掲載されているのが，読者にとって一種の驚きだったようです．これは編集者も気づいていなかった点です．雑誌の持つ一覧性の強みです．

たとえばミクロ経済学系の実証論文や記事は，見出しや文章の構成をひと工夫することでよく読まれるようになります．実際のビジネスに応用しやすいからでしょう．一方，マクロ経済学系の論文は一般にむずかしすぎるせいか，読者の食いつきがあまりよくない．たとえば世代重複モデルについての記事は，経済学によほど関心を持っている人でなければ読んでもむずかしすぎる部分があります．ミクロとマクロの論文をうまく組み合わせて，学術的で硬派な内容と，実用的な内容をうまくパッケージ化していく．要は，ポートフォリオです．こうした編集面での工夫で『新しい経済の教科書』の別冊は，ずっと黒字を維持してきました．現在は当時より雑誌の媒体としての力がさらに弱まっているので，そうしたやり方が通用するかは不透明です．

いまはオンラインで，毎日，「気鋭の論点」の記事の一部を復刻し，再掲載しています．有料ですが，読みたい人は有料会員であればいつでも読むことができるようになっています．2011年頃に書かれた記事でも，いまも通用する内容のものが多いですし，2010年頃に原案を日経ビジネスオンラインで発表し，最近，著名な学術誌に掲載されたような内容もあります．経済学に関心のある人なら必ず読んでくれると信じています．こうしたことを細々と続けているうちに，何か展望が見えてくるかもしれません．

◆経済番組は絶滅危惧種か？

安田洋祐　マクロ経済学系の先生方には，「ビジネスパーソンが知らないと損をする世代重複モデル」のような原稿を書いて，改めて一般読者の啓蒙につとめていただきたいと思います（笑）．

次に吉村さんに伺います．NHKの場合，自然科学分野では大学院を出ていたり，場合によっては博士号を持っている人が報道に携わっているケースが多いように聞いています．ところが経済の場合は，NHKに限らず大手新聞社でもそこまでの専門性を持った方はほとんどいないようです．したがってノーベル賞受賞の発表シーズンになると，私みたいな人間にもメディアからいろんな問い合わせがきます．メディアは経済学の分野でももっと専門性の高い記者やライターを抱える必要があるのか．NHK内部ではどのような議論があるのでしょうか．

吉村恵美　私がNHKを代表して話をするわけにいきませんが，テレビ局一般に関していえば，番組の枠があるかないかが非常に重要です．経済学の番組が継続的にある，つまり経済学のことをテレビで知りたいと思う人たちがたくさんいるのであれば，報道する側も当然，経済学を勉強していく，あるいは専門性を高めていかなければなりません．

NHKには制作系で番組をつくっている部署が10程度あり，そのなかの1つに経済・社会番組部がありました．ところが2019年の再編で「経済」が取れて，社会ジャンルの番組制作チームになってしまいました．経済という看板が外されたのです．乱暴に言えば，経済としての専門性は要らないという判断がなされたのではないか．理由の1つは，ひとえに視聴率が取れないからです．それはなぜか．番組の作り手の問題か，それとも経済学に対する世の中のニーズがないのか，もっと詳しく分析する必要があるでしょう．

いずれにせよ，経済の専門家を集めて恒常的に経済の番組を出していこうという気運がいまひとつ感じられない．2～3年前までたとえばBS 1では「経済フロントライン」という49分枠の番組がありましたが，2020年度の番組表から消えてしまいました．もっと前には「家計診断　おすすめ悠々ライフ」というおカネ関連の問題を扱う番組枠もありましたが，「あさイチ」の1コーナーで十分だという話になり，いつしか消滅してしまいました．その一方で自然科学の番組は「サイエンスZERO」など脈々と番組枠を維持しています．そして新しい研究者を発掘して「クローズアップ現代＋」や「NHKスペシャル」など他の番組に展開していくルートが築かれています．この違いは何か．ノーベル賞受賞の有無ではないかと思っています．

◆ノーベル賞受賞者が出れば露出が高まる？

安田洋祐　日本人でノーベル経済学賞の受賞者が出てくると，経済学がテレビ番組で取り上げられる頻度も変わってきますか．

吉村恵美　そう思います．テレビ局にとってノーベル賞は大きなお祭りです．物理学を含めて自然科学系では，湯川秀樹さん以降，コンスタントに受賞者が出ています．たとえばノーベル賞の受賞者が出ると，まず速報が流れます．その後は「NHKスペシャル」や「クローブアップ現代＋」で詳しく取り上げられます．それも1回限りではなく，何回も，です．そして年末になると，年間の回顧ニュースで再び取り上げられます．年が明ければ明けたで，新年のノーベル賞受賞はどうなるという話になる．結局，何だかんだで半年近くのお祭りが続くのです．そうなると，記者もディレクターも次は誰が受賞するのかということで取材を始めなければなりません．予定原稿を書くためには，受賞の可能性のある候補者を1人1人掘り起こしていく作業が必要になります．そして秋になり日本人の受賞者が発表されれば，新聞や雑誌に負けない充実したコンテンツがNHKでもすぐに放送できる体制をとるわけです．ノーベル賞受賞の有無は報道する側にも大きな影響を与えています．

安田洋祐　ノーベル経済学賞に関しては，日本人の受賞者は残念ながら1人も出ていません．むしろリーマンショックのような危機が起きると経済学や経済学者は何をやっているのかというお叱りの言葉が強まる．日本では経済学の「お祭り」自体がまだ始まっていません．

吉村恵美　その昔，宇沢弘文さんがノーベル経済学賞を受賞されていたら，現在とは全然違う景色が広がっていたかもしれません．

安田洋祐　経済系の番組があるかないかで，伝える側の人事や経済学の立ち位置までが変わってくる．そうとなると「オイコノミア」が終わってしまったことは残念ですね．

吉村恵美　そうです．制作スタッフのなかに経済学の修士号取得者がいるとはあまり聞いたことがありません．経済学部の卒業生はそこそこいます．しかし「オイコノミア」だけでなく他の経済関連の番組もなくなってしまったために，皆バラバラになって別の分野の番組をつくっています．

◆経済学に関する違和感

安田洋祐　経済学に関連するコンテンツを長年，編集や制作するなかで何か気になる点や，経済学者に対する違和感などを持った点はありますか．逆に，経済学にはこれだけ有用な知見があるのに世の中に広まっていない，こういう風に情報発信のあり方を変えてほしいといった要望でも結構です．

尾崎大輔　違和感ということで言えば，一般向けのメディアなどで必ずしも現在の経済学の研究に即していないような主張が経済学として位置づけられて，それが批判されたり，あるいは逆にそうした内容が経済学者の見解として述べられたりするケースが見られる点です．それはそれで意見としてあると思うのですが，そこで言われている経済学は，現在の研究のフロンティアで認識されている経済学とは異なるものであると感じることも多いので，一般の方々に誤解されてしまうともったいないと思います．『経済学を味わう』は，高校生や大学生，彼らの両親，そしてビジネスパーソンに，現在の経済学の姿を正確に伝えたいということでつくりました．『経済セミナー』も同様のコンセプトで，多くの先生方に企画にご賛同いただき，ご協力をいただいています．私どもとしては，こうした努力を地道に続けていきたいなと思っています．

安田洋祐　少しずつ変えていくしかないという話がありましたが，そのペースを加速させる1つのきっかけになったのが，広野さんが携わった「気鋭の論点」という企画でした．発足させた当時のねらいや，留学中に感じた経済学の有用性について補足があればお願いします．

広野彩子　私は，大学時代は経済学科でした．入学してこれから経済学を本格的に勉強できると思っていたところ，最初の2年間は一般教養の授業ばかりでした．経済を独学できる雑誌や教材を探しましたが，なかなか見つかりません．しかたなく国家公務員一種試験の問題集と解説書を購入して，教科書を見ながら一生懸命解いて独学した記憶があります．経済学との出会いについてはそうした原体験があります．

2003年に休職してプリンストン大学に留学しようと思い立った当時に感じていたのは，次のような素朴な問題意識でした．自然科学の分野では『ネイチャー』や『サイエンス』などの専門雑誌で新しい研究成果が次々に発表され，折に触れメディアにも取り上げられている．ところが経済学はいつまでたっても「マクロといえばケインズ，ケインズ，ケインズ」で，これっておかしくない？と．経済学者が世界中にこれだけ多く存在して，毎日，いろんな研究活動を行っているのですから，必ず何か新しい研究成果が生まれているはずです．それなのに，きっと面白いはずなのに，メディアではどういうわけか報じられない．こうした疑問が最初にありました．

留学先にプリンストンを選んだ最大の理由は，出願時点に調べた授業の内容がいちばんアカデミックに見えたからです．それなら最先端の経済学がわかっている先生から教われるのではないか，と．大学が小規模なことも魅力でした．当時は何もわかっていなかったので，振り返ると，どこの大学だったとしても授業の厳しさやレベルは同じだったと思いますが，そのレベルの高さは想像以上でした．

英語はほぼ独学で初めての海外生活でしたし，もともと経済理論全体についての体系的な知識が少ない状態だったので余計そう思ったのかもしれませんが，突然，英語でしかも大量の知識や数式がインプットされるなかで，自分はいままで何をやっていたのかと心から思いました．また，日本の大学にも経済学者が数多くいるはずなのに，なぜ世界の最先端の経済学に関する情報がこれほど伝わってこないのか．日本が経済学の最先端を走っているのであれば理解できなくもありませんが，残念ながらそうではない．日本ではどうして情報がこんなに少ないのだろうと改めて強く感じました．

留学から帰ってから，留学中に勉強した内容や感じたことなどを会社に提出しました．それを読んでくれた方がいたのでしょうか，先ほども触れたように将来ノーベル経済学賞を取りそうな日本人を探せ，といった話になり，経済学の寄稿コラム「気鋭の論点」スタートにつながったわけです．

取材で実際に先生方の間を回っていると，大きな気づきになったり，好奇心を刺激されたりするお話をたくさん聞くことができました．議論自体は難解ですが，インプリケーションが面白い．実証研究の結果，日常の通説をひっくり返すような結論が得られたこともありました．そうした研究の成果をもっと世の中に発信していただきたい．それがアカデミアの役割だと思います．

「気鋭の論点」で最初にお声がけしたのはマクロ・ミクロ両方の幅広い分野の先生方で20人くらいでした．私が担当した範囲では，雑誌で連載コラムをお願いするときは10～12人で１ローテーションを組んで，２～３カ月おきに執筆していただくことが多いです．メディアの側からすれば，執筆の間隔が空きすぎると，せっかくの人気コラムニストであっても読者から名前を忘れられてしまい，連載コラムとしての魅力が落ちるからです．しかし，大学の先生の場合，研究で実績を出すことが第一です．コラム執筆が研究の妨げになってはいけません．そこでメンバーを22～23人へ増やして，半年に１回のペースにしてご執筆の負担を軽減しました．その結果かどうかはわかりませんが，多くの先生方にご協力をいただき，無理のないやり方でメッセージを発信してもらう形で，スタートしました．

◆「伝える」と「伝わる」は雲泥の差

安田洋祐　アカデミアの知見が一般の人たちに届いていない．だからこそ今回のテーマである「どうやって伝えるか」が重要なのです．伝わらないのは，需要側と供給側の両方に原因があると思っています．学者側には，読者や視聴者がきちんとした関心を持っていない，メディアの取り上げ方が適切でないと思っている人がいる．需要側，とくにメディアには研究者たちがきちんとした情報発信をしていないという不満がある．いずれにせよ，マッチングがうまくできていません．

しかし研究活動と社会への情報発信は別物なので，ギャップを特定の研究者が１人で埋めるのはたいへんです．１つのやり方は，１人１人の負担は最小限にしながら，数で勝負する方法です．経済学のメインストリームの人たちが複数集まってきちんと情報発信すれば，一般の人も経済学に対する認識が変わるはずです．

先ほどの『日経ビジネス』連載コラム「気鋭の論点」のように，20人くらいの論者が順番にリレー連載していけば，経済学の最先端の議論が定期的にビジネスパーソンに伝わります．書き手も半年に1回程度の頻度ならそれほど負担になりません．NHKの「オイコノミア」も毎週，高校生，大学生を対象とした入門的な内容をコンスタントに伝えていました．経済学者でも大竹文雄先生（大阪大学）のようなレギュラー出演者がいる一方で，テーマに応じて新しい先生方も登場された．負担も限定的です．こうしたプラットフォームをどれくらいつくれるか．経済学の情報発信という点でとても重要だと思います．

残念ながら，「オイコノミア」は打ち切りとなり，「気鋭の論点」も最近，復刻されているとはいえ休載となりました．情報発信のプラットフォームを増やしていくにはどうすればいいのか．大きな課題です．

吉村恵美　NHKでは，私たちのような現場が企画案を出し，編成局がそれを採択して，初めて番組になります．編成局はおカネも，放送枠も握っています．その編成局の意思決定者には，若手もいますが，大半は重厚な50代の男性です．そうした意思決定者の経済学に対する認識がアップデートされているかは甚だ疑問です．経済学の認識が30年前のままの人もいるし，新しい変化への感度が鈍い人もいる．番組制作という外へ向かっての改革もさることながら，メディア内部の意思決定の改革も必要だという気がします．

今回のテーマは「経済学を伝える」ということですが，テレビ番組でいちばん広く浸透していくのは「伝わる」コンテンツです．「伝える」と「伝わる」の「え」と「わ」は，雲泥の差があります．「伝わる」コンテンツは，伝え手の意図を超えて映像や文章の行間からじわーっとしみ出るものがあります．それが視聴者に浸透して理解や感動を呼びます．そういうコンテンツはえてして名作です．ドキュメンタリーもそうです．だから，そういう空気感のようなものと経済学の知見が一緒になる番組を学者の皆さんと一緒に生み出すことができれば，最強のコンテンツになる気がします．

安田洋祐　いまの「伝える」と「伝わる」は雲泥の差があるという話は，メディアだけでなく大学の授業でも同じですね．

「適切に伝える」コンテンツについて，1つ感じたことを言えば，知らない知見が実際に役に立つかはすぐに判断できません．後から気づくことです．「たしか，昔にテレビ番組で見た映像だ」とか「大学の講義で聞いた内容だ」といった具合です．そうした受け手の目線に立ったものを提供していくことが，テレビ関係者だけでなく，教員や研究者も求められている．何かを伝えるのではなく，自然と何かが伝わるようにするのが大切なのではないでしょうか．

●日本経済学会に何を期待するか

安田洋祐　次に，どうすれば経済学の知見をよりよく世間に伝えていけるか，そのためには日本経済学会や経済学者は何をすべきか，というテーマに移ります．

今回，日本経済学会秋季大会の前日，サテライト企画としてパネル討論会を開催しました．経済学会に参加できない学生や高校生を中心に700～800人の視聴者が集まりました．前半部では小島武仁先生（東京大学）と田中万理先生（一橋大学）にそれぞれ直近の研究についてわかりやすく話をしていただき，後半部では事前に募集した質問に経済学の専門家12人が答えるという形式で，トータルで２時間のイベントでした．まだ１回しか実施していないのでその成果はわかりませんが，おおむね好評でした．[2] 日本経済学会は経済学を世の中に広めるためにやれることがたくさんあります．こうしたポテンシャルがありながら，これまでサボっていた面もあるのかなというのが実感でした．

今後，日本経済学会に期待することは何か．いちばん喝を入れていただけそうな広野さん，いかがですか．

広野彩子　喝を入れられるような立場ではありませんが（笑），経済学の考え方が一般社会に正しく伝わっていないのは本当にもったいない気がします．改善策の１つ目は，日本経済学会のブログやウェブサイトなどでわかりやすい内容のコンテンツを組織的に情報発信するとよいのではないでしょうか．２つ目は，先ほど50代～60代の意思決定層の経済学に対する考え方と現在の経済学には大きなギャップがあるという話がありましたが，そうだとすれば学会として彼ら向けに最新の研究を１ページ程度に要約した簡単なエグゼクティブサマリ

2）このパネル討論の模様は『経済セミナー』2021年４・５月号（2021年３月発売）に掲載され，その後「経済セミナー編集部 note」（https://note.com/keisemi）にて公開．

ーを出すのも一案だと思います．

安田洋祐　アメリカ経済学会（American Economic Association, AEA）は *Journal of Economic Perspectives* というサーベイを無料公開するなど先進的な取り組みをしています．日本経済学会の場合は，悲しいことに財政基盤が見劣りするようで，そうした仕事にフルタイムで従事できる事務の人間がいません．大学教員が善意で行うことは可能ですが，持続可能とはいえません．組織的な情報発信には財政基盤の強化や組織改革が必要です．

尾崎大輔　メディアの現場には，私たちのような専門書出版社であっても，経済学の専門知識を備えて常に新しい研究動向を捉えることができるような人は多くはありません．その一方で，経済学の進化は猛烈なスピードで進んでいますので，動向を捉えてタイムリーな企画につなげるのは非常にむずかしいです．その点で，アメリカ経済学会のサイトは研究のアウトリーチを意識したコンテンツがとても豊富で，おおいに参考にしています．簡単なことではないとは思いますが，日本経済学会も一般向けに最新の研究成果などの情報を定期的に日本語で発信してくださると，メディアの方々が経済学の動向を押さえるうえでかなり役に立つのではないでしょうか．

たとえば，東大 CREPE の研究紹介サイトは，学術研究の動向に関心のあるメディアや政策現場の方々を意識して，研究紹介記事を公表しています．『経済セミナー』も，そのように研究と社会をつなぐような役割も果たしていきたいと思っています．日本経済学会からも持続的に発信いただけるような仕組みがあれば，より多くの方々が経済学の動向にアクセスしやすくなるのではないかと感じています．その際，私たちのようなメディアを使っていただくという選択肢もありえます．

安田洋祐　重要なポイントは，大学や研究所にいる学者と一般読者あるいはビジネスパーソンの「仲介」をできる人が，いままで少なかったことです．情報発信に熱心な学者や，学者以外でもやたらに経済学の動向に詳しい人が出てくれれば，社会の理解は一気に進みます．しかしそうした属人的な動きに頼ってばかりいては，継続的な理解につながりません．大学と社会の間を常に行き来することができる尾崎さんのような編集者の役割や機能が求められています．

東京大学の CREPE やマーケットデザインセンター，東京大学が設立した東京大学エコノミックコンサルティング株式会社などでは，現役の教員が組織に携わる一方で，研究者以外の人もなかにいて事務を担当し，SNSなどでの情報の発信を手伝っています．こうした動きが広まれば，経済学の印象もかなり変わっていくのではないでしょうか．

逆に，「気鋭の論点」の広野さんのように，傑出した１人の方のガンバリに頼ってしまうと，たとえ良いものができ上がっても長続きしない．端的に言えば，いかに持続的に儲かる仕組みをつくり上げるか．しかし，それがなかなかむずかしい．経済学者が民間企業の皆さんと連携する場合は，収益性と持続性が最大のネックになります．

パネル討論のオンライン視聴者から，吉村さん宛に質問が来ています．毎回，経済学の概念を１つずつ取り上げて連作の短編ドラマをつくったら面白いのではないでしょうか，という指摘です．

◆高校生に経済学を語る人がいない

吉村恵美　じつは10年ぐらい前にそういう番組がありました．「出社が楽しい経済学」という番組です．「サンクコスト」などさまざまな用語を使ったコントをやっていました．当時は経済番組担当のチームが存在しており，彼らが演出をしたものの，なかなか精度の高いドラマはむずかしいこともあり，半年くらいで終了してしまいました．「オイコノミア」も当初は半年続いたら上出来だということで始まりました．ところが，ご出演いただいた大竹文雄先生，川口大司先生，安田洋祐先生などのご協力で，次々と放送期間が延長され，結局，６年続きました．奇跡のような番組です．

安田洋祐　７年目に行けなかったいちばんの理由は何ですか．

吉村恵美　出演の先生と聞き手の又吉直樹さんの面白い掛け合いが，番組の最大の売りでした．ところが又吉さんも６年間，毎週，大学１年生の経済学を学び続けると，さすがに飽きてきたというか，新鮮味が薄れてきました．番組としての魅力も失われてしまいました．

そこで「又吉直樹のヘウレーカ！」という，似たような新しい自然科学系の番組をつくり，又吉さんの個性を活かしながら大人向けの知的好奇心をくすぐる番組にしようということになりました．自然科学系の番組ですが，将来的には経済学など社会科学も扱おうと考えていました．一方，新しい経済学専門の番組も生かそうと模索したこともありました．しかし，経済学の方は結局，ボツになってしまいました．

安田洋祐　確かに6年間もの長期にわたると，たとえば「サンクコスト」と言われても「もう何度も聞いたわ！」という感じになりますね（笑）．

吉村恵美　そうなんです．又吉さんは正直な方なのでウソがつけません．それ，この前聞きましたよね，という話になってしまいます．大竹先生との丁々発止が番組の名物になったりしたのですが，それだけで支えることはできませんでした．

話を振られたついでに，1つ提案をしたいと思います．いま「又吉直樹のヘウレーカ！」という番組を担当している関係で，自然科学の先生と接する機会が多いのです．彼らは，高校生や中学生に専門分野をどのように理解してもらうか，相当腐心されています．たとえば，国際生物学オリンピックや数学オリンピックで日本人の高校生が活躍すると，ニュースで大きく取り上げてもらうような応援をする．ニュースになれば，むずかしそうな学問や新しい学問でも高校生の頃からしっかり勉強しようという人が出てきます．そこまでいかなくても，同じ高校生が頑張っているということで，その学問分野の認知度がかなり上がります．

ところが今日，この場におられる経済学者の皆さんに，経済学と初めて出会ったときのことを思い出していただきたいのです．どこで経済学を知りましたか．大学の受験科目で公民を選択した人は，おそらくあまりいないはずです．高校時代は社会科といえば歴史――それも日本史，世界史――や地理が主な受験科目でした．しかし大学では経済学部を選択する．じつはよく知らないまま経済学部に進学したケースはありませんか．これは川口大司先生（当時・一橋大学）から教えていただいたことです．高校の社会科の先生は歴史学の専攻だった方が多く，高校生に経済学とはこういうものだと正しく伝えてくれる先生が少ない．高校生や中学生のなかに将来，大経済学者になる逸材がいるかもしれないのに，そういう人材をきちんと経済学会は取り込めているのでしょうか．大きな課題だと思います．

「オイコノミア」は大人の知的好奇心を刺激するために始めた番組です．しかしいざ終わってみると，若い世代の視聴者から，とても面白かった，経済学部に行きたくなった，という声もいただいています．これから学問の世界に第一歩を踏み出そうとする世代に経済学をもっとアピールすることも大事なことではないでしょうか．

安田洋祐　前述した日本経済学会秋季大会前日のイベント企画でも，高校生や大学生からどのように経済学の勉強を進めればいいかという質問をたくさんいただきました．コロナ禍という事情があるかもしれませんが，経済学について情報交換をする場がないという指摘もありました．若い世代への情報発信は重要です．

◆なぜニュース解説に経済学者が呼ばれないのか

安田洋祐　パネル討論のオンライン視聴者からも質問が届いています．たとえば，最近はテレビで新型コロナウイルス感染症の問題を取り上げる場合，医療の専門家をスタジオに招いてコメントをしてもらう番組が増えています．ところが，経済関連のニュース，たとえば米中貿易戦争や，「Go To キャンペーン」の補助金を取り上げる場合，そこに専門の経済学者が呼ばれてていねいに解説するケースがあまりないように感じられます．これはどうしてでしょうか．

吉村さんの場合は分野が違うかもしれませんが，経済ニュースに専門性の高い経済学者が呼ばれないのはなぜでしょうか．

吉村恵美　自戒を込めていえば，メディアが不勉強だからだと思います．企画を立てるディレクター，ニュースの編集責任者，記者がたえず自分の知識をアップデートしていなければ，最先端の経済学の動きなどわかるわけがありません．素人なら素人なりに，経済記事や経済新聞を毎日少しずつでもいいから読み続ける．テレビ局の人はこんなことも知らないのかと叱られながらも専門家の間を取材し続ける．そうでなければニュース番組に登場してもらうべき専門家の人選も適切にできません．

安田洋祐　そこですよね．たとえば新型コロナのニュースでは現場で活躍する医療従事者や大学で感染症を研究している学者が呼ばれるケースが多い．ところが経済関連のニュースの場合は，民間企業のアナリストやエコノミストが多く登場している印象が拭えません．貿易戦争の解説では，どうして国際経済学専門の学者に声がかからないのでしょうか．大学のホームページなどを見れば，すぐに候補者が浮かぶはずです．メディアはそうしたコンタクトさえ取っていない気がします．

吉村恵美　ディレクターや記者自身が意識改革をする必要があります．一般の視聴者から「最近のNHKのニュースは見る価値がない」と強いお叱りを受けるほうが，効き目があるかもしれなせん．

Eテレの「オイコノミア」をやっているとき「おはよう日本」やニュース番組の制作担当者から「そんなマイナーな番組やっているんですか」といった感じで嫌な思いをしたことがありました．私たちのほうがよほど経済学の最先端を知ろうとして頑張っていると思っても，そうした気概は組織のなかで埋没してしまいます．でもNHKという組織のなかでは，そうした気持ちを主張し続けなければなりません．

10年先，20年先のことかもしれませんが，いまの若い経済学部生あるいは修士課程や博士課程の大学院生が，メディアに入って世代交代が進めば，状況はかなり変わってくるはずです．少し遠い先の話なのかもしれませんが．

◆情報の非対称性

安田洋祐　私は経済学者のなかでは比較的テレビメディアに出る機会が多いのですが，吉村さんのような番組の作り手と話をして実感したことがあります．多くのプロデューサーは，専門性がある程度担保されていて，テレビカメラを前にしてもきちんとした話ができる人であれば，是非とも番組で使いたいと思っていることです．しかし，誰がそうなのかがよくわからない．そこに埋めがたい情報格差があります．

おそらくテレビ番組の場合，とくに時事ネタを扱う場合は，速報性が重要視されます．報道番組でもワイドショーでもすぐに専門家を手配しなければなりません．となると，過去に出演してくれた人や，同じ分野の専門家からの紹介が重要です．番組制作の側にとっては真っ先に頼るべきチャネルです．現在，テレビに限りませんが，メディアにさまざまな情報提供をしている人は，自分自身が出演し続ける，あるいは自分が出演できない場合は信頼できる経済学者を積極的に推薦することが，経済学を世の中に正しく伝えるために必要なことではないでしょうか.

渡辺安虎先生（東京大学）は「ワールドビジネスサテライト」というテレビ東京の番組に出演されています．出演の後もご自分が話した内容，関連する文献や経済学研究をSNSで紹介するなど情報発信につとめられています．私も同じ番組に出ているものの，もっぱらフリップ芸が中心なので，渡辺先生を見習わなければと思っています（笑）.

こうした地道な情報発信を続けていくと，プロデューサーのアンテナに引っかかり，経済学部の先生方や専門的知見を持った若手の研究者が，テレビで正しい経済学の情報発信をできる機会が増えてきます．メディアは何をやっても駄目だと諦める前に，アカデミアのほうが変わる必要があるようにも感じます.

オンライン視聴者から面白い意見が届いています.「オイコノミア」についてですが，わかりやすさを追求するあまり，基礎概念の紹介が多すぎたのではないか．自然科学では，学部生向け入門テキストに出てくる基礎概念ばかりを紹介する番組はそれほど多くない．少し細分化されていても，フロンティアの研究や，あるいはノーベル賞ではなくイグノーベル賞みたいな，ちょっと尖った，笑える研究などを紹介してもよかったのではないか.

吉村恵美　ありがとうございます．イグノーベル賞は毎年，特別番組で取り上げています.「オイコノミア」でも少し尖った研究をいくつか紹介したことがあります．膨大な材料を集めてたくさんの撮影をしたこともあります．しかし一般の視聴者にわかりやすくするために尖った部分を削ぎ落とし，結局，無難な内容に落ち着いてしまいました．テレビは詰まるところ映像が主役です．論文を撮影してもしようがない．最先端の研究をいかに映像に落とし込めるかが勝負の決め手となります．その点では，私たち作り手の知恵が及ばない面があるのかもしれません.

テレビ局の宿命かもしれませんが，ベースは娯楽です．Eテレは，何だかんだ言いながら張り合うのはNHKの総合テレビであり，日テレやフジテレビです．最近ではインターネットメディアとも競争しています．そうしたライバルと伍していきながら，どうすれば視聴者を獲得できるか．経済学を扱う番組であっても考えていかなければなりません.

●経済学のイメージはどうすれば変わるか

安田洋祐　テレビの話が続きましたので，雑誌や書籍にも関連する話題に戻ります．経済学の大学教員は『日経ビジネス』に記事を書かせてほしい，NHKに出演させてほしいといった強引な売り込みをそんなにしていないと思います．他の学問分野の情報発信の状況はどうですか．

広野彩子　たとえば政策シンクタンクの経済産業研究所（RIETI）には広報担当者がいて，所属している先生の研究成果を一生懸命PRしています．面白い研究があれば広報がすぐ橋渡しをしてくれるので，メディアは取材がしやすい．それがきっかけとなって「気鋭の論点」や『日経ビジネス』本誌で記事を書いてもらったこともあります．コラムのねらいを熟知されている広報担当者から積極的に声をかけていただけるのであれば，やりやすいときもあります．

ただし過去に「気鋭の論点」を担当しているときは，大学にはそうした広報体制が整っていなかったですし，私が探していたタイプの研究者の方は世界のあちこちに点在して活躍されていますから，いま振り返ると我流のやり方で筆者を探していました．自分で *American Economic Review* をはじめとする主要ジャーナルのサマリーや目次，米連邦準備理事会（FRB），国際通貨基金（IMF），経済協力開発機構（OECD）などに所属するエコノミストの略歴やテーマ別のワーキングペーパー，国内外の大学のウェブサイトなどを手当たり次第に調べて読み込み，キーワード検索で関連する論文を探し出し，片っ端から目を通していく．そして自分がこれだと思ったテーマや，その著者候補に注目して履歴書のリストなどから読者の興味を引きそうな論文にざっと目を通し，面白いと思ったものはじっくり読む．さらに，知り合いの複数の方に「この先生に原稿をお願いして大丈夫でしょうか」「どのような方かご存じですか，経済学界での立ち位置はどのような感じですか」などと相談する．分野が違うと「え？その人誰？」と言われる場合も多い．そこでさらに別の方からのフィードバックを模索したこともあります．分野がなるべく，幅広くなるように心がけました．

また今回，「気鋭の論点」の再公開で，過去に執筆していただいた先生方に久しぶりに連絡を取ったのですが，それが結構手間がかかりました．大学のウェブサイトを調べても連絡先がなかなかわからない．仕方なく自分の10年以上前のメールフォルダから，アーカイブしていたかなり昔のGメールなどを探し出して何とかたどり着くことができた，という例もあります．

私も30代の頃はこうしたことを，通常業務にプラスの形で体力任せでやっていました．ベテランになってくると業務も増え，1人で続けるにはかなり負担が重くなりました．先ほど安田先生が話されたように個人のガンバリに頼りすぎると，サステナブルでなくなります．組織的に広報担当者を置く必要はないと思いますが，情報の流通パイプをもっと太くし，情報の非対称性を解消する仕組みがあれば，経済学の世の中への情報発信ももっと円滑に進むのではないでしょうか．

◆理系の学会は広報活動に熱心

安田洋祐　RIETIのような研究所やシンクタンクには広報の担当者がいて，研究成果の対外的なPRやメディアからの問い合わせに親切に対応してくれます．大学にも一応，広報担当者がいるのですが，教員がやっているので熱の入り方が違う．経済学部の教員たちがメディアでの情報発信や中高生向けの啓蒙活動にもっと積極的に取り組むようになるために，こうしたらいいというアイデアがあればご紹介ください．

尾崎大輔　またアメリカ経済学会の話をして恐縮ですが，『経済セミナー』の特集企画を考える際には，アメリカ経済学会のサイトで公開されているAEA「Research Highlights」などのコーナーも参考にしています．ここで公開されている記事は，アメリカ経済学会が雇っている記者・編集者が執筆やインタビューを担当しており，非常にわかりやすくコンパクトにまとめられているので，専門知識のない一般の方々も読むことができると思います．研究者自身がわざわざメディアに研究成果を売り込むのはむずかしいと思いますが，第三者が研究者の研究の中身を聞いて，咀嚼し，一般の人々にもわかる形で伝える仕組みが，日本経済学会にあってもよいのかもしれませんね．

吉村恵美　学会のさまざまな知見を取りまとめて，メディアに提供してくれる方がいればすごく助かります．たとえば日本の科学技術振興機構には広報担当者がいます．何かわからないことがあれば，気軽に質問できて，いろんなことを教えてもらった経験があります．ドクター出身で，とても目端の利いた方でした．そういう方がいると，私たちとしてはすぐに次の取材に移ることができて，とてもありがたかった印象があります．

尾崎大輔　理系の学会はこうした形での情報発信に熱心な感じがします．経済学も理系的な興味からアプローチされる方が多いと思いますし，そうした形での情報発信にはなじみやすいのではないでしょうか．

安田洋祐　オンライン視聴者からのコメントです．「アメリカには『経済セミナー』のような雑誌がありません．こうした媒体を経済学者はもっと使うべきではないか」というご意見です．確かにそうですね．『経済セミナー』は特定の学会とは関係がなく，日本経済学会からおカネが出ているわけもありません．民間の出版社がこうした専門性の高い媒体を定期的に刊行してくれているのは，私たちとしても非常にありがたいことです．

他にも建設的なご意見があります．日本経済学会の大会については現在，要約を出していますが，それだけでなく任意でノンテクニカルサマリーを付ければメディア関係者や一般の読者にも伝わりやすくなるのではないか，ということです．義務化すると問題が生じるかもしれませんが，任意で出したい人は出せるようなプラットフォームにするのは大賛成です．

メディアとは二人三脚で取り組む必要がありますが，学会のなかだけでも変えようと思えばできることがあります．そうした努力を少しずつ積み重ねていけば，アカデミアとメディア，アカデミアと一般の人々の距離はもっと縮まっていくと思います．

吉村恵美　正直にいえば「オイコノミア」を担当しているときに，尾崎さんが編集された書物や広野さんの『新しい経済の教科書』をネタもととして使わせていただきました．それらを参考にしながら，ゲストとしてどういう先生がふさわしいのか，どのような切り口があるのかを考え，番組に落とし込んでいきました．最新分野の研究などでうまくメディアスクラムを組むことができれば，経済学に対する世の中のイメージも変わってくるのではないでしょうか．

広野彩子　いまの話に関連しますが，メディアのあちこちに「出ている感」はとても重要です．いろんな場所で話題になる，いろんな人から言及されていることが，別冊や書籍の売れ行きにとって大きな追い風になります．「オイコノミア」で取り上げられれば，一般人の間でも経済学への関心が高まっていく．実際，放送の当時は大きな相乗効果がありました．雑誌や書籍をつくるモチベーションも高まります．このテーマはテレビでも取り上げるだろうか，といった期待をすることもありました．気づかない間にコラボしていたのかもしれません．

安田洋祐　シナジー効果で，どんどん同時多発的に話題が広まっていく．経済学会全体としての盛り上がり感はすごく出せると思います．

　時間も残り少なくなりました．最後にまとめのコメントをお願いします．

尾崎大輔　メディアの専門性という話が出ましたが，日本評論社の経済担当部署は経済学の修士号や博士号を持って活躍している人がいます．私はまだ修士課程に在学中の身なので，専門性は少ない方です．当然ですが，専門知識は『経済セミナー』の企画・編集はもちろん，その他の書籍などの仕事でもおおいに役立ちます．大学院で修士課程，博士課程を修了された方々の就職先の1つとして，出版社やメディアも考えていただけると非常に嬉しく思います．

広野彩子　今後もライフワークとして，経済学は進化し続けていて面白いということを引き続き世の中に伝えていきたいと思っています．自分個人ではできなくても，先生方と協力すれば何かできることがあるかもしれません．引き続きおつき合いいただければと思います．

吉村恵美　貴重な機会をいただけて，たいへん勉強になりました．最後に1つだけPRすると，たとえば日本経済学会から委託されれば，NHK エデュケーショナルで教育コンテンツをつくることができます．NHK 本体ではできませんが，NHK エデュケーショナルなら株式会社ですからお力になれるかもしれません．経済学を知ることで見える世界がいろいろ変わってくる，世界が広がることを，これからも伝えていきたいと思っています．

安田洋祐　長時間にわたり，皆さんどうもありがとうございました．

第７章
神経経済学
パネル討論Ｂ

座　長　　大垣昌夫（慶應義塾大学）

パネリスト　　春野雅彦（国立研究開発法人情報通信研究機構）

カーステン・ヘルマン＝ピラート（エアフルト大学）

竹内　幹（一橋大学）

若泉謙太（ノースウェスタン大学，慶應義塾大学）

（日本経済学会2020年度秋季大会　2020年10月11日）

周知の通り，神経経済学は行動経済学とともに，今日では経済学の内外を問わず，相当な研究上の関心を引き付けるようになっている．しかしながら，日本経済学会における神経経済学のプレゼンスは低調であり，2019年３月に調べてみたところ2001年以降でわずか４本の発表があったに留まっていた．また，これらの発表の具体的様態を見てみると，神経経済学という独立したセッションではなく，他のセッションのなかに一本の報告発表があったに過ぎなかったこともわかった．

そこで中央大学の瀧澤弘和教授と私は，一般の学会員にアクセシブルな形で独立した神経経済学のセッションを開催することで，同分野に対する学会員の関心を高め，より多くの研究発表を引き付けることを目的に日本経済学会2019年度秋季大会に企画セッションを提案した．

この目的に資するため，研究報告，講演とパネル・ディスカッションの形式を組み合わせることを考えた．講演とパネル・ディスカッションでは，神経経済学の基礎の紹介と最先端研究で問題になっていること，神経経済学が経済学研究に対して持っている意義，既存の経済学研究の問題意識との関連性（接合の必要性）など，より広い話題について論じたいと考えた．この企画セッションの提案は採択されたがセッションが予定されていた当日の朝に台風のために中止となった．

日本経済学会2020年度秋季大会プログラム委員会から，この企画セッションの準備を基礎に神経経済学のパネル討論の招待を受け，前年に準備していたプレゼンテーションの改訂，内容についてのメールやオンラインでの打ち合わせや議論という準備を経て，本稿で紹介するパネル討論が実現した．上記の企画セッションに予定した構造を基礎に，パネル討論のパートＡでは「神経経済学の紹介と最近の進展と研究例」と題して２つの講演と１つの研究報告と報告に対する討論を行った．パートＢでは「神経経済学の結果の単一効用関数と行動経済学による解釈に関する討論」と題して３つの講演とパネル討論を行った．

神経経済学の基礎的な方法論については合意があるが，上記の目的のためには特に神経経済学の結果を伝統的経済学の単一効用関数や，行動経済学の直感と推論のデュアルシステムの考えとの関係でどのように解釈できるかを考えるのが重要と思われ，この解釈についてはさまざまな考えが可能である．計算論的社会脳科学，人間科学の学際的研究，疼痛医学，実験経済学，行動経済学などのさまざまな分野の研究者によるパネル討論によって，神経経済学の基礎の紹介と，さまざまな異なる考えがある部分も含めて今後の発展の方向について考える材料を，多くの経済学徒が理解できる形で提供できたと考える．本パネル討論と本稿の準備と完成のために，パネリストとプログラム委員だけでなく多くの方々のさまざまなご協力を得たことに感謝したい．

（大垣昌夫）

（Ogaki） Okay, it is time, so let us start the last session of this meeting, Panel

Discussion B: Neuroeconomics. Before we start, I would like to give a special thanks to Hirokazu Takizawa. I hope he is here in the audience. He organized a proposed session with the same members today for last year's fall 2019 meeting. Our session got cancelled due to a typhoon, but he is the reason we are here.

For the audience, this Zoom session is recorded. The file will only be used for the purpose of getting a transcript which will be edited and published in *Gendai Keizaigaku no Chouryuu*. If you have questions, please use chat. If it all right for your name and affiliation to be published, please give them in your chat. If I need to choose questions, I will give a preference to those who give a name and affiliation.

(Showing Slide 1) We have panelists from different backgrounds. Masahiko Haruno is a computational neuroscience specialist. According to his personal website (www.cahepil.net) Carsten Herrmann-Pillath, is a transdisciplinary researcher in the human sciences. He does methodology of economics and neurophilosophy He also does Chinese studies, ancient and modern. Kan Takeuchi is an experimental economist. Kenta Wakaizumi is actually a medical doctor with the specialization of pain medicine, but he also holds a Master's degree in economics. I am Masao Ogaki. I am a behavioral economist. We all are interested in how neuroscience can be used in economics, but we have very different opinions. We do not try to harmonize our opinions, but we want to know when we disagree, why we disagree.

(Showing Slide 2) For today's program, Part A is for about 60 minutes. Maybe some of you in the audience do not know much about neuroeconomics, so we have a quick introduction to neuroeconomics. We also want you to know about recent research in this field, so Masahiko, Carsten, and Kenta will talk about recent research. However, in Part B, we will have an interpretation of neuroeconomic results discussion. We are especially interested in interpretation in terms of single utility function and also especially the dual-system interpretation in behavioral economics. We will do this in about 45 minutes and

Slide 1

Panelists from Different Backgrounds

- Masahiko Haruno (National Institute of Information and Communications) : Computational Neuroscience
- Carsten Herrmann-Pillath (Erfurt University): A transdisciplinary researcher in the human sciences
- Kan Takeuchi (Hitotsubashi University): Experimental Economics
- Kenta Wakaizumi (Northwestern University and Keio University): Pain Medicine
- Masao Ogaki (Keio University): Behavioral Economics

Slide 2

Today's Program

- Part A: Introduction to Neuroeconomics and Recent Advances with Examples of Recent Research (About 60 minutes)
  - Masahiko Haruno ," Introduction to Neuroeconomics and Recent Advances"
  - Carsten Herrmann-Pillath, "The neurophilosophical case for an evolutionary turn in neuroeconomics"
  - Kenta Wakaizumi, "Altered functional connectivity associated with time discounting in chronic pain"
- Part B: Discussion about interpretation of neuroeconomic results in terms of the single utility function and behavioral economics (About 45 minutes)
  - Kan Takeuchi "On the neuroeconomic findings in conventionalism economics
  - Carsten Herrmann-Pillath "Neuroeconomics: Quo Vadis?"
  - Kenta Wakaizumi, "Cogninitive neruroeconomics is compatible with behavioral economics"

hopefully we will have a floor discussion for 15 minutes. Masahiko, please go ahead.

Part A: Introduction to Neuroeconomics and Recent Advances with Examples of Recent Research
Presentation: Introduction to Neuroeconomics and Recent Advances

(Haruno) Thank you very much for the introduction. My name is Masahiko Haruno from the National Institute of Information and Communications Technology (NICT) Center for Information and Neural Networks. Today, I would like to talk under the title of "Introduction to Neuroeconomics and Recent Advances."

(Showing Slide 3) On this topic, the first thing I have to touch on is probably what neuroeconomics actually is. I looked on Wikipedia and found that neuroeconomics is defined as an interdisciplinary research field of decision making. This field studies how economic behavior can shape our understanding of the brain and how neuroscientific discoveries can constrain and guide the models of economics. To make a long story short, we can say that in neuroeconomics, economics and neuroscience are expected to constrain and interact mutually through the definition of utility function.

Today, I would like to start with two early pioneering works in neuroeconomics dealing with time discount, followed by inequity aversion. Then, we will move on to a more recent study of our own that deals with fMRI and neuromodulation of guilt aversion. Through these discussions, it would be great if I could convince you that the neuroeconomics field is beneficial to both economists and neruoscientists.

(Showing Slide 4) Let us start with the time discount stuff. As we often see, humans discount a delayed reward subjectively. The natural question occurring here is how the human brain represents the subjective value of the delayed reward. To address this basic question, Glimcher's group conducted an experiment as illustrated here. The subjects were asked to choose between an

Slide 3

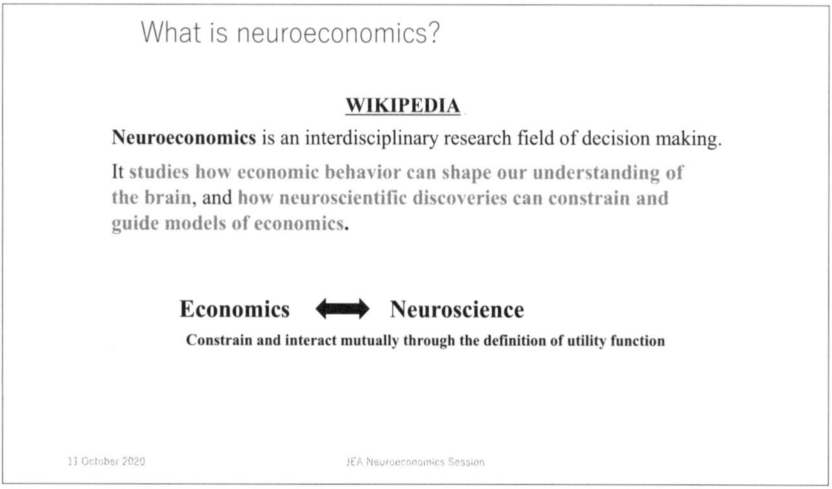

immediate 20-dollar reward and a variable delayed reward. The parameter k in the utility function was estimated using behavioral choice data. The right figure shows the individual shapes of the utility function depending on the estimated different k. Also, the figure shows the brain activity that showed a strong correlation with the utility function. From these behavioral and neuroscientific data, they concluded that the ventral striatum and the medial prefrontal cortex track the subjective value of delayed rewards. This is the conclusion from their study. However, the utility function used in neuroeconomics is of course not limited to self-reward. We can include self-reward and other's reward and, more in general, any form of other regarding perspective.

(Showing Slide 5) As such an example, we will discuss inequity aversion here. Inequity is defined as the difference between self-reward and other's reward, so the utility function for inequity aversion can be written "$U = \text{reward} - \beta_1$ inequity." The utility consists of the self-reward and the inequity term in which β_1 represents individual differences for the inequity aversion.

This is real pioneering work of neuroeconomics, an fMRI of the ultimatum

Slide 4

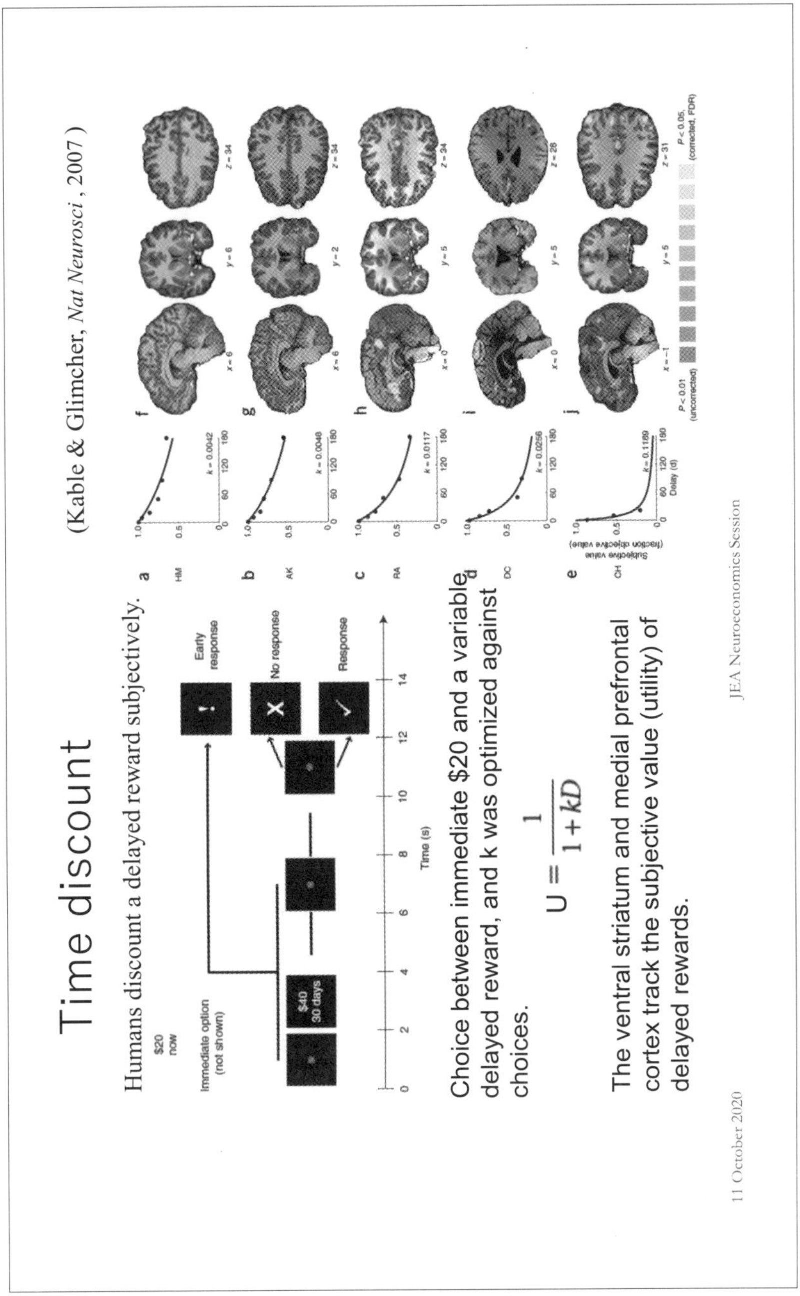
Time discount
Humans discount a delayed reward subjectively.
(Kable & Glimcher, Nat Neurosci, 2007)
$20 now
Immediate option (not shown)
$40 30 days
Early response
No response
Response
Time (s)
Subjective value (fraction objective value)
Delay (d)
k = 0.0042
k = 0.0048
k = 0.0117
k = 0.0256
k = 0.1189
P < 0.01 (uncorrected)
P < 0.05, (corrected, FDR)
Choice between immediate $20 and a variable delayed reward, and k was optimized against choices.
$U = \frac{1}{1+kD}$
The ventral striatum and medial prefrontal cortex track the subjective value (utility) of delayed rewards.
11 October 2020
JEA Neuroeconomics Session

Slide 5

Inequity aversion

U=Reward – β_1 Inequity

fMRI of ultimatum game (Sanfey et al. 2003, Science)

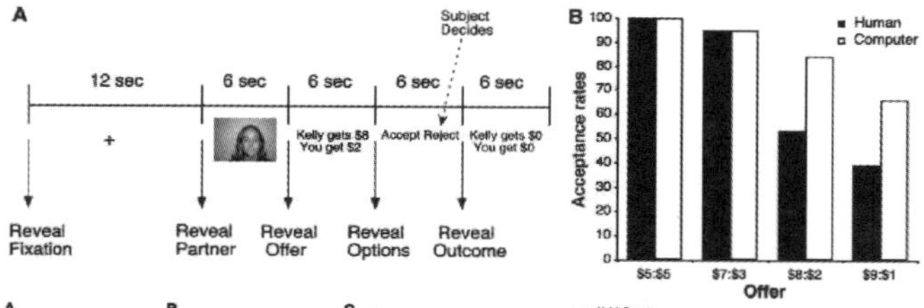

Subjects tended to reject less than 20% proposals made by a human proposer.

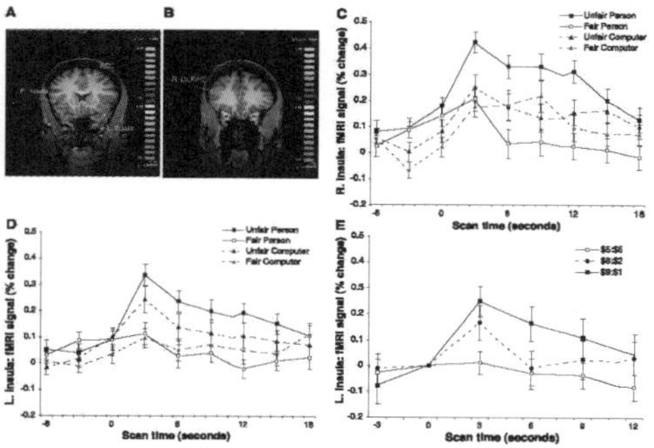

The insula, anterior cingulate cortex and dorsolateral prefrontal cortex responded strongly to unfair divisions, possibly contributing to inequity aversion.

game conducted by Sanfey et al. almost 20 years ago. The task for the subject is to decide to accept or reject a proposal of money division made by a proposer. If the subject accepts the offer, then the money is distributed as proposed, but if the subject rejects, then no one will receive the money. The behavioral results showed that the human subjects tended to reject less than 20% of proposals made by human proposers.

The next question is what kind of neural substrate underlies the rejection behavior. They wished to identify the neural substrate which showed strong activity to unfair proposals. They found that the insula, the anterior cingulate cortex, and the dorsolateral prefrontal cortex responded strongly to such unfair divisions, possibly contributing to the implementation of inequity aversion.

（Showing Slide 6）We were interested in neural mechanism of guilt aversion. Guilt is defined as the difference between the partner's expected outcome and the same person's actual outcome. Unlike inequity aversion, depending solely on the outcome, guilt depends on the partner's expectation and intention. Therefore, it is sometimes called intention-based social behavior. The utility function for guilt aversion can be written "$U = \text{reward} - \beta_1 \text{guilt} - \beta_2 \text{inequity}$." This utility consists of three terms: the self-reward, the guilt term, and the inequity term. Obviously, the β_2 represents the individual differences in inequity aversion and the β_1 for guilt aversion.

We wished to dissociate guilt aversion and inequity aversion in a single task. Therefore, we tried to design a new task as illustrated here. On the right-hand side, you can see an image of our trust game task. In this task, subjects were asked to decide to cooperate or defect knowing the partner's expected probability of the subject's cooperation. For this particular example, you are asked to choose the right or left option with the knowledge that your partner is expecting you to cooperate 80%.

The significant characteristic of this task is that we can calculate the guilt and inequity independently in a single task. For this example, if you defected,

Slide 6

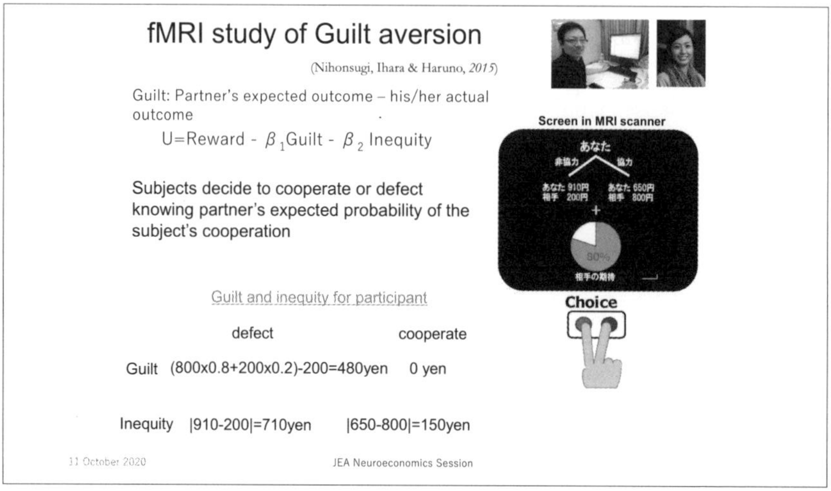

the guilt is calculated as $(800 \times 0.8 + 200 \times 0.2)$, corresponding to the partner's expected outcome, minus 200, the actual outcome, so in the defection case, the guilt amounts to 480 yen. By contrast, inequity is just the difference between you and the partner's outcome, so $910 - 200$, which equals 710 yen. On the other hand, if you cooperated, the guilt is 0, and you can similarly calculate inequity for this option. We calculated the guilt and inequity for 46 different trials. We used these variables to identify the neural substrates for guilt aversion and inequity aversion.

(Showing Slide 7) These are the results for the general linear model analysis of fMRI data. We found the guilt correlated with activity in the right dorsolateral prefrontal cortex, as well as the anterior cingulate cortex. On the other hand, interestingly the inequity showed a correlation with amygdala and nucleus accumbens activity, as illustrated here. This cortical and subcortical dissociation between guilt and inequity may suggest that guilt aversion is cognitively demanding, while inequity aversion is rather habitual and automatic. This is also consistent with our view that guilt includes the computation of the intention and expectation of the partner, but that inequity

Slide 7

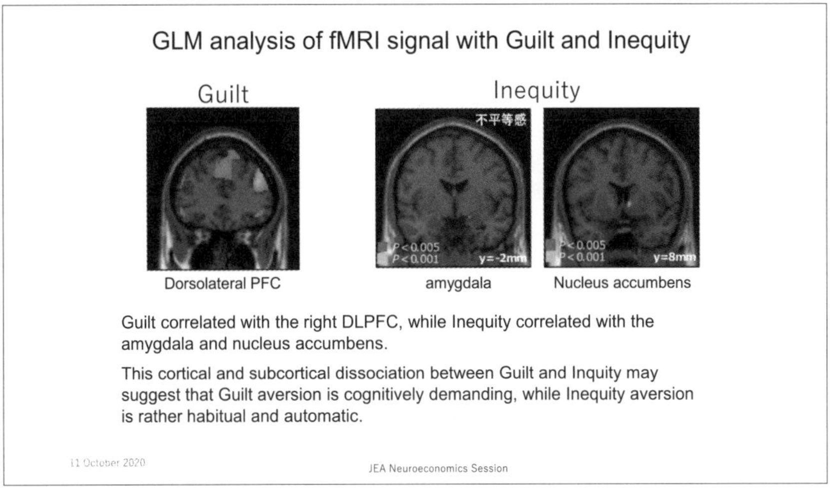

solely depends on the outcome. However, the link between dorsolateral prefrontal cortex activity and guilt aversion we have identified so far is correlational but not causal.

(Showing Slide 8) To address the causality, we also conducted a transcranial direct current stimulation experiment which can facilitate cortical neural firing. More specifically, we put electrodes on the right dorsolateral prefrontal cortex and specifically examined that the current stimulation on the dorsolateral prefrontal cortex exclusively increased guilt aversion, not inequity aversion. This is the result. The red shows the stimulated subjects and the blue shows the sham subjects. We can see easily that the current stimulation on the right dorsolateral prefrontal cortex specifically increased β_1, but not β_2, so this result proved that the causal relationship between dorsolateral prefrontal cortex activity and guilt aversion, and also that this activity is independent of inequity aversion.

(Showing Slide 9) I think it is almost time, so this is the summary slide. As I advocated at the beginning, neuroeconomics aims to constrain economics and neuroscience bi-directionally through the definition of utility functions. As an

Slide 8

Causality between DLPFC activity and Guilt aversion

Transcranial Direct Current Stimulation (facilitating cortical neural firing)

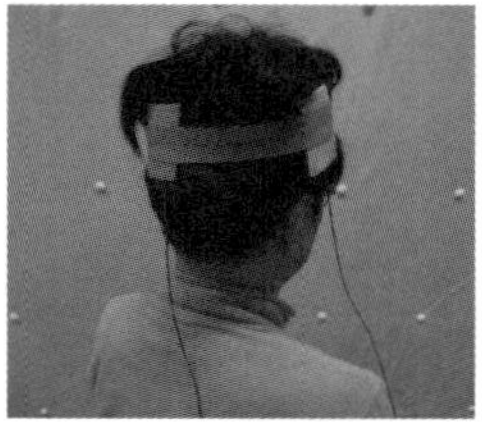

Current 2mA current from 5 min before task

Control 2mA current for 30 s from 5 min before task

Current stimulation specifically increase Guilt aversion(β_1).

U=Reward − β_1Guilt- β_2 Inequity

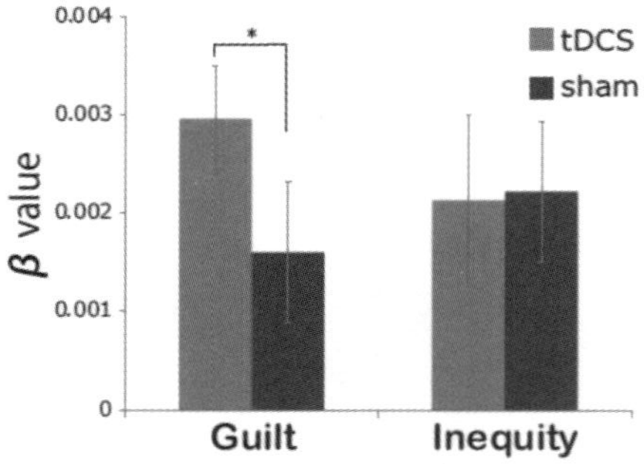

(causality and independence)

11 October 2020

JEA Neuroeconomics Session

Slide 9

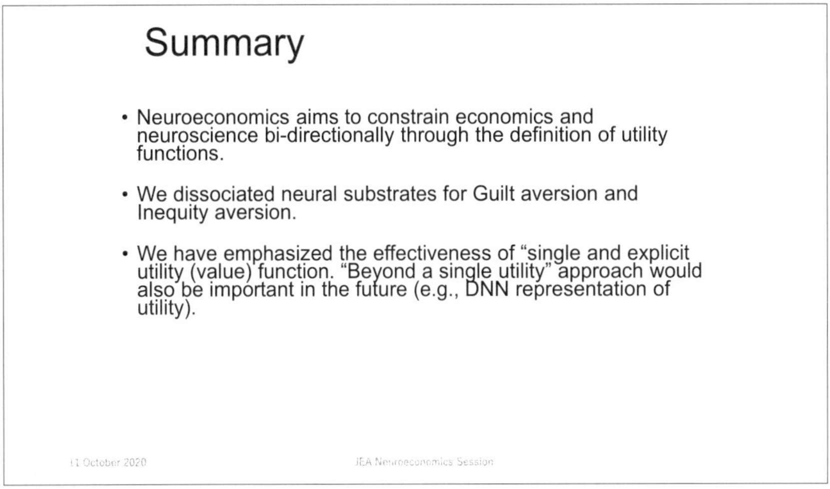

example, we identified the neural substrates for guilt aversion. Finally, we have emphasized the effectiveness of single and explicit utility function. This approach is useful and strong, but obviously a "beyond a single utility" approach would also be important in the future. In the field of computational neuroscience, recent studies suggested that a deep neural network representation of utility type of strategy may be an example of a "beyond a single utility" approach. Thank you very much for your attention.

(Ogaki) Thank you very much. We are running late a little bit, so let us move on to Carsten's presentation. The last sentence is actually a very good introduction to his talk.

Presentation: The neurophilosophical case for an evolutionary (aka Hayekian) turn in neuroeconomics

(Herrmann-Pillath) First of all, thank you so much for organizing this session and inviting me again. Last year, I was a visiting professor in Japan. That was the reason why I was invited to this meeting. Now, it is just via Zoom and I sit

Slide 10

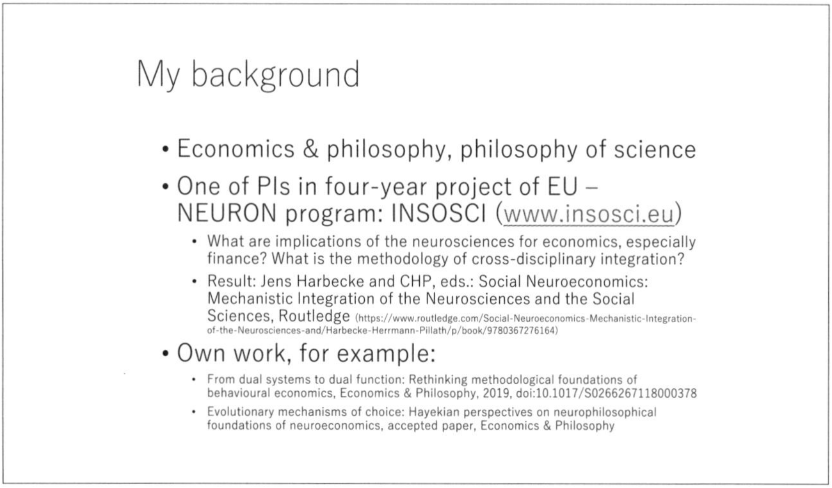

in my office in Germany.

(Showing Slide 10) Let me first just introduce a little more about my background as far as related to our topic. In the past five years, I was one of the principal investigators of an EU-funded project which was exclusively devoted to the question "How can we combine the neurosciences and economics and social sciences in general?" because, as we saw already in the previous presentation, neuroeconomics does not involve just economics: We also would include a lot of psychology and sociology.

(Showing Slide 11) There is a website about this project.

(Showing Slide 12) The research outcome has been just published this month. It is a book about social neuroeconomics, a new paradigm for neuroeconomics, which the authors who contributed to this book wish to promote.

(Showing Slide 13) My role was that of a philosopher of economics hence representing philosophy of science. We think that this perspective is important when you consider the most fundamental issues in dealing with neuroeconomics.

Slide 11

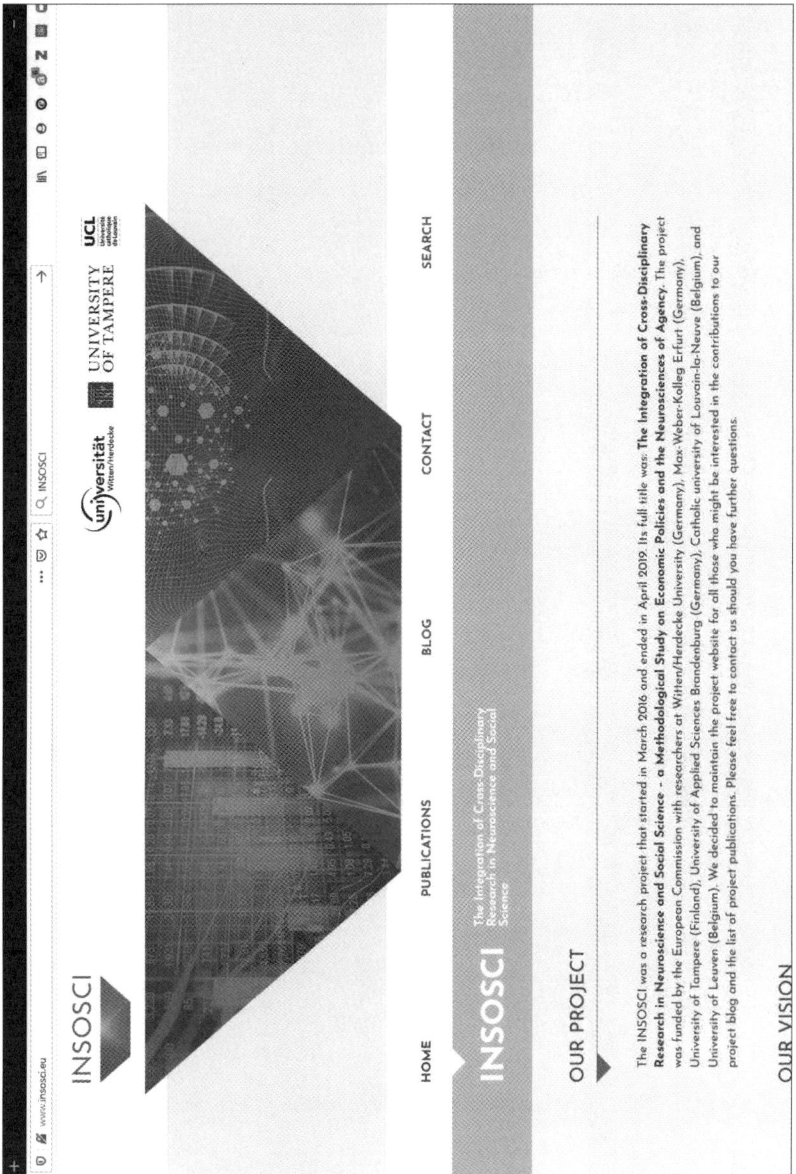

www.insosci.eu
INSOSCI
INSOSCI
universität Witten/Herdecke
UNIVERSITY OF TAMPERE
UCL Université catholique de Louvain
HOME
PUBLICATIONS
BLOG
CONTACT
SEARCH
INSOSCI
The Integration of Cross-Disciplinary Research in Neuroscience and Social Science
OUR PROJECT
The INSOSCI was a research project that started in March 2016 and ended in April 2019. Its full title was: The Integration of Cross-Disciplinary Research in Neuroscience and Social Science - a Methodological Study on Economic Policies and the Neurosciences of Agency. The project was funded by the European Commission with researchers at Witten/Herdecke University (Germany), Max-Weber-Kolleg Erfurt (Germany), University of Tampere (Finland), University of Applied Sciences Brandenburg (Germany), Catholic university of Louvain-la-Neuve (Belgium), and University of Leuven (Belgium). We decided to maintain the project website for all those who might be interested in the contributions to our project blog and the list of project publications. Please feel free to contact us should you have further questions.
OUR VISION

Slide 12

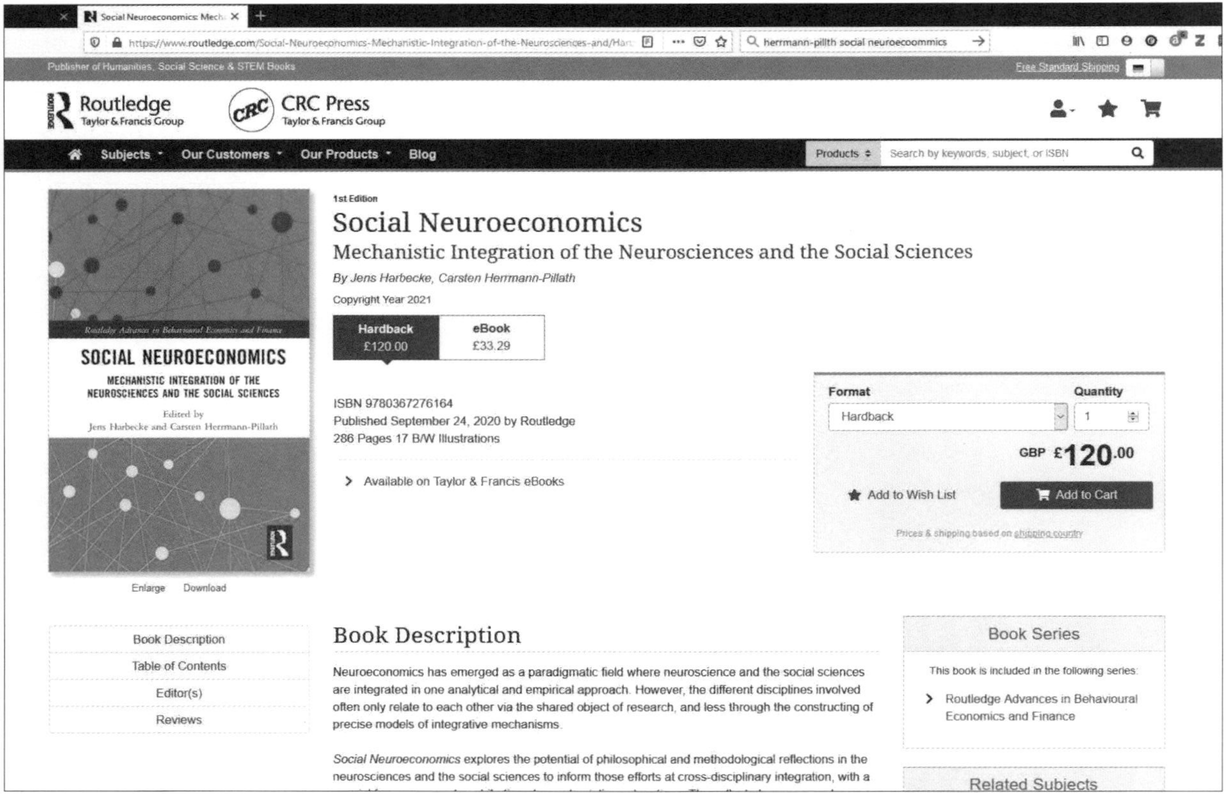
Social Neuroeconomics: Mech
https://www.routledge.com/Social-Neuroeconomics-Mechanistic-Integration-of-the-Neurosciences-and/Har
herrmann-pillth social neuroecoommics
Publisher of Humanities, Social Science & STEM Books
Free Standard Shipping
Routledge
Taylor & Francis Group
CRC Press
Taylor & Francis Group
Subjects
Our Customers
Our Products
Blog
Products
Search by keywords, subject, or ISBN
SOCIAL NEUROECONOMICS
MECHANISTIC INTEGRATION OF THE NEUROSCIENCES AND THE SOCIAL SCIENCES
Edited by
Jens Harbecke and Carsten Herrmann-Pillath
Enlarge
Download
1st Edition
Social Neuroeconomics
Mechanistic Integration of the Neurosciences and the Social Sciences
By Jens Harbecke, Carsten Herrmann-Pillath
Copyright Year 2021
Hardback
£120.00
eBook
£33.29
ISBN 9780367276164
Published September 24, 2020 by Routledge
286 Pages 17 B/W Illustrations
Available on Taylor & Francis eBooks
Format
Quantity
Hardback
1
GBP £120.00
Add to Wish List
Add to Cart
Prices & shipping based on shipping country
Book Description
Table of Contents
Editor(s)
Reviews
Book Description
Neuroeconomics has emerged as a paradigmatic field where neuroscience and the social sciences are integrated in one analytical and empirical approach. However, the different disciplines involved often only relate to each other via the shared object of research, and less through the constructing of precise models of integrative mechanisms.
Social Neuroeconomics explores the potential of philosophical and methodological reflections in the neurosciences and the social sciences to inform those efforts at cross-disciplinary integration, with a
Book Series
This book is included in the following series:
Routledge Advances in Behavioural Economics and Finance
Related Subjects

Slide 13

Economics and ‘Neuro’

- For almost a century, economics kept a distance to the neurosciences – two good reasons:
  - Instrumentalism: Economic models are tools for analysing data, but do not describe reality
  - ‘Individuals’ in economics are abstractions that refer to statistical regularities in populations of agents
- Two scenarios of rendering ‘psychologization’ of economics irrelevant:
  - As previous: even if real individuals do not behave according to economic models, this confuses levels of analysis
  - If neuroeconomics succeeds in identifying neural correlates to utility functions, economists can notice and continue using their models

And there are very fundamental issues. For more than a century, economists were just happy to do without psychology and neuroscience, and even more, it was one of the defining moments of modern economics when economists said, “Well, we will keep psychological considerations out on our side.”

I think there were two main justifications. One very famous by Milton Friedman was that our economic models are just tools to analyze data, but they do not claim to describe reality. This is called ‘instrumenalism’ in philosophy of science. Accordingly, we do not need this kind of cross-disciplinary support or even methods for economics. What I think is more convincing, however, is a second proposition. This is the one that one could argue that “individuals” in economics are indeed not real-world individuals but are abstractions of what is in fact statistical regularities in populations of agents.

Therefore, we really need to deal with the fundamental question that there are two scenarios which would render all efforts in combining economics and neuroscience irrelevant. The first refers to what I just said. Many influential economists argue this way: “You are just confusing levels of analysis.” In addition, there is also a sort of paradox. I mean if neuroeconomics really succeeds in showing – and I will continue with this topic in a second – that we can establish a direct relationship between the economic notion of utility function and certain neural correlates, then economists may just say, "Okay, that is great. Now we have an empirical foundation for our basic theoretical notions, but that also means that we can just continue with our work and we do not really need to do this kind of research and we can just leave it to the neuroscientists. So we do the economics and the neuroscientists do the neuroscience."

(Showing Slide 14) In fact, we have very different ways to look at neuroeconomics, resulting into ambiguities. One has to look at what people really want to tell us when they use neuroeconomic methods and theories.

The first is that neuroscientists use economic models in neuroscience. I think that was important at the origin, and the protagonists were not economists. Then, you have the other movement: deploying neuroscience in economics. It happens that the two may have very different perspectives: if you look at one of the leading researchers, Colin Camerer, early in 2005 already, for him, neuroscience implies that we would need to change many even fundamental ideas in economics. So, it is a very different movement than the first because another leader, Glimcher, used the economic model, s strictly speaking, in neuroscience.

Therefore, we also have a second ambiguity. This is the question "What are we really talking about in neuroeconomics?" Some people, at least implicitly, seem to suggest that this is economic decision making, but what is economic decision making? Perhaps it is only one specific aspect of human behavior. Hence in neuroscience, many people have started to use another term: "decision neuroscience". Decision neuroscience would have a much broader view on "What are decisions?" and "What kind of different choices do we make in our lives?"

The third ambiguity, which has been identified by the economist and philosopher, Don Ross, is the question of levels. There is the possibility – what

Slide 14

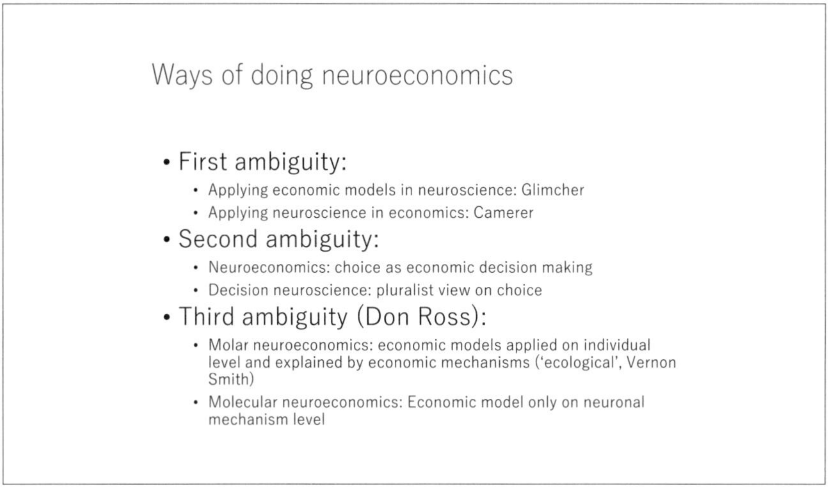

he calls molecular neuroeconomics – that the neuroeconomic models would apply within individuals for single mechanisms in certain situations, but not on the higher level of the individual, so to say, the integrated level. Also, if they apply on this higher level, then this would not be a phenomenon that must be or can be explained by neuroscience evidence, but must be explained by certain conditions of decisions, which means environmental factors.

If you look at experimental economics, this is the position, for example, by Vernon Smith. Vernon Smith has this notion of ecological rationality. In his experiments of artificial markets, what he showed is, again, that individual properties do not really matter because what determines whether decisions are rational or not is the rules people follow, so, as some people radically said, even the most stupid agents will behave perfectly rational once the right rules are in place.

(Showing Slide 15) You can see this is a very complicated field. In my own work, which I will briefly present, I went back to a very unexpected source of new ideas in neuroeconomics which is Hayek. To understand why Hayek, I will show you here one of the very influential models in neuroeconomics, which

Slide 15

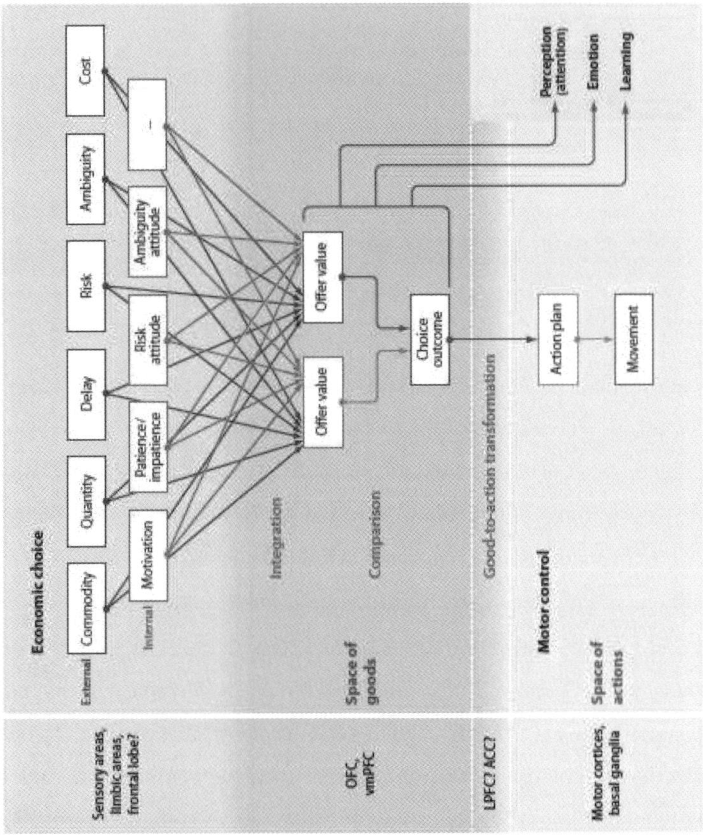

Padoa-Schioppa, C. 2011. Neurobiology of economic choice: A good-based model. *Annual Review of Neuroscience* 34(1): 333-35

The good-based model

strictly follows the standard concept of utility function in economics developed by Padoa-Schioppa. He applied the model in a lot of empirical research that his team and he realized – we have no time to go into details, but just emphasize one important thing.

What you see here is a clear linear sequence. There is a stage where information is processed, next comes a stage where this information is projected into subjective value, which is attributed to different alternatives. The alternatives are compared and then you have choice, followed by the outcome, the action. The middle level influences many other aspects of behavior like emotion or learning.

Padoa-Schioppa very much emphasized two things. One is the linear sequence which means that action does not feed back to the top directly. The other is that in the middle level, you have the entire economics. Especially what he tries to show is that if you identify neural correlates of choice, then you can also show that certain basic assumptions about utility function or rationality apply on this level. That is the so-called good-based model.

（Showing Slide 16） Why Hayek? Hayek is rarely cited in neuroeconomics, but in fact Hayek started to write about this topic already in the late 1920s, as a young man. It was a book about the human brain and psychology. This is *The Sensory Order*. I was always wondering what we can learn from *The Sensory Order* for neuroeconomics because *The Sensory Order* was deeply influential also on the entire economic theory of Hayek.

We can envisage Hayek as a precursor of an alternative model in neuroeconomics, which is evolutionary neuroeconomics. The basic point would be that we approach the brain as Hayek did, namely as an evolutionary system. I cannot go into details here. We have a lot of support in positions and ideas in modern cognitive sciences and neuroscience – I will mention a few in a second – but most basically, these ideas can be arranged under two headings. One is the "predictive brain", which means that predictions play a central role for organizing the relationship between brain and action. The other is what we

Slide 16

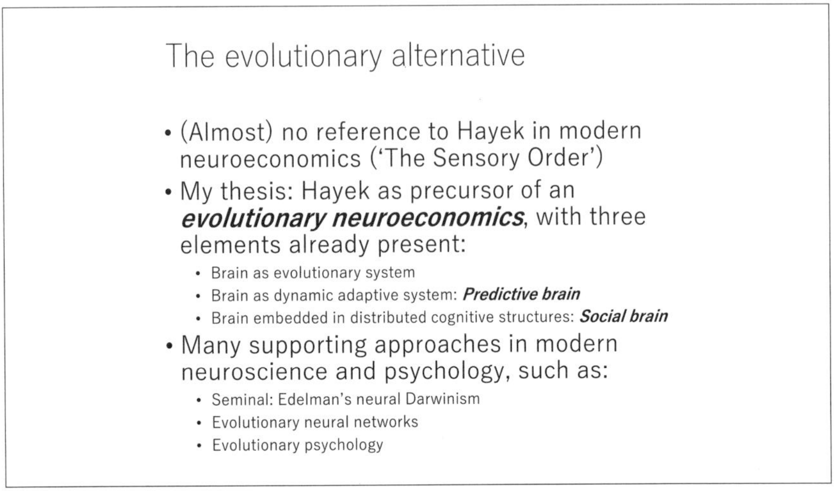

already learned from the previous presentation, the "social brain". The social brain means that our brains are adapted to living together with other humans and not just taking individual decisions. These are the two basic frames.

(Showing Slide 17) For the reason of limited time, I will skip this here, although it is important.

(Showing Slide 18) The predictive brain. The important idea here – and this is in really stark contrast to the good-based model – is that one cannot argue that there is a separate stage of assigning values in terms of representing goods or alternatives, and then move on to action, because what is fundamental in organizing the information processing in the brain is sensorimotor loops.: That is to say systematic, basic connectivities between what comes in and goes out..

In modern cognitive sciences, for example, this is also the basic argument by so-called grounded cognition theorists like Barsalou, In the neuroscience debate about neuroeconomics, this is now reflected in various schools of thought. I mention just one here which is the so-called affordance competition model. For understanding this, the previous slide that I omitted in my talk is

Slide 17

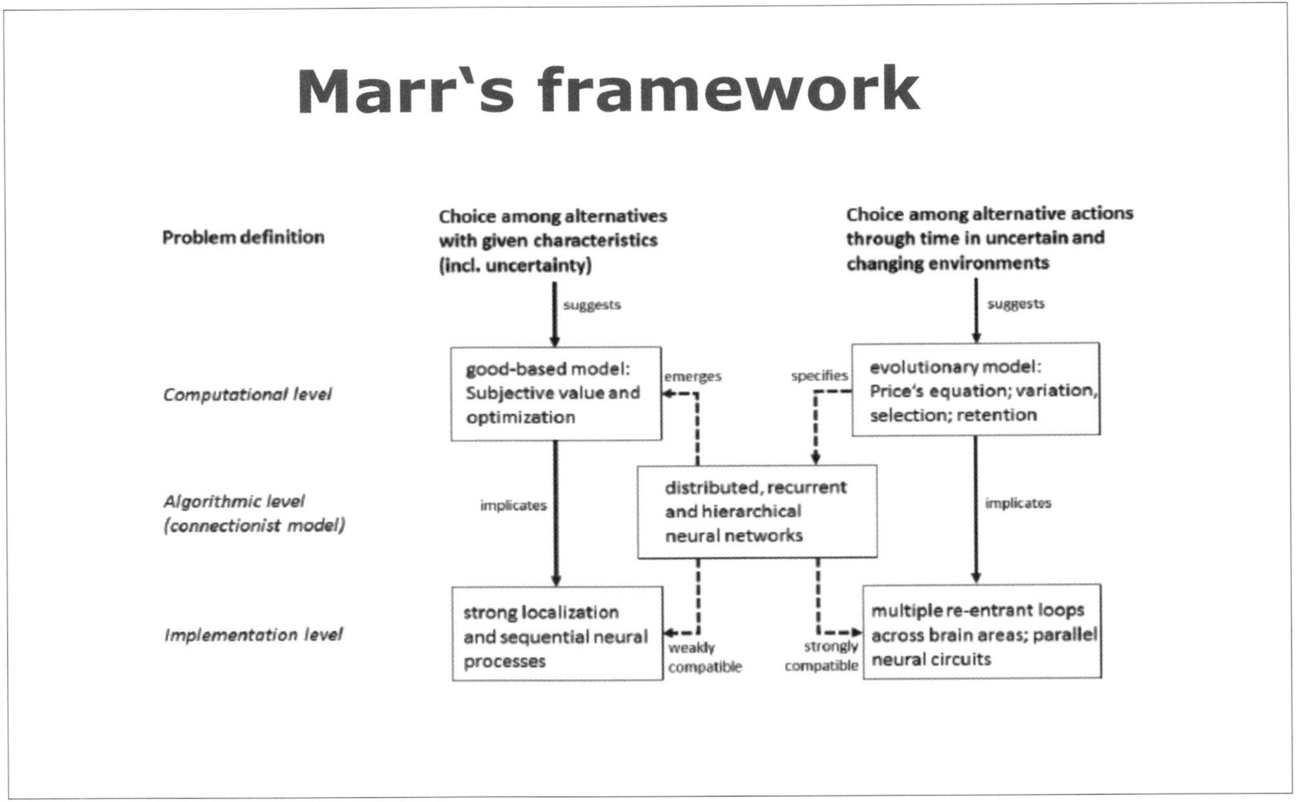
Marr's framework
Problem definition
Computational level
Algorithmic level
(connectionist model)
Implementation level
Choice among alternatives
with given characteristics
(incl. uncertainty)
Choice among alternative actions
through time in uncertain and
changing environments
suggests
suggests
good-based model:
Subjective value and
optimization
evolutionary model:
Price's equation; variation,
selection; retention
emerges
specifies
distributed, recurrent
and hierarchical
neural networks
implicates
implicates
strong localization
and sequential neural
processes
multiple re-entrant loops
across brain areas; parallel
neural circuits
weakly
compatible
strongly
compatible

Slide 18

Predictive brain

- Hayek's fundamental point: The external world is only represented via neuronal mediation
  - Hence, the brain can only operate as a self-equilibrating structure
  - Distributed evolutionary process: Karl Friston
- Contra good-based model: Representation is only possible via sensorimotor loops ('grounded cognition')
  - Internal error correction across various semi-autonomous neuronal structures
  - Theory: For example, affordance competition model
  - Theory: For example, event files and 'winner-takes-all'

helpful.

The idea here is "What is your fundamental assumption about what are the typical situations in which brains have to decide or take decisions?" In evolutionary theory, you would always ask typical, not just in the sense of what happens today, but what happened in the past. I mean, why did our brains evolve as they are today? You would always refer to phylogenetic origins. Then, one can just suppose two different standard types of decisions.

One is what economists typically assume, choice among given alternatives. This is also true for the good-based model. You construct the situation in a way that you face the alternatives, which includes even uncertainty because you assign subjective probabilities. Once this is fixed, then you choose.

The evolutionary approach and Hayek would emphasize a very different type of action. In terms of evolutionary history, this is the foraging situation of hunter-gatherers. This is that you just not choose between given alternatives, but that your fundamental problem is that you do not know the environment. It is even dangerous, it is always changing and you nevertheless always have to take actions. That means our brains are predictive in the sense of achieving this type of very special performance to act in this kind of environment.

That is the so-called affordance competition model. The interesting idea behind this is that, very different from the good-based model, if we say that the brain is an evolutionary system, that means that when we act, our brain always already lets some vicarious models of future actions compete against each other. I think that is the most important point. The alternatives are constructed by the brain and then you have many, many trajectories which are running – it is an internal competition – in our minds, and then finally one is selected that determines the action.

(Showing Slide 19) The second Hayekian fundamental concept is the social brain. The social brain, as I mentioned already, refers to another fundamental property of our environment. One was just mentioned, foraging, but the other is living in groups and also operating in groups. In this setting, what matters crucially is context. We have now a lot of research in neuroscience and neuroeconomics which show that even very simple neurophysiological mechanisms are actually context-dependent, which means what on the surface seems to be a very similar mechanism can have very different functions once the context changes.

A standard example in the literature and also relevant for previous presentations is empathy. Empathy is fundamental for establishing different kinds of social preferences. All kinds of social preferences somehow involve ourselves imagining what others feel or what others think. In empathy research, it is very clear that empathy or empathic actions or actions which are guided by empathy are always driven by bottom-up and top-down processes.

Bottom-up is a neurophysiological mechanism. For example, certain hormones such as oxytocin played a big role in early neuroeconomics research on trust. There was a time when neuroeconomics just stated that if you treat people with oxytocin, trust goes up. Later it was shown that this very much depends on whether people perceive the other as in-group or out-group. The distinction between in-group and out-group is a cognitive distinction which

Slide 19

Social brain

- Co-evolution of brain and culture: Cultural and social neuroscience
- Brain is selected for cooperation and competition in groups – fundamental paradigm shift
- Central notion: CONTEXT
  - Suggested model: Dynamic and distributed modularization (brain modules ↔ context)
  - Emphasis on emotions and triggering signs ('cues')
- Example: Empathy (pivotal in social preferences)
  - Top-down complex causal structure with strong contextualization of basic mechanisms such as oxytocin loops

depends on how people are identified via social categories and via symbols and signs as belonging to different groups. This is a well-established result in social psychology that in-group and out-group boundaries are almost arbitrary. You can put people in a certain context that is almost arbitrary and then reinforce this type of discrimination between in-group and out-group, but once this happens, then the basic neurophysiological mechanisms work in a very different way. That manifests the social brain.

If we take the two perspectives together, the predictive and the social brain, we see that there are really different ways of how to arrange the cross-disciplinary relation between economics and neuroscience.

(Showing Slide 20) To conclude, I believe that the Hayekian approach, which would go back to *The Sensory Order,* opens the view on connecting neuroscience also with other schools of thought in economics than just neuroclassical economics (which is the basic idea in the Padoa-Schioppa good-based model). In a review of Glimcher's book *Foundations of Neuroeconomic Analysis* Colin Camerer calls this the "neuroclassical approach" for that reason, which is also meant in a critical sense. In fact, if you take the

Slide 20

Conclusion

- Evolutionary Neuroeconomics builds alliances with various schools of thought in economics – alternative to 'neuroclassical' approach (Camerer)
  - Evolutionary neuroeconomics defines a radically different relationship between neuroscience and (behavioural) economics - Herbert Simon and cognitive sciences
  - Evolutionary neuroeconomics goes beyond psychology in integrating sociology/culture - Hayek: "Three sources of human values"
  - Evolutionary neuroeconomics is action centred and allows for a systematic role of creativity – Veblen, Commons and institutional & evolutionary economics

perspective that I developped here, then we can establish different connections.

The first is neuroscience and the other tradition of behavioral economics, which is somewhat neglected in recent decades. That is Herbert Simon and his approach to combine cognitive sciences and economics. The second is indeed Hayek. Hayek is very much about culture, values, and so on, relating to external factors, which means, like in the example of empathy, you combine different levels of analysis: Hayek has a famous short chapter on three sources of human values. Finally, the third connection is the evolutionary thinking which was very prominent in economics in the 1920s. The old version of institutional economics was Thorstein Veblen, Commons, and others. Probably we might also learn a lot from studying this literature.

(Showing Slide 21) Thank you so much. I have also some literature for those of you who want to read more. I will stop here.

(Ogaki) Thank you very much, Carsten. Kenta, it is your turn.

Slide 21

Selected literature

Alós-Ferrer, C. 2018. A review essay on social neuroscience: Can research on the social brain and economics inform each other? Journal of Economic Literature 56 (1): 234-64.

Butos, W. B. and T. J. McQuade. 2015. The Sensory Order, neuroeconomics, and Austrian Economics, in The Oxford Handbook of Austrian Economics, 612-641, eds. P. J. Boettke and C. J. Coyne.

Cisek, P. 2012. Making decisions through a distributed consensus. Current Opinion in Neurobiology 22(6): 927–36.

Clark, A. 2013. Whatever next? Predictive brains, situated agents, and the future of cognitive science. Behavioral and Brain Sciences 36(3): 181–204.

Hayek, F. A. von. 1952. The Sensory Order. An Inquiry into the Foundations of Theoretical Psychology. Chicago: University of Chicago Press.

Hommel, B. and R. W. Wiers. 2017. Towards a unitary approach to human action control. Trends in Cognitive Sciences 21(12): 940--49.

Northoff, G. 2014. Minding the Brain? Introduction to Non-reductive Neurophilosophy. New York: Palgrave Macmillan.

Padoa-Schioppa, C. 2011. Neurobiology of economic choice: A good-based model. Annual Review of Neuroscience 34(1): 333–359.

Padoa-Schioppa, C. and K. E. Conen. 2017. Orbitofrontal cortex: A neural circuit for economic decisions. Neuron 968(4): 736–54.

Ross, D. 2012. Neuroeconomics and economic methodology. in The Elgar Companion to Recent Economic Methodology, eds. J. B. Davis and D. W. Hands, 61–93, Cheltenham and Northampton: Edward Elgar.

Verschure, P. F. M. J. 2016. Synthetic consciousness: The distributed adaptive control perspective. Philosophical Transactions of the Royal Society B: Biological Sciences 371(1701): 20150448.

Presentation: Altered Functional Connectivity Associated with Time Discounting in Chronic Pain

(**Wakaizumi**) Hi, everyone. Good afternoon. Thank you for organizing this session. I am very pleased to share my research. As Dr. Ogaki introduced, my background is as a medical doctor. Usually I am working on the treatment for chronic pain patients. Chronic pain is a very strange symptom because when you get some injury with pain, the injury will recover in a one month maybe and the pain will gradually reduce and disappear, however the patients with chronic pain, they have persistent pain lasting for at least three months. Chronic pain is defined as constant pain of at least three months. We thought that something happened in the patients with chronic pain, so my motivation is "What is the mechanism to prolong the severe pain in patients?"

Through my clinical experiences, I received some knowledge about characteristics of chronic pain patients. They and their behavior seem to be controlled by pain. Actually, some of them are very impulsive and some of them lose motivation. Most of them like sedentary behavior and dislike active exercise. There are many papers that show there are disorders on the brain's reward system, so we hypothesized that something happened in the patients' brain due to pain.

We focused on time discounting because there are papers that show an association with health-related behaviors. As you know, time discounting has a tendency to reduce future values compared to the rewards obtained today. There are some papers that show high time discounting is associated with unhealthy diets, overweight and obesity, smoking habit, and substance abuse including alcohol and opioids. In contrast, the people with low time discounting show a greater weight reduction after treatment, a high rate of smoking cessation, and exercise behavior. They are opposite preferences to the chronic pain patients, so we hypothesized that the pain patients have higher time

Slide 22

Figure 1

METHODS

Subjects

- 19 chronic neck pain patients
- 19 age- and sex-matched healthy control

10 matching tasks (Takeuchi, Games Econ Behav. 2011)

How many days would you be willing to wait to receive $20.00 instead of $10.00 received today. I can wait for ________ days.

Hyperbolic discounting model

$$SV(t) = \frac{1}{1 + kt}$$ where t is the delay in days and k (>0) is the time discounting factor.

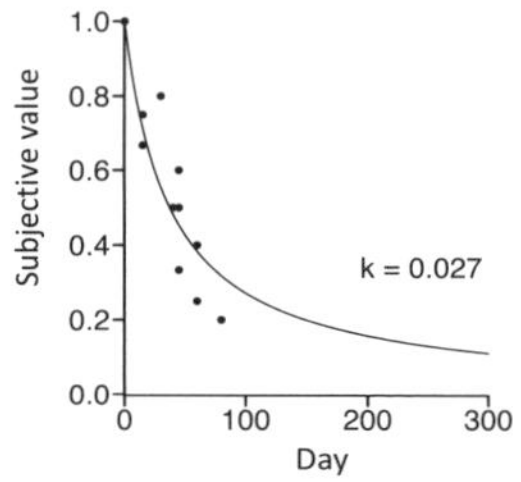

(Wakaizumi K, et al. Sci Rep. 2019)

discounting.

(Showing Slide 22) To identify that, we prepared subjects of 19 chronic neck pain patients and 19 age- and sex-matched healthy subjects as a control in Japan. We asked 10 matching tasks to get the delay of the days to match several rewards getting today. This is an example. We asked, "How many days would you be willing to wait to receive 20 dollars instead of 10 dollars received today?" Patients answered, "I can wait for _ days." Then, we plotted the estimated delay and the subjective value. Then, I fit the hyperbolic discounting model, which is a time inconsistency model, as Dr. Haruno presented in the Glimcher's paper. Then, I generated the discounting factor *k*.

(Showing Slide 23) These are the individual time discounting curves in healthy subjects and patients. The solid-colored curves show the median of the time discounting factor in healthy subjects and patients as in Figure 2a. Unfortunately, the time discounting between the two groups were not different, whereas we hypothesized that the patients would have higher time discounting as in Figure 2b.

(Showing Slide 24) However, when I looked at the association with the other

Slide 23

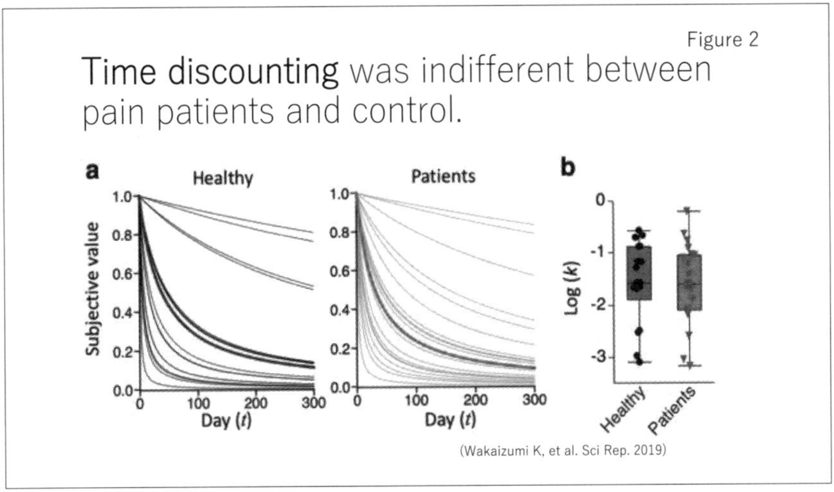

Slide 24

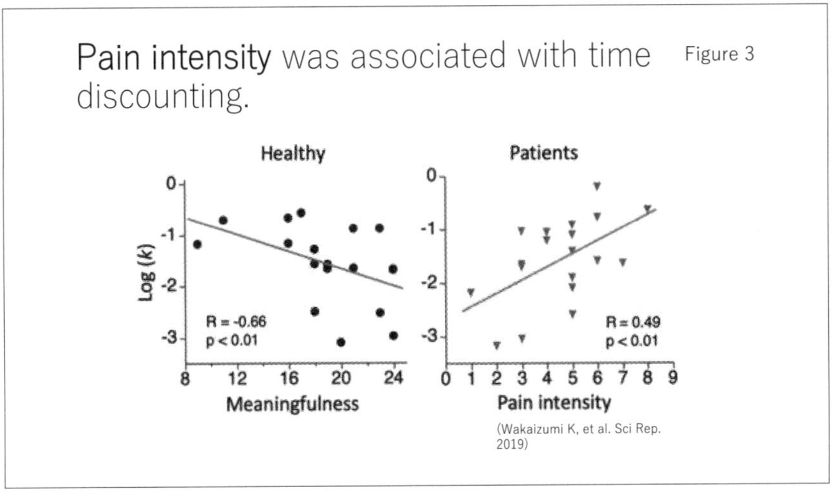

behavioral measures, in healthy subjects, meaningfulness, which is like efficacy, was negatively associated with the time discounting, so the people with high efficacy in their lives showed low time discounting. In contrast, meaningfulness was not associated with time discounting in patients. Instead, pain intensity was highly associated with the time discounting, so the patients with higher pain intensity showed higher time discounting as in Figure 3.

(Showing Slide 25) We utilized fMRI to identify neural mechanisms underlying the time discounting in the patients, as Dr. Haruno presented. The characteristic of the fMRI is that it has higher spatial resolution compared to other non-invasive methods. On the other hand, EEG, which scans the brain waves, showed a high time resolution compared to fMRI, but the spatial resolution is very low as in Figure 4.

(Showing Slide 26) In the basic researches, most of the fMRI studies were performed on the tasks. The fMRI can capture the Blood Oxygen Level Dependent (BOLD) signal like the figure and we can get the task-related fMRI signals compared to off-task BOLD signal. However, I think the task-based fMRI is a powerful method to identify task-related brain activation, but the obtained results are very specific to the task paradigms. That means the results will not be reproduced unless using the same tasks as in Figure 5.

(Showing Slide 27) Here, in our study, we used the resting state fMRI which can identify the functional connectivity between certain pairs of brain areas. Here, we divided 333 brain areas according to the previous paper, then I calculated the functional connectivity as a correlation coefficient of the BOLD signal. For example, the top-left figure shows very similar blue and red signal waves, so the functional connectivity should be strong, which is a high correlation coefficient. On the other hand, the bottom-left figure looks to have relatively dissimilar waves between the two colors, so the functional connectivity should be low as in Figure 6a.

On the right, we divided the brain into 333 areas and then calculated any pairs of the functional connectivity in healthy subjects and patients. Globally these color matrices should be similar between the two groups. Globally the brain mechanisms regarding the global functional network are not different as in Figure 6b.

(Showing Slide 28) Using the method, we can calculate the functional

Slide 25

Figure 4

Functional MRI is a standard way to assess neural activities in our brain.

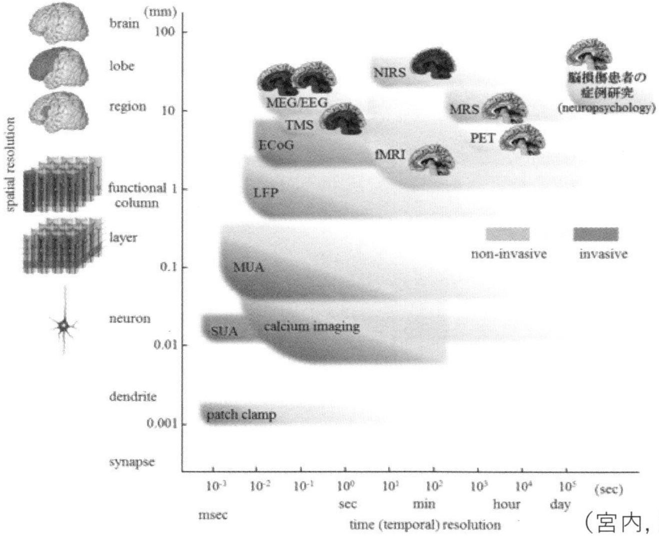

ECoG: electrocorticography
EEG: electroencephalography
fMRI: functional magnetic resonance imaging
LFP: local field potential
MEG: magnetoencephalography
MUA: multiple unit activity
MRS: magnetic resonance spectroscopy
NIRS: near-infrared spectroscopy
PET: positron emission tomography
SUA: single unit activity
TMS: transcranial magnetic stimulation

（宮内, 脳のイメージング. 2016）

Slide 26

Figure 5

Resting-state functional MRI does not require any tasks during the scan.

Task-based functional MRI is a powerful method to identify task-related brain activation.

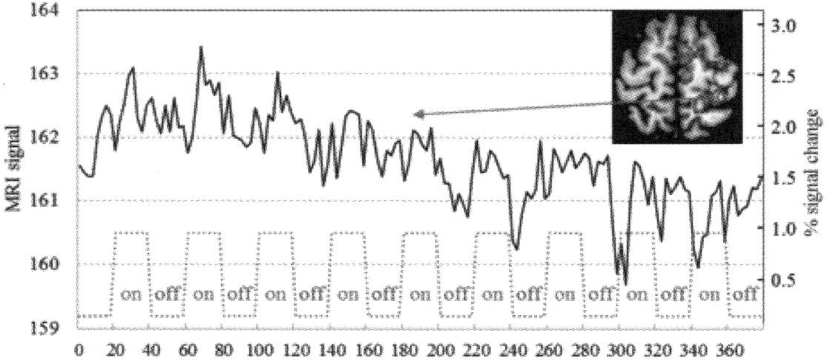

（宮内, 脳のイメージング. 2016）

However,
obtained results are specific <u>to the task paradigms</u>.

The results will not be reproduced, unless using the same tasks.

Slide 27

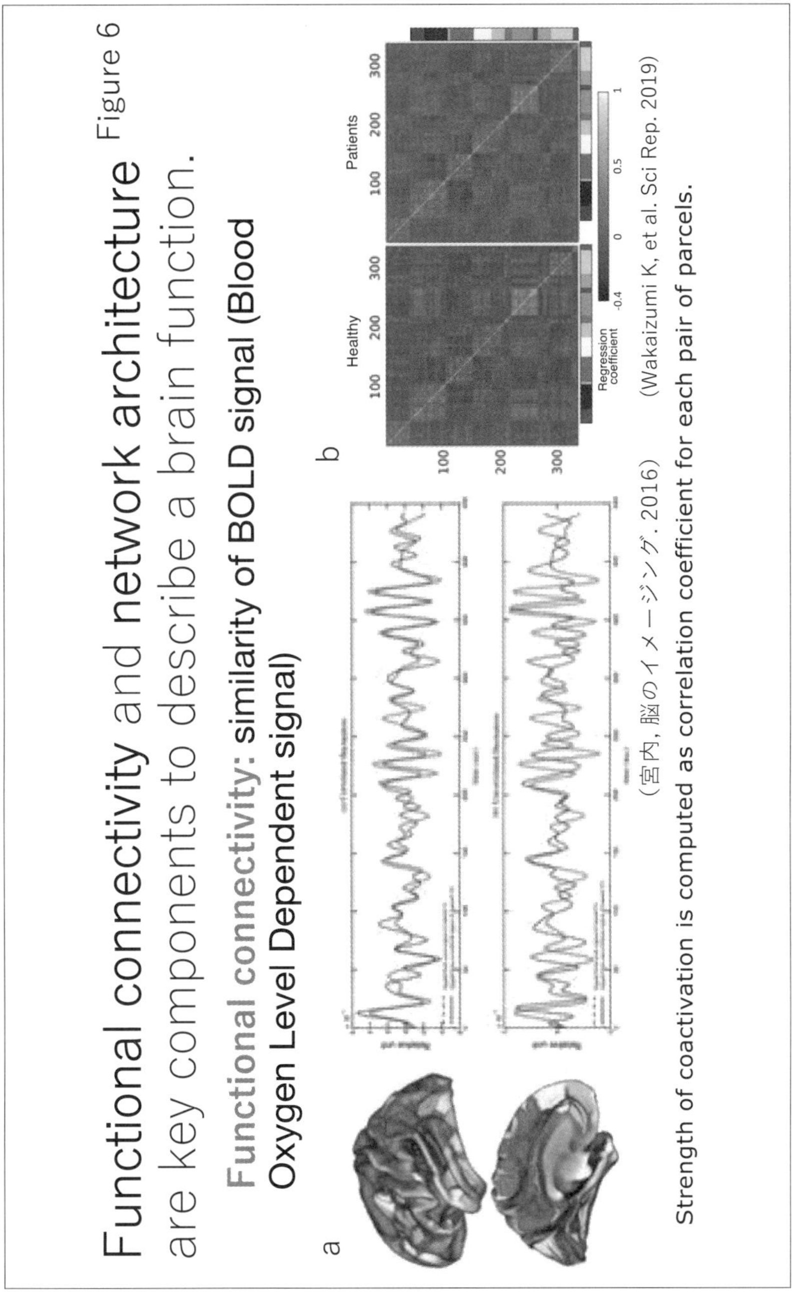
Figure 6
Functional connectivity and network architecture are key components to describe a brain function.
Functional connectivity: similarity of BOLD signal (Blood Oxygen Level Dependent signal)
a
b
Healthy
Patients
100
200
300
Regression coefficient
-0.4
0
0.5
1
(宮内, 脳のイメージング. 2016)
(Wakaizumi K, et al. Sci Rep. 2019)
Strength of coactivation is computed as correlation coefficient for each pair of parcels.

Slide 28

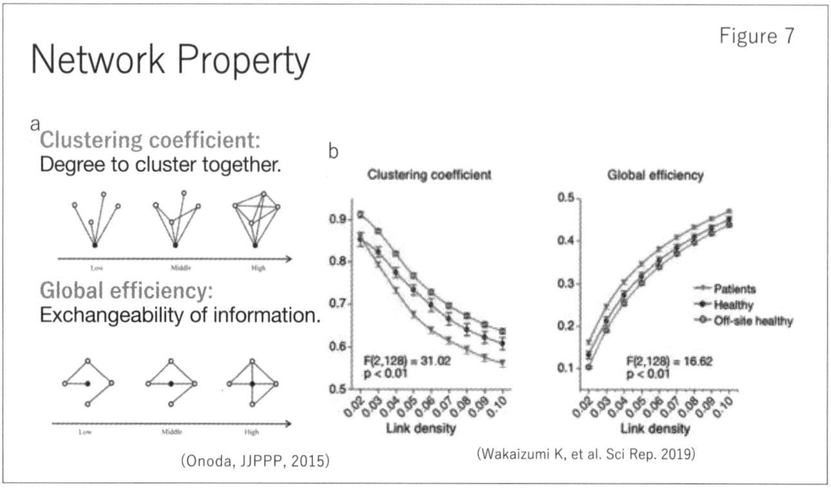

connectivity of certain pairs of the brain areas. In the previous paper, some brain areas were assigned to specific neural networks. In the database we used, they divided the 333 brain areas into 13 networks. For example, the red one shows the default mode network which is the cluster of brain areas activating during the resting state. So part of our brain is activating even when we do not do anything.

Then, after generating the matrix of each brain areas' associations, we used the graph theory to identify the network property of the function of brain. We utilized two network properties which are the clustering coefficient and the global efficiency. The clustering coefficient shows the degree to cluster together, so a high clustering coefficient brain shows to be highly integrated as a network property. The other one, the global efficiency, shows the exchangeability of information, so a high global efficiency brain shows it is easy to communicate with each other as in Figure 7a.

The left graph is showing the result of the clustering coefficient. The red line shows the patients, the blue line shows the healthy subjects, and the green line shows the off-site healthy subjects who were derived from a large database in

Slide 29

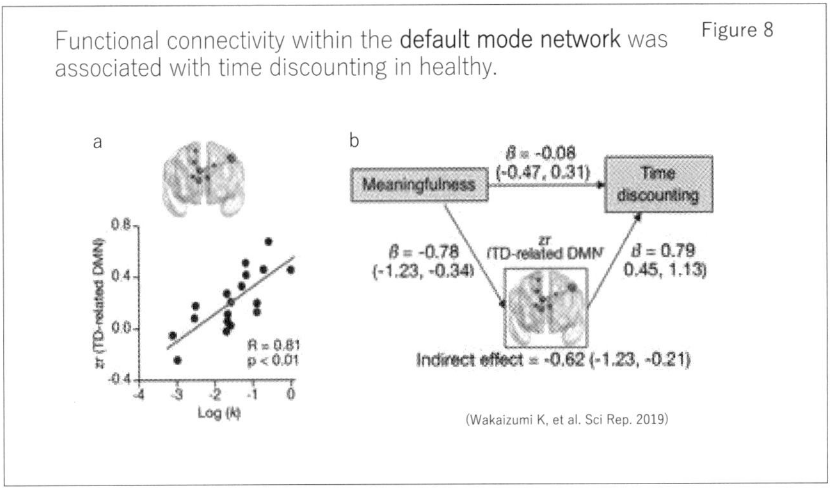

the U.S. As you can see, the blue line is close to the green line. That shows the reliability of our method and analysis. When I compared those two groups, between patients and healthy subjects, patients showed a significantly low clustering coefficient and a higher global efficiency. That means the patients with chronic neck pain have an altered brain function compared to the healthy subjects as in Figure 7b.

(Showing Slide 29) Then, I tried to search for the specific functional connectivity associated with time discounting in healthy subjects first. We performed whole brain analysis, then I took the multiple comparison threshold to identify the significant associations. Then, I found that with this network, which is the default mode network located in the prefrontal cortex, the scatter plot showed that the functional connectivity is significantly associated with time discounting as in Figure 8a.

Then, I applied mediation analysis to figure out the relationship between these outcomes. Here, the indirect effect was significantly less than zero, suggesting this model worked well. That means the meaningfulness in the healthy subjects affected time discounting through the brain mechanisms of

Slide 30

Functional connectivity of the **dorsolateral prefrontal cortex** is associated with time discounting in patients.

Figure 9

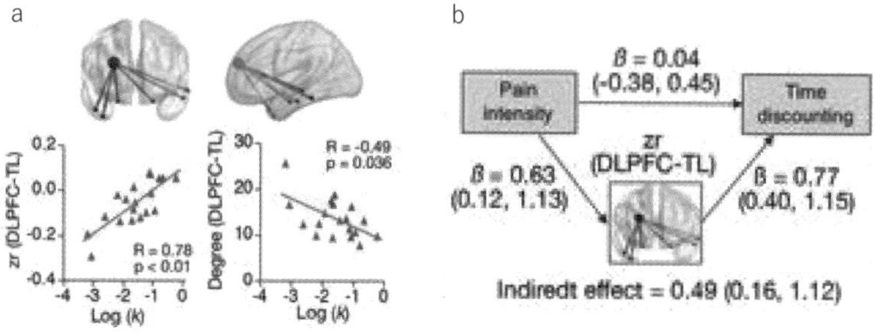

(Wakaizumi K, et al. Sci Rep. 2019)

the default mode network in the prefrontal cortex as in Figure 8b.

(Showing Slide 30) We performed the same analysis in the patients with chronic pain. We identified the dorsolateral prefrontal cortex, in which the functional connectivity was associated with the time discounting as in Figure 9a. Also, mediation analysis showed the pain intensity affected time discounting through the brain function of the dorsolateral prefrontal cortex as in Figure 9b.

This is the conclusion. We can say there is a brain network determining time discounting and that high time discounting is a property of severe chronic pain. The default mode network in the prefrontal cortex is the key network of time discounting in healthy subjects. On the other hand, the dorsolateral prefrontal cortex plays a key role instead of the default mode network in chronic pain patients. Thank you for your attention.

(Ogaki) Thank you very much. This concludes Part A. We just wanted to introduce neuroeconomics and we wanted to introduce recent research, especially resting state fMRI instead of task-based fMRI. Some new research is conducted on the connectivity of the brain. That is important for the next topic.

Slide 31

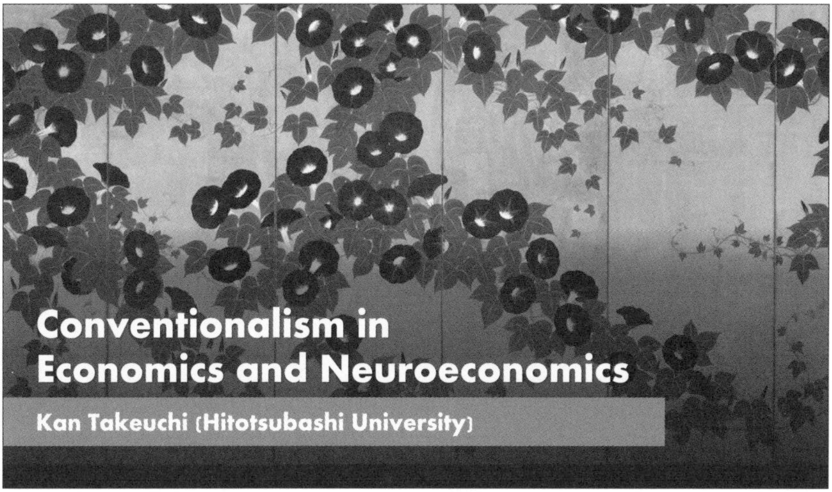

Part B: Discussion about interpretation of neuroeconomic results in terms of the single utility function and behavioral economics

(**Ogaki**) We will discuss about interpretation of neuroeconomic results in terms of the single utility function and behavioral economics. Kan will go first.

Presentation: Conventionalism in Economics and Neuroeconomics

(**Takeuchi**) (Showing Slide 31) I would like to briefly talk about conventionalism in economics and neuroeconomics for the discussion.

First of all, the fundamental presumption shared among us is that the economic model is just a formal science. You might say that we also analyze data from economic phenomena, but I would say that is not really the science, but it is rather a kind of engineering.

This concept was clearly portrayed by Milton Friedman in his famous essay

Slide 32

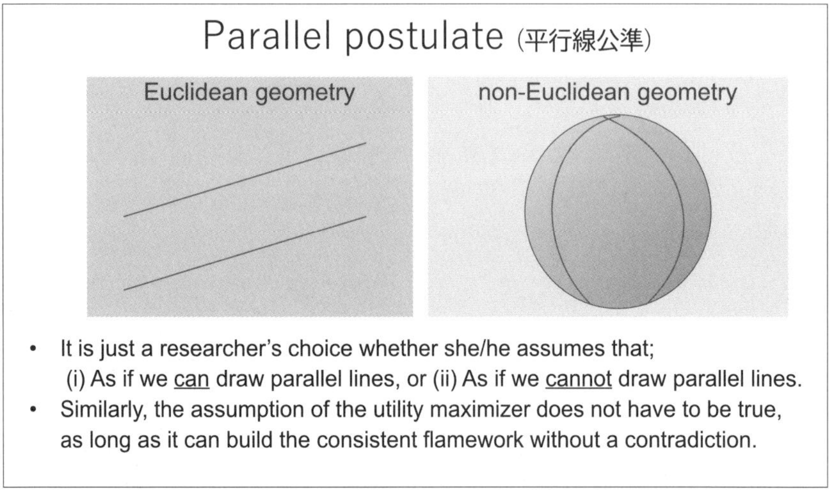

published in 1953. For instance, we pretend as if firms are maximizing their profits in models. Although there is no single person who decides what to do in the firms, we treat each firm in our models as a profit maximizer.

The same story goes on to individuals with the utility function. We treat people as utility maximizers. The utility function is just a helpful tool or an instrument to interpret and analyze data. Suppose that there are a theory and some data from the consumer. As long as the observed data satisfies the Generalized Axiom of Revealed Preference (GARP), we can pretend as if that consumer is maximizing some sort of utility. Notice that we do not have to prove their true existence of a utility function at all. It is again just a convenient assumption to analyze the data.

(Showing Slide 32) These assumptions are not necessarily true, while we accept them and use them as convenient tools. Here is the famous story about the parallel postulate in geometry. It is up to you in which world you build a model; in a Euclidean world where you can draw parallel lines or in a non-Euclidean world where you cannot draw parallel lines. It is completely up to your choice of the assumption or the axiom, since there is no contradiction within each of the frameworks. You cannot falsify any of those axioms by the other one. Economics is like this. You do not really have to say, "I observe the parallel lines in front of me, so I cannot rely on the non-Euclidean geometry," or something. No, you do not have to. Of course, you can argue like, "It is pretty much *intuitive* if we assume we can draw parallel lines." Indeed, that is pretty much intuitive for us. Even so, you cannot falsify non-Euclidean geometry.

The presumption above implies that utility function still works independently of the neuroeconomic results anyway because we do not have to prove that there exists the utility function in the brain. We use it as a tool. It is not really my opinion, but some can say we do not need any neural basis for the utility function. Perhaps that is true.

I would like to point out another problem. Economic models are probably too flexible to be falsified.

A theory framework is consisted of a theory, assumptions, and facts. Notice that these altogether imply an entailment in the framework. Thus, even if we found a contradiction or a paradox in the decision theory, it would only imply that at least one of the three (the theory, assumptions, and facts) is false. A paradox will not necessarily falsify the theory.

Here is an example, the St. Petersburg paradox. The fundamental theory started by assuming the expected value maximizer. That is, the decision maker under uncertainty behaved as if he or she was maximizing his or her expected value of something. The theory first assumed that the value was measured in monetary units. It means the fact that the expected value for the coin toss game of the St. Petersburg paradox is infinite. Then the entailment is that the willingness to pay to play the game is also infinite. But the observation is that the actual willingness to pay is pretty much low. Here, we ended up with a contradiction. This contradiction, however, does not really falsify the grand theory. Instead, we just change or modify the assumption at the next step.

The paradox was solved not by falsifying the theory, but by changing the assumption. Likewise, no observations, including neuroeconomic findings, can

Slide 33

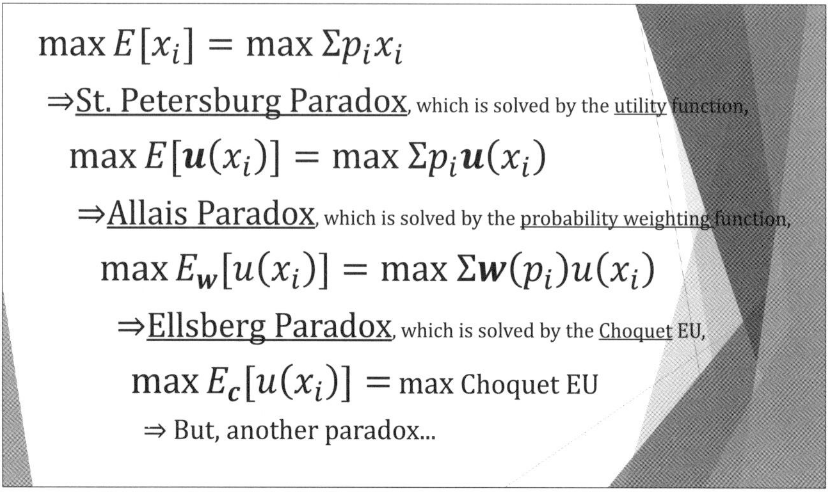

falsify the theory, since the framework itself is conveniently flexible.

(Showing Slide 33) At the beginning, the theory assumed that decision makers were maximizing the expected value of something. We hit the St. Petersburg paradox. Okay, why do not we introduce the concept of satisfaction or utility? Instead of the value of monetary rewards, we assume that the decision maker is maximizing the expected utility. The paradox is solved. So far, so good. Next, here comes the Allais paradox. Again, the paradox seems to falsify the theory, but we just introduced some sort of a weighting function on the probability. It is still safe to assume that people are maximizers. Even for the Ellsberg paradox, we just relax the assumption of the additivity of probability to avoid the contradiction. The Choquet expected utility theory can resolve the Ellsberg Paradox.

(Showing Slide 34) Recently, I have just collected the choice data to observe another contradiction. Please look at the upper part of the slide. Suppose that you choose Option A or Option B before you pick a ball from an urn. Option A gives you eight dollars if a ball is either red or black and four dollars if the color of the drawn ball is blue or yellow. The composition of those balls in the urn is

Slide 34

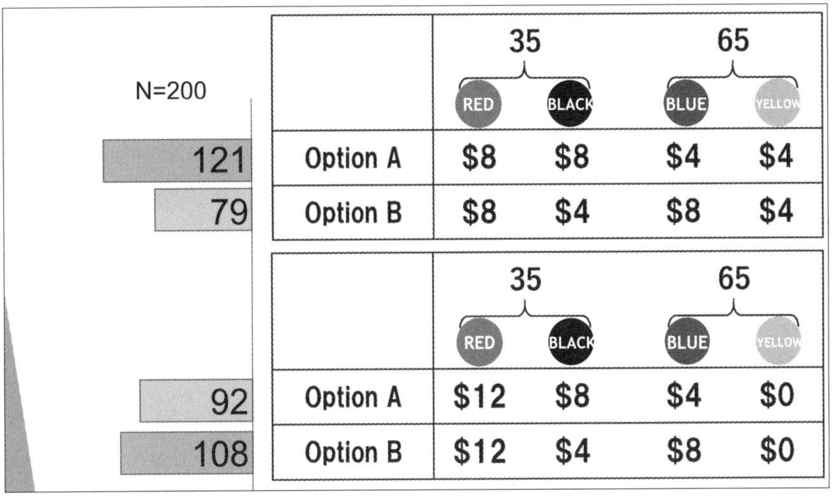

known to you as follows. 35 out of the 100 balls are red or black. It is a mixture of red and black. 65 are blue or yellow. You do not know the exact number of those balls, but you know that the total number of blue balls and yellow balls is 65. Option B gives you eight dollars for a red ball and four dollars for a black ball, and eight dollars for a blue ball and four dollars for a yellow ball. As seen, there is ambiguity in Option B.

Here are the results. 121 participants out of 200 prefer Option A to B. As the choice depends on the ambiguity aversion of each participant, the result does not indicate any contradiction. But, consider another set of questions toward a paradox or a contradiction. Look at Option A and Option B shown at the lower part of the figure. Though the reward level is different from the previous options, the Choquet expected utility theory implies that the decision maker would choose the same option. Those 121 subjects who prefer Option A in the first question would also choose Option A in the second, if they are consistent with the Choquet expected utility theory. However, only 92 choose Option A in the second one, implying that at least the quarter of them have switched from Option A to Option B. We have again observed the preference reversal and the

Choquet expected utility theory fails to accommodate this kind of behavior.

So we have just got another paradox and it may call for another modification of the theory. Like this, this process goes on and goes on.

Perhaps, it is the time for us to switch from formal science to empirical science using neuroeconomics and to analyze what is really happening during the choice process. I think that this is one way for future research programs.

To emphasize the importance of the approach, I would like to present another observation, which is my eye-tracking data. You are now looking at the eye-movement of a subject who is choosing one of the two delayed rewards. You can see the subject debating over the two choices. Recently, we are observing this type of rich data during decision making processes. Notice, however, that the revealed preference theory cannot accommodate any of those detailed data at all. So, I believe that it is time for us not only to justify the choice outcome in a theoretical framework but also to analyze the interim data. Then, we can start describing how the choice is formed. This approach is what I mean by the empirical science.

Before I would like to raise the open questions, let me emphasize that we still want to understand the problems or the world through a structure or a formal model, because it is effective and useful.

(Showing Slide 35) This beautiful painting by Suzuki Kiitsu in the 19th century is a good example. Although you notice that the image is completely unrealistic and that it is just a fabricated fiction, you can see the spirit of the painter and appreciate his intention. He elegantly extracts the beauty from the real world into the painting so that it may look more beautiful than any other real pictures or photographs of the flower. This is also where the role of economic models comes in. We want to abstract the world and extract the nature of the problems into an understandable form.

Now, I raise the following three open questions.

(A): Will we still need any model then? If you analyze data using the machine learning way, well, you do not really see the structure. You obtain

Slide 35

Morning Glories, Suzuki Kiitsu (1796-1858)
鈴木其一『朝顔図屏風』

very precise predictions through the machine learning, but you do not really see the structure from the input to the final output. We want to have a model perhaps.

(B): Can we see it in the neural network? I believe neuroeconomics utilizes the neural network analysis, but can we still see any kind of structure in the neural network?

(C): If we cannot, we might use a utility function as a convenient tool in the future. Should we? These are my questions from the viewpoint of economics. Thank you very much for listening.

(Ogaki) Thank you very much. It is time for us to discuss. Maybe Carsten could go first. Before we move on to your presentation, we want to have a panel discussion here. Kan was asking, even if we want to go for empirical science and go beyond the formal science we are doing with instrumentalism, maybe we still want to use models. What do you think?

(Herrmann-Pillath) As I will also argue in the final short presentation, I think it is important to project the model onto certain categories of phenomena in the real world. I fully agree with this wonderful example about the painting and the reality, but yet there is a relationship between the painting and the reality. Perhaps straying a bit too far away, the famous German poet Goethe also conducted a lot of philosophy of science. He argued exactly in your way because he said if you want to understand the species of a flower, maybe you need to grasp the ideal type of a flower. If you look at some idealized picture of a flower, it does not really intend to describe every detail, but still the idealized picture. Goethe believed that the piece of art is much more powerful to grasp the spirit of the ideal type, so I would agree that your thought is certainly an important idea.

In philosophy of science, we have this kind of discussion. There is a famous book on 'objectivity' by Daston and Galison which also discusses the Goethe opinion. In that sense, there is a point, but still we need to recognize that the picture of the flower is not about any kind of flower. It is about one specific type of flower. This step is absolutely necessary. We need the model, but we also need to clearly show on which particular part of reality this will apply. To conclude, I believe this is often what, at least in the past, economists forgot, because they thought they could apply one type of model on all kinds of situations, but I do not think that this is what you want to say. What you want to say probably is that we will have many different models and then we will choose the specific part of reality on which we employ the model. This, I am perfectly in agreement with if I understood this correctly.

(**Takeuchi**) That is exactly what I intended to communicate.

(**Herrmann-Pillath**) Okay, then we have the same opinion.

(**Ogaki**) In the preparation session, we briefly discussed about Ariel Rubinstein's *Economic Fables*. In a sense, if we take different models for different purposes and for different contexts, Carsten had a problem with this fable idea, but is the fable idea also okay if it is capturing the essence of reality? If a model is a fable in the sense that it has lots of unrealistic assumptions, but it has a relationship with reality through the insight the model gives, and if Ariel Rubinstein does not use the same model for everything and he knows for which

Slide 36

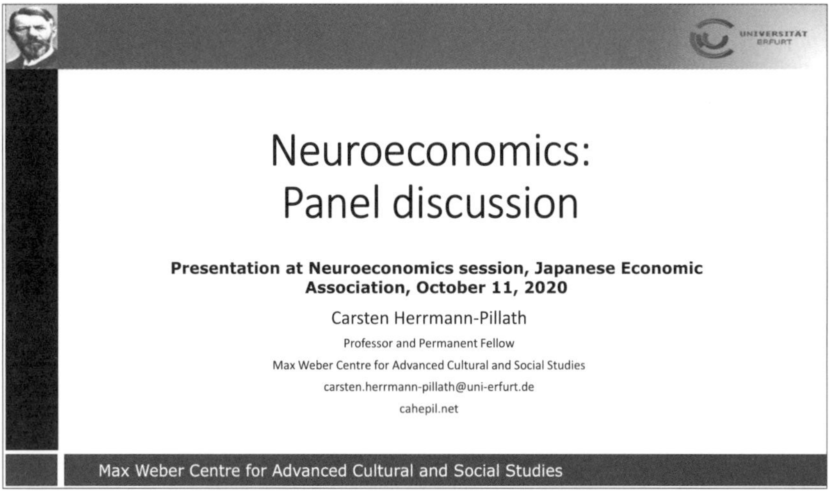

purpose which model should be used, then what do you think, Carsten?

(**Herrmann-Pillath**) We can maybe refer to Hayek again. Hayek has a small book on the theory of complex phenomena. Hayek argues that the economy and social systems, culture, and so on are far too complex, so that we might never understand them by any kind of empirical method. That is why we need this kind of thinking of identifying patterns. That is what I understand what you have in mind. I do not like the term ‘fable’, but the model identifies the pattern and the pattern is in the data, but there will always be a deep gap because the real world is by far too complex. This is my position.

I think this is what you want to say, but to repeat, the question is whether you allow for a plurality of models depending on what kind of problem you want to analyze: Yes or no. That is my concern. I mean what we see from the empirical work of our colleagues here, this is what they actually do. They would start to construct, for example, a utility function with social preferences which includes certain parameters which catch what I called empathy. Well, that is okay, but of course we also need criteria. When should we use which kind of model?

Slide 37

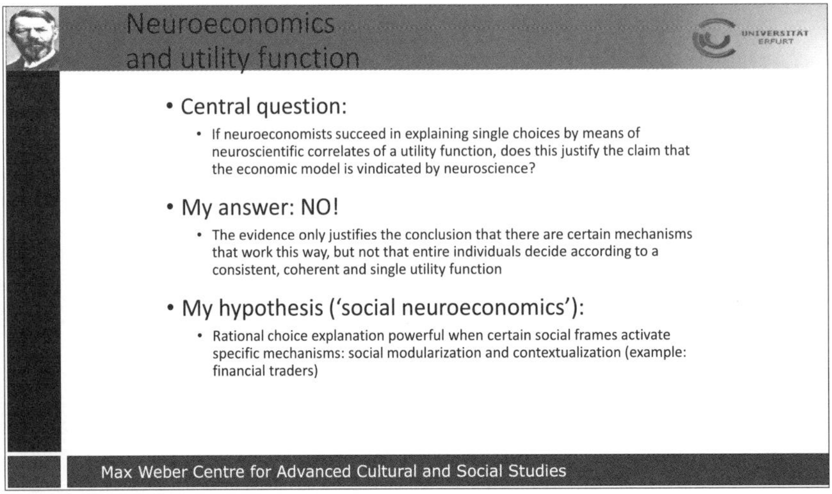

(**Ogaki**) Okay, thank you very much. For the sake of time, maybe we should move on to the next topic. It is how we might use behavioral economics, especially the dual-system idea which has been very popular in behavioral economics, with neuroscience, or maybe we should not. Carsten can go for his presentation.

Presentation: Neuroeconomics: Quo Vadis?

(**Herrmann-Pillath**) (Showing Slide 37) Okay. I will be very brief to save time. There were actually two questions when we prepared this section. One is the question about utility function and neuroeconomics. I think that I mentioned some aspects already, therefore I will just point out that what neuroeconomics really can show is that the notion of utility function has an empirical foundation in certain contexts for certain types of decision making like, for example, deciding whether this morning I want to eat an apple or a banana. There are clearly defined alternatives, and then there are certain mechanisms which guide us.

However, even if we are able to show this, it does not necessarily entail or imply that the notion of utility always describes entire or complete individuals, and not only parts of individuals which focus on certain kinds of decision making. It does not support the case for regarding the utility function as one single and coherent model to describe any kind of decision making.

To the contrary, social neuroeconomics would argue that, for example, even the simplest model of utility function may work in certain contexts where decisions by people are framed in a way so that this kind of optimization and rational choice becomes possible. That means, however, that we always need to contextualize. One is this mechanism or utility function with neural foundations and the other is how the context becomes active or how the context is actually projected on people's minds. I think this is well-known:

If you look at Kahneman's famous book, *Thinking, Fast and Slow*, there is a chapter on ‘Thinking like a trader’. Even he already at that time– the book is 10 years old – clearly said the endowment effect is not always valid. Even in the simple frame of the game about selling mugs, there is the endowment effect showing that people who own mugs have a higher reservation price; but if you make them think as if they were traders, even if they own the mugs, but only because they want to sell it, then the endowment effect evaporates. This is a clear example of what I want to say. Of course, it also implies that the standard model may apply in very important economic contexts, perhaps financial markets.

(Showing Slide 38) The other topic is dual systems. This is complicated. I also have a paper on this that I mentioned in my other slides. No time to explain, but it seems to me that there are many troubles with the empirical neuroscience foundation for the dual-systems model. but then one could argue again, “Well, it is another kind of model in the sense that you would also defend in an instrumentalist way. Now we have not a simple utility function. Now we have the dual-systems model and it is also kind of better.” Perhaps, but no time to discuss this.

Slide 38

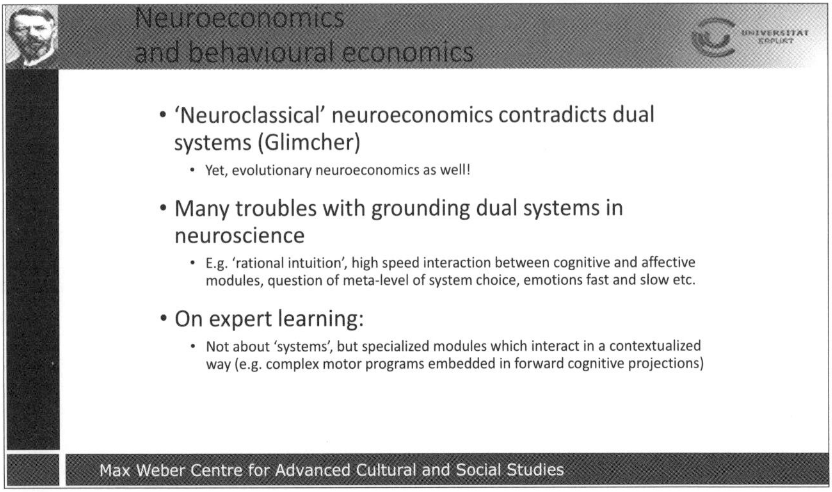

Slide 39

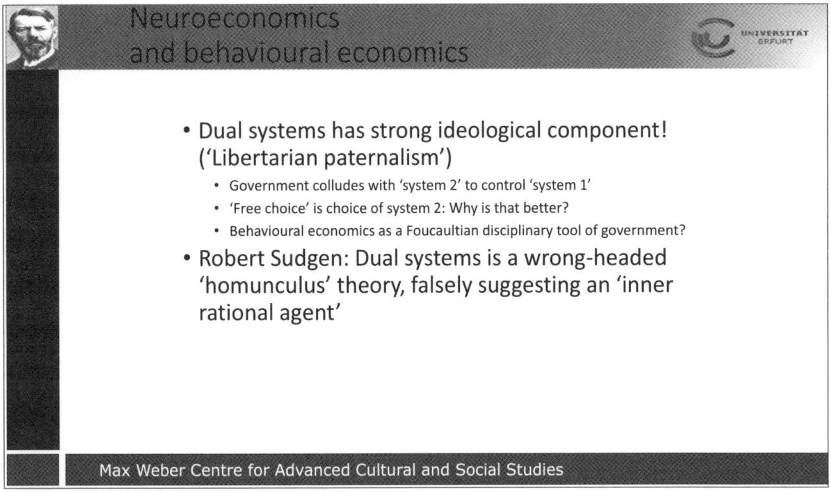

(Showing Slide 39) My main concern actually is another one. From a philosophical perspective, this is that the dual-systems model also has deep political implications because the dual-systems model legitimizes a certain kind of intervention which was famously called by Thaler himself and others, libertarian paternalism. You have the rational system, System 2, and you have the emotional, intuitive, and irrational system, and now the government colludes with System 2. The idea is that because System 2 is within our brain, that means even if the government colludes with System 2, then we are still free. Our choice is free by some vicarious action of the government which is famously called 'nudging'. That means that behavioral economics becomes a sort of disciplinary tool of the government, just in the sense of Michel Foucault. I am deeply concerned about this.

I am not alone. For example, Robert Sugden, certainly a famous philosopher of economics and an experimental economist. In his book about markets as communities of advantage he strongly criticizes dual-systems theory. He denotes system 2 as a so-called 'inner rational agent', a kind of homunculus in us which is the real rational individual, however because of the so many weaknesses that we have, this truly inner rational agent always faces troubles; so we need help from the government to overcome this.

Well, just to be short, I am a little bit polemic, so I want to stop here.. It is perfectly possible to argue, "Well, the world is hyper-complex and so we need models, even if they are not really empirically provable." Yes, but then if this is true, we also always need to consider other implications of our models. In this case, there are already far-reaching political effects of the models. This is not just that the scientist invents a model. The next policies are based on this, hence I think Ariel Rubinstein's argument about the fables does not work. If the scientists just in their office, remote from reality, think of fables and try to understand in a creative way, perfect, but if then on these fables, political interventions are done, I think we really need to be very cautious. Thank you.

(Ogaki) Thank you very much. Kenta, can present his defense of dual systems in a sense.

Presentation: Cognitive neuroeconomics is compatible with behavioral economics

(Wakaizumi) Actually I am not sure about the dual systems of behavioral economics, but here I want to talk about the compatibility of cognitive neuroscience with behavioral economics, as the title shows. Theoretically I think any decision making are performed in the brain. That means cognitive neuroscience may perhaps be compatible with behavioral economics, but I think the actual human behavior is too complicated to understand, even if we use behavioral economics, cognitive neuroscience, or both of them. However, we have to understand each other to make a kind of world security. I think neuroscience can help to identify mechanisms underlying behavioral economics. On the other hand, behavioral economics generates simple models, so it is very helpful to understand outcomes in neuroscience. So in a sense, we can say that they are compatible, but I want to say that there should be a synergy effect between neuroscience and behavioral economics. So neuroeconomics is a great help to understand about human behavior. Thank you.
(Ogaki) Okay. Thank you very much. To the audience, if you have questions or comments, you can start to chat while we have a panel discussion on neuroeconomics and behavioral economics. Just in case you are not familiar with behavioral economics, dual-systems is in a sense a psychological model that behavioral economists use that our cognition comes with two systems. System 1 is intuitive and very fast, and System 2 is slow but more reasonable and more rational. That is the dual-systems approach. Carsten's argument is that there is neuroscientific evidence against it and also he is concerned about political implications.
(Takeuchi) Can I share my concern over the dual system quickly?

(Showing Slide 40) The dual system should work as a complex mapping, but here is one caveat from my side. We, the researchers, may repeat the same sort

Slide 40

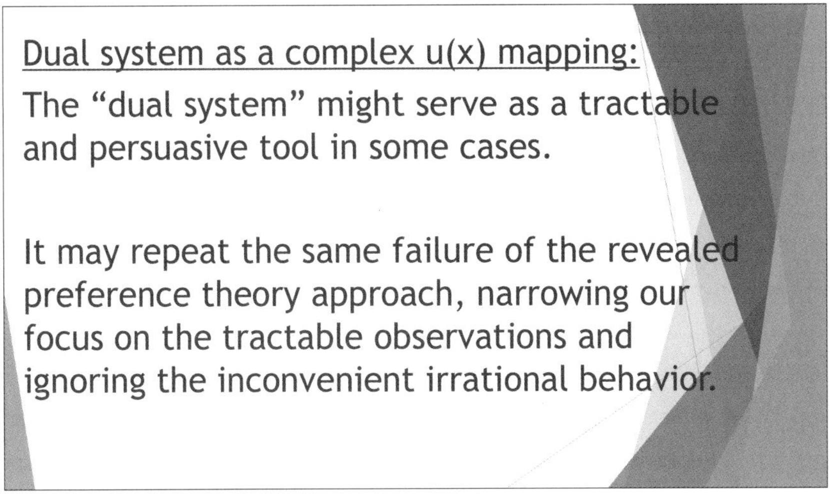

of failure, if I may say, of the revealed preference theory approach by just narrowing our focus on the tractable convenient observations and ignoring the inconvenient irrational behavior. That may happen again once we build a convenient model as a tool or instrument. Once we have a model, we always want to draw the line between where we can apply the model to explain and where we cannot use the model. That is the problem when we have a model. That is my concern. I am also concerned about government bureaus, who perhaps want to utilize the nudge theory to justify their control over the public.

(**Ogaki**) Okay. Our president, Fumio Ohtake, gave a presidential address today about nudge actually. In his case, the government of Hiroshima Prefecture had concerns about natural disasters, so they were doing lots of education. The education increased knowledge about where people can go in the case of disasters and so on, but when the real disaster came, less than 1% of people did. So, the government of Hiroshima asked our president, Fumio, to come up with better ways to save their lives. He used nudge and his research showed altruistic-type nudging actually works well. You, too, are concerned about nudge? You do not like these types of ideas?

(Takeuchi) Nudge is good, but sometimes they tend to be too paternalistic in some way.

(Ogaki) I see. Okay. How about you, Carsten?

(Herrmann-Pillath) I mean, first of all, nudge is nothing new. All advertisement is nudging. Entire marketing science is about nudging. Then, also what parents often do with their children is to try to nudge them because if you give direct orders, it does not work. In that sense, I do not think that nudging is a highly original concept. Also, in your example, of course it is useful if people in public policy try to find some ways to indeed nudge or drive people to some better decisions.

My concern is simply this direct connection between on the one hand, these practical approaches, which we have known I would say even for thousands of years, of how to guide people indirectly and gently to improve their behavior and on the other hand, conbining this with a very specific model about us as human beings. This model is indeed highly simplistic and specific, dividing ourselves into these two parts. As I mentioned in our preparatory discussions – we have no time to give more detail on this: just take addiction research: the addiction psychologists and the doctors who really do therapeutic work in dealing with addiction, they mostly tell you the dual view is not really helpful. To envisage that people have a weak part and the rational part, and the rational part is actually inside them and we just need to help them:, This extremely simplistic theory does not help in designing effective therapies.

However, this sort of feedback between economics and public policies is very common in the United States. We already have one bad example of this which was the Chicago school view of rational action which deeply influenced the approach in the United States to addiction. The prisons in the United States are full of people who did some crime related to addiction because of the economic theory promoted by Chicago lawyers and economists that if you punish them, it will help because they are rational: hence, if the cost-benefit calculus changes, they will change their behavior. What you got is now the biggest prison population in the world in the United States, whereas the European approach is much more complex. If you now moved on to dual-systems, you will just get the next problem. It just is what Kan said. It is too simple, and because it is too simple, it will again create similar problems like in the previous 'neoclassical' stage.

(**Ogaki**) Like what? I am curious. What are you concerned about? For example, in the United States, actually President Trump closed the nudge unit called the Social and Behavioral Sciences Team. President Obama really liked nudge and he had a nudge unit, and then the day that President Trump got into office, he closed the nudge unit, so if you are concerned about nudge, maybe you are pleased with this.

(**Herrmann-Pillath**) No, that would be misunderstanding.

(**Ogaki**) In the UK, the British nudge unit is still well and alive, so they are doing lots. They are not only using behavioral economics, but they are using behavioral science to nudge. Are you concerned about the British government? The Japanese government is now experimenting a lot with nudge. Are you concerned about these movements?

(**Herrmann-Pillath**) I think, again, what I said previously, adopting smart public policies is perfectly okay. My concern is about the connection with the very simplistic view on human nature. This is my concern.

(**Ogaki**) I see.

(**Herrmann-Pillath**) Second, I mean there was also a discussion about this among philosophers of economics and ethicists and so on about nudging. One simple point is "Is nudging transparent or not?" There is even empirical research on this. Do you tell the people that you nudged them or do you want to be secretive and influence them?

(**Takeuchi**) Yes, I agree with you. Three must be some sort of debriefing and disclosing process of course.

(**Herrmann-Pillath**) Yes, and if this is transparent and if there is disclosure, then I have no problem at all. This is just smart public policy.

(Takeuchi) Yes.

(Ogaki) Okay. Yes, there was a discussion like that in the Association of Behavioral Economics and Finance last year actually about black box-type nudging. It can be very dangerous, so many people share your concerns. So nudging is a fairly powerful tool I think, but we should be very careful for any tool, and especially the philosophy behind it can become very dangerous when we take it too literally. That is your concern?

(Herrmann-Pillath) Exactly. Yes, that is my position.

(Ogaki) I see.

(Takeuchi) It seems to me that the externality problem of the assumptions – like a dual system is just an assumption. Again, it is a tool, but there is always a tendency for people and even researchers to extend the validity to the real world. We should really be careful about the extent of the validity, as the dual system is just an instrument for our interpretation. It does not really convey the lessons from the theory into the real world.

(Ogaki) The danger is always there. Simple ideas are very attractive to us and we can go to extremes without knowing. We still have some time left. From the floor, if you have any questions or comments, we welcome your chat.

(Takeuchi) Can I share my concern over the dual system quickly? The dual system should work as a complex mapping, but here is one caveat from my side. We, the researchers, may repeat the same sort of failure, if I may say, of the revealed preference theory approach by just narrowing our focus on the tractable convenient observations and ignoring the inconvenient irrational behavior. That may happen again once we build a convenient model as a tool or instrument. Once we have a model, we always want to draw the line between where we can apply the model to explain and where we cannot use the model. That is the problem when we have a model. That is my concern. I am also concerned about government bureaus, who perhaps want to utilize the nudge theory to justify their control over the public.

I have a comment on the relationship between marketing and nudging.

There is some distinction. First, the difference in purposes. As for marketing, the purpose is sales or profit, but the purpose of the nudge – well, though it is sometimes too paternalistic, the purpose is to enhance the people's welfare. Second, in the nudge theory, we hypothesize why people fail to choose the better options using the cognitive biases and so forth, and then we invent the nudge to level the field or to fix the biases. It looks like marketing in the output level and, indeed, nudging techniques are intriguing, and interesting marketing. But behind the scenes, we use the behavioral theory and the behavioral economics theory to design a nudge. These are the differences between the nudge and the marketing, I believe.

(Ogaki) Yes. For example, Cass Sunstein and Richard Thaler are saying if the nudging type thing is used by a company to force people to do something...

(Takeuchi) We had better to explain to the consumers that it should be called "sludge" rather than nudge.

(Ogaki) Yes, rather than nudge. Their definition of nudge is something good for society and for people or individuals and their social welfare. What is really new to nudge in my opinion is at least governments did not think about using this type of nudge. Because Thaler and Sunstein so powerfully discussed this idea, many governments in the world are adopting this. Maybe many similar things have been done. I think that is true, but to present it in a new way for new and very useful things is really good in my opinion. I like libertarian paternalism for that reason.

Many people really hate paternalism, but we need to think about the role of experts I think. Sometimes, like when COVID-19 came, of course our freedom is very important, but we might want to listen to experts. If experts think nudging us actually protects us, I think I would like to listen to them – actually our president, Fumio Otake, part of his research was about COVID-19. He nudged many people and he did research on which nudge is useful and it was adopted by the Japanese government. This happened because Thaler and Sunstein came up with this new philosophy of libertarian paternalism. That can be dangerous. I agree paternalism can be very dangerous, but if we just sell off any kind of paternalism, then I think we are selling off something good too, so we do not have to be so extreme in avoiding paternalism. What do you think, Carsten?

(Herrmann-Pillath) Yes. Well, as I mentioned, there are lots of opinions and contributions with this debate about nudging. I mentioned Robert Sugden who is clearly against this. The main concern is always how do we define the borderline between legitimate nudging and illegitimate encroaching of human autonomy and freedom? In the end, there is always the problem that paternalism really turns people into children. I mean the other way around.

Also, I see one big problem that of course all of us – I refer to us here – are all belonging to elites. We are the experts. Of course we, the experts, are always happy if the government listens to us because we know better. That is what the liberal thinkers like Robert Sugden are concerned about. You arrive at this idea of a benevolent dictatorship of experts which is a very old idea. You know that, for example, the Greek philosopher Plato was against democracy and in favor of philosophers ruling the world, so it is always the same story. In the end, in fact it is dividing the people into different groups.

You observe this now in the United States. So the deep political divisions are to a certain extent between elites, people who look for science as advice and who trust experts and all that. That was Obama. You said Obama listened to experts, the economists, and Sunstein and Thaler, but then there is backlash from society. Finally, you get populism. You get the Trump voters who do not care for all those experts. That is bad development.When you say, "Okay, to be healthy is always good for welfare." That is certainly true. Where do you stop? You nudge people against eating too much bad food and you want to fight obesity, but as we know, healthy food would imply huge restrictions on what many people do every day, and so where is the limit? That is why I mean...

(Ogaki) One limit in libertarian paternalism is that they do not force. That is the libertarian part that there is always the option to opt out if I manage to...

(Herrmann-Pillath) Yes. But the point is that you find the best way to actually stop people opting out. I mean this is the aim. I know these debates. I was just taking the critical part here.There are many people who think this way, but you, yourself, said there is a danger, and you said there must be disclosure. There must be a public discussion about what should be done.

(Ogaki) Yes, I like the balance.

(Herrmann-Pillath) You need to strike some balance here. What is important always is it is about human dignity. You cannot just approach a huge part of your population just as "You are the ones who are irrational, you are stupid, and you do not know what we know or what the experts know, and so you are always making mistakes, so we need to help you to avoid those mistakes." This kind of attitude is I think deeply problematic. It is partly behind this nudging approach.

(Ogaki) Okay. We can agree to disagree.

(Herrmann-Pillath) Yes, sorry.

(Ogaki) Let us move back to the neuroscientific evidence against dual-systems. I have been thinking a lot about the role of experts, so I want to go back to your evidence against dual-systems. In one of your papers, you were talking about learning. Would you describe? When we are talking about the expertise-type thing, Kahneman says that System 1 can be very rational like a chess player after lots of practices and training. A chess master can see the board and can immediately, using System 1, judge quickly which side is better. In Kahneman's book, that is an example that System 1 can be trained to do rational things for experts.

(Wakaizumi) Maybe we can get some mechanisms of the transition from System 1 to System 2 using the neuroscience approaches. Actually I guess that using the resting state fMRI, we can get the network of the functions in the brain. In the previous stage, there is some kind of network, but from System 1 to System 2, we get some new networks, so maybe we can get.

(Ogaki) This network can be measured by resting state fMRI?

(Wakaizumi) Yes. Resting state fMRI is one of the methods. Traditionally, we performed single-cell neuron analysis in an animal model. Actually when the animal got the educated behavior, they generated new neurons, axons, and got new synapses. We can observe this transformation in the brain, but we cannot do any invasive thing in human brains, so instead we can do some kind of neuroimaging technique.

(Ogaki) I see. Masahiko, in your presentation, you talked about connectivity. Did you use resting state fMRI?

(Haruno) Yes, we are collecting resting state fMRI, and there are huge individual differences. The connectivity changes from time to time depending on the past experience of subjects, so to produce reliable data, seems to be that we need collect roughly 500 subjects, ideally speaking.

(Ogaki) Wow. I see.

(Haruno) I am also trying to repeat an experiment several times when we use resting state fMRI data of a limited number of subjects.

(Ogaki) I see. About this heterogeneity in connectivity, Kenta and I have been discussing a lot.

(Haruno) Yes, we cannot control what the participants are thinking about.

(Ogaki) I see. Please, Carsten.

(Herrmann-Pillath) I just wanted to make one simple point. I think what came up in these reports about empirical work is exactly this network idea. I mean the dual-systems model suggests as if there are really just the two parts that you have to consider, but what comes up in the empirical work is that you have various networks that are devoted to certain contexts or tasks. Those networks involve many parts of the brain. Even though neuroscience was very different at that time, Hayek already also argued (based on what people knew at that time) that the connectivity in the brain is very far-reaching and flexible: but then it makes no sense to work with a model where you just would say, "Okay, there is one part of the brain which is the rational one and the other is the irrational one." That is basically my opinion.

(Ogaki) I see. Okay, it is time. I really want to continue forever this kind of thing, but let us finish. Thank you very much, everyone, for your contributions.

(Herrmann-Pillath) Okay. Thank you for organizing this. Thank you.

(Takeuchi) Thank you very much.

(Wakaizumi) Thank you very much.

(Haruno) Thank you very much.

(Ogaki) Okay. Thank you very much and let us keep in touch. It was very interesting.

2020年日本経済学会・中原賞発表1)

新谷元嗣（東京大学）

日本経済学会・中原賞は，中原伸之氏の寄付によって，1995年に創設された．中原賞は，国際的に認知される業績を挙げた45歳未満の若手経済学者に対して授与される．

2020年日本経済学会・中原賞は，モーメント条件が多い場合の最適操作変数選択に関する一連の研究による理論計量経済学分野への貢献により，奥井亮氏へ授与されることを発表できるのは非常に喜ばしいことである．

奥井氏は1975年生まれで，1998年に京都大学を卒業，2000年に京都大学より修士（経済学），ペンシルバニア大学より経済学博士（Ph. D. in Economics）を取得した．現在はソウル大学校経済学部副教授を務めている．奥井氏の研究分野はミクロ計量経済学やパネルデータ分析を中心とする計量経済学理論及び，実験経済学である．

まず，奥井氏は一連の研究の中で，多数の操作変数が利用可能な環境で推定量の平均２乗誤差を近似する手法を採用し，偏りと分散のトレードオフの観点から最適な操作変数の選択問題が適切に対処できることを示した．Okui［2009］は，この手法を用いて，動学パネルデータモデルについて平均２乗誤差を導出した最初の研究である．この理論的な成果はパネルデータの応用研究に直接用いることが可能であり，高く評価されている．またOkui［2011］とKuersteiner and Okui［2010］では，この手法を用いた横断面データモデルの分析が行われている．とくにKuersteiner and Okui［2010］ではOkui［2011］よりもより一般的な操作変数の組み合わせ方の下で結果が導出されており，多

1) 本発表は，Mototsugu Shintani, “Ryo Okui Awarded the 2020 Japanese Economic Association Nakahara Prize,” *Japanese Economic Review*, Volume 72, Issue 2, April 2021, pp. 167-168の日本語訳である．

数の操作変数が利用可能な計量モデル研究の最先端の成果であることは明白である.

次に，Hossain and Okui［2013］の研究は，実験経済学分野において，すでに広く引用されている．この研究では，実験環境において，確率変数の分布に関する参加者の信念を調査する問題への解決策が提示されている．これは，人々の期待を調査する方法等へ応用性の高い重要な理論的な貢献であると考えられる.

以上の複数の重要な貢献により，選考委員会は2020年日本経済学会・中原賞を奥井亮氏に授与することを決定した.

選考委員会

新谷元嗣（東京大学，委員長）
Toni Braun（アトランタ連邦準備銀行）
Federico Echenique（カリフォルニア工科大学）
市村英彦（アリゾナ大学，東京大学）
梶井厚志（関西学院大学）
北村祐一（イェール大学）
北尾早霧（東京大学）

【参考文献】

Hossain, T. and R. Okui［2013］“The Binarized Scoring Rule,” *Review of Economic Studies* 80(3): 984-1001.

Kuersteiner, G. and R. Okui［2010］“Constructing Optimal Instruments by First-Stage Prediction Averaging,” *Econometrica* 78(2): 697-718.

Okui, R.［2009］“The Optimal Choice of Moments in Dynamic Panel Data Models,” *Journal of Econometrics* 151(1): 1-16.

Okui, R.［2011］“Instrumental Variable Estimation in the Presence of Many Moment Conditions,” *Journal of Econometrics* 165(1): 70-86.

中原賞受賞記念講演論文

Ryo Okui, "A Moment Inequality Approach to Statistical Inference for Rankings," *Japanese Economic Review*, Volume 72, Issue 2, April 2021, pp. 169-184（奥井亮「モーメント不等式の検定を用いたランキングの統計的推測」）.

[要旨][2)]

本論文では，ランキングの信頼集合を構築する計量経済学の手法を提案する．ランキングの対象となる選択肢を二つずつ比較したデータがある場合を考える．提案する方法は，ある選択肢Aが別の選択肢Bよりも順位が高いならば，AがBよりもよいという観測値を得る確率が，そうでない場合よりも高いという仮定を基礎としている．その仮定の下では，あるランキングが正しいかの検定をモーメント不等式の検定として書くことができる．本論文では，モーメント不等式の検定を反転して，ランキングの信頼集合を構築することを提案する．提案した方法を用いて，日本のプロ野球チームのランキングの統計的推測を行う．

2）本［要旨］は，Ryo Okui, "A Moment Inequality Approach to Statistical Inference for Rankings," *Japanese Economic Review*, Volume 72, Issue 2, April 2021, pp. 169-184のAbstract（p. 169）の日本語訳である．

現代経済学の潮流　2021

2021年12月30日発行

編　者——宇井《うい》貴志《たかし》／加納《かのう》　隆《たかし》／西山《にしやま》慶彦《よしひこ》／林《はやし》　正義《まさよし》
発行者——駒橋憲一
発行所——東洋経済新報社
〒103-8345　東京都中央区日本橋本石町 1-2-1
電話＝東洋経済コールセンター　03(6386)1040
https://toyokeizai.net/

装　丁…………吉住郷司
印刷・製本……丸井工文社
編集担当………中山英貴
　ISBN 978-4-492-31538-5